AF567591

SILVER SURFER

PARABEL

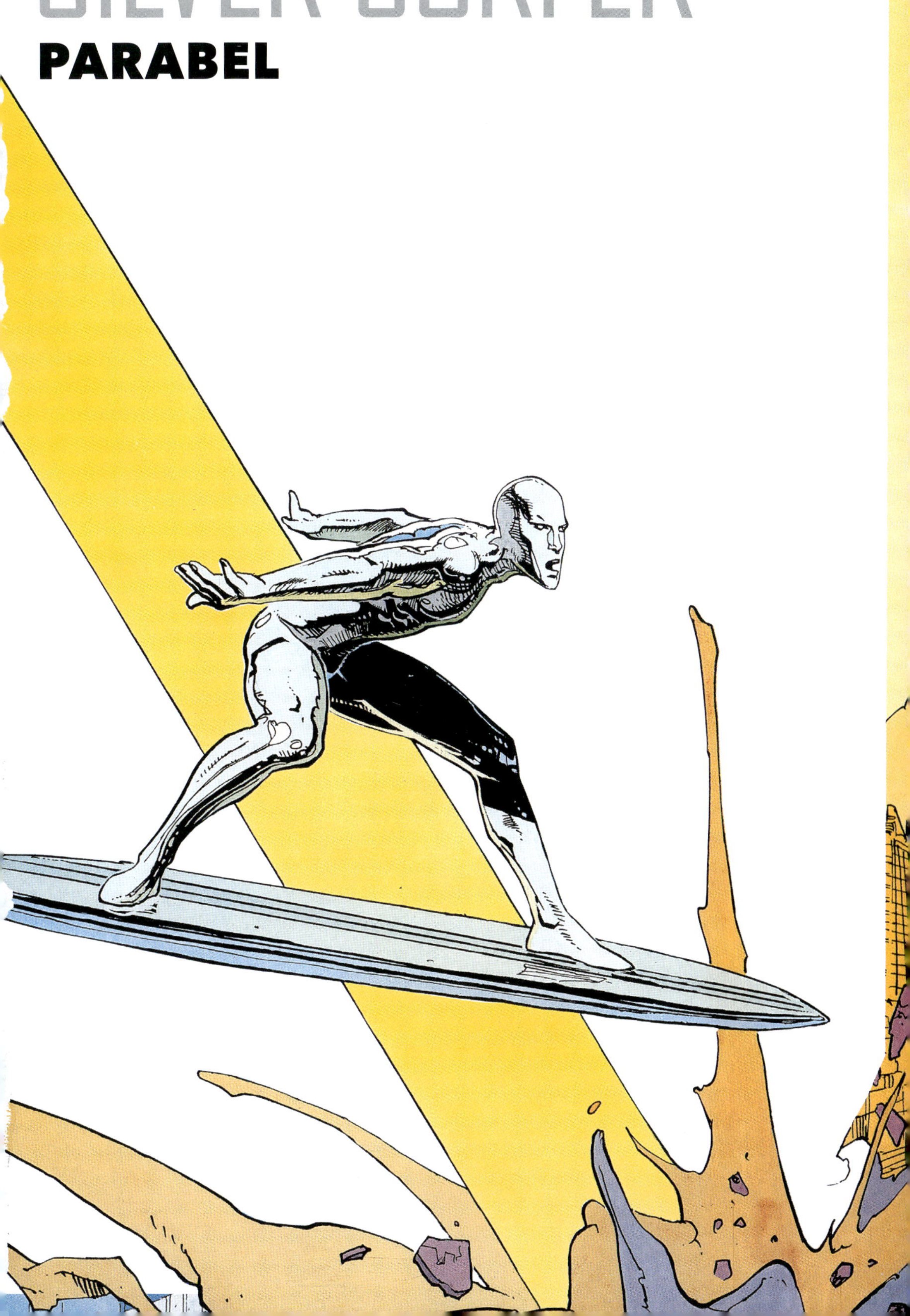

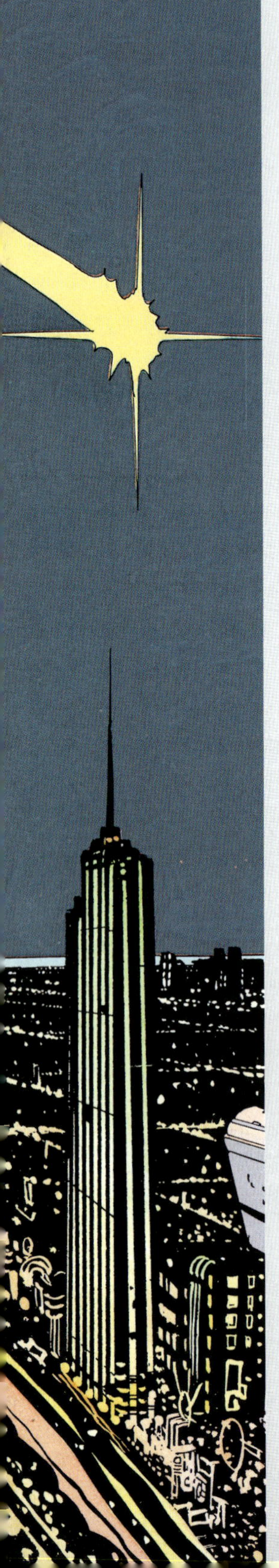

INHALT

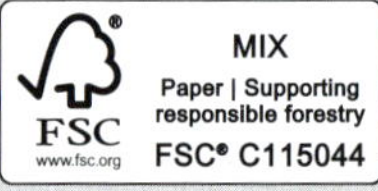
MIX
Paper | Supporting responsible forestry
FSC® C115044
FSC
www.fsc.org

SILVER SURFER
PARABEL

STAN LEE
STORY

MOEBIUS
KEITH POLLARD
ZEICHNUNGEN

MOEBIUS
CHRIS IVY
JOSÉ MARZAN
JOSEF RUBINSTEIN
TUSCHE

MOEBIUS
PAUL MOUNTS
JOHN WELLINGTON
FARBEN

PIETRO ROTELLI
STUDIO RAM
LETTERING

MICHAEL STRITTMATTER
ÜBERSETZUNG

BOBBIE CHASE
MARGARET CLARK
ARCHIE GOODWIN
REDAKTION USA

C. B. CEBULSKI
CHEFREDAKTEUR USA

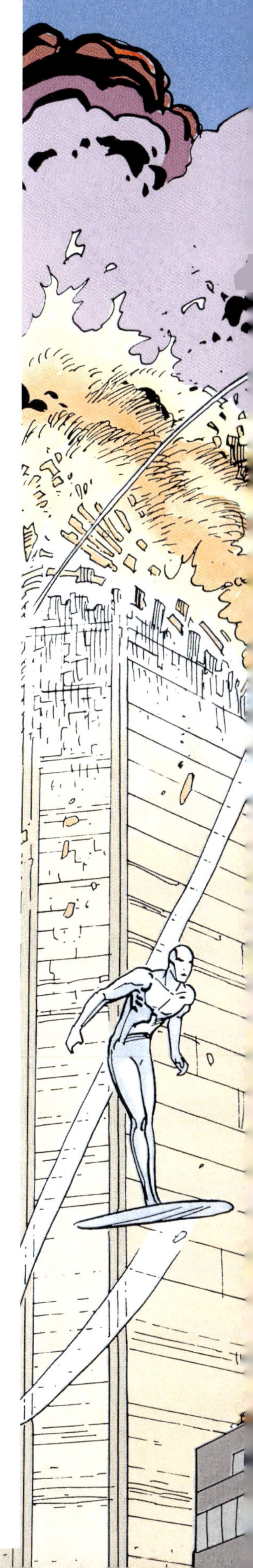

MARVEL MUST-HAVE: SILVER SURFER – PARABEL erscheint bei **PANINI COMICS**, Schloßstraße 76, D-70176 Stuttgart. Druck: Lito Terrazzi Industria Grafica. Pressevertrieb: Stella Distribution GmbH, D-22297 Hamburg. Direkt-Abos auf **www.paninicomics.de.** Anzeigenverkauf: BLAUFEUER VERLAGSVERTRETUNGEN GmbH, info@blaufeuer.com. Es gilt die Anzeigenpreisliste Nr. 20 vom 01.10.2022. Geschäftsführer **Hermann Paul**, Publishing Director Europe **Marco M. Lupoi**, Finanzen/Logistik **Felix Bauer**, Marketing Director **Holger Wiest**, Marketing **Fabio Cunetto**, Vertrieb **Alexander Bubenheimer**, PR/Presse **Steffen Volkmer**, Publishing Manager **Lisa Pancaldi**, Redaktion **Christian Endres**, **Harald Gantzberg**, **Matthias Korn**, **Anja Seiffert**, **Kristina Starschinski**, **Ilaria Tavoni**, **Daniela Uhlmann**, Übersetzung **Bernd Kronsbein**, **Michael Strittmatter**, Proofreading **Pia Oddo**, Lettering **Pietro Rotelli**, **Studio RAM**, grafische Gestaltung **Marco Paroli**, **Barbara Sarti**, Art Director **Alessandro Gucciardo**, Redaktion Panini Comics **Annalisa Califano**, **Beatrice Doti**, Prepress **Cristina Bedini**, **Silvia Bernini**, **Andrea Lusoli**, Repro/Packager **Alessandro Nalli** (coordinator), **Anna Boselli**, **Mario Da Rin Zanco**, **Valentina Esposito**, **Luca Ficarelli**, **Linda Leporati**. Deutsche Edition bei Panini Verlags-GmbH unter Lizenz von Marvel Characters B.V. Cover von **Moebius**, *Silver Surfer* (1988) 1.

Bibliografische Information der Deutschen Nationalbibliothek
Die Deutsche Nationalbibliothek verzeichnet diese Publikation in der Deutschen Nationalbibliografie; detaillierte bibliografische Daten sind im Internet über dnb.d-nb.de abrufbar.

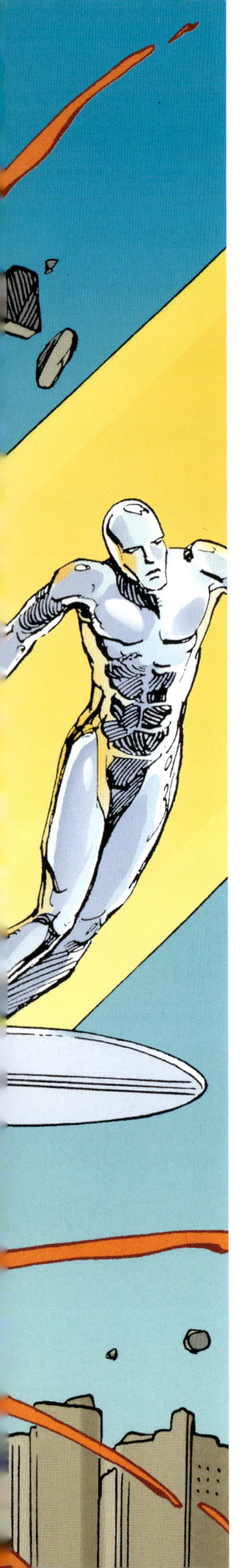

ZWEI WELTEN - ZWEI MEISTER

Wir Menschen sortieren die Dinge gern in eindeutig beschriftete Schubfächer. Es genügt uns nicht, dass es den Comic als neunte Kunst des grafischen Erzählens gibt, dass die Panel-Werke uns ungeachtet ihres Genres oder ihrer Herkunft faszinieren, erstaunen und unterhalten. Nein, oft braucht es Grenzen, Etiketten, Kennzeichnungen. Da sind hier zum Beispiel die amerikanischen Superhelden, dort die japanischen Mangas und da drüben europäische Sachen. Alles muss seine Ordnung haben, und am besten bleibt jeder in seinem Bereich. Dabei geht es eigentlich nur um die Kunstform und darum, das Beste aus ihrer ganzen Welt zu konsumieren, sich am kompletten Spektrum, dem gesamten Medium zu ergötzen.

Natürlich gab es auch schon immer Künstler, die sich entweder jeder Klassifizierung verweigern, ganz bewusst Grenzen überwinden oder die vermeintlichen „Welten" und „Schulen" sogar aktiv zusammenbringen. Ende der 1980er trafen sich so etwa der amerikanische Comic-Macher **Stan Lee** (Neuerer der US-Superhelden und Vater der Marvel-Ikonen) und der französische Ausnahmekünstler **Jean „Moebius" Giraud** (prägender Zeichner des Westernhelden Blueberry, aber auch vieler unverkennbarer Science-Fiction-Meisterstücke) im kalifornischen Anaheim auf einer Messe. Bei einem Mittagessen besprachen sie eine mögliche Zusammenarbeit. Zu Lees großer Freude bekundete Moebius Interesse an einer Geschichte über den **Silver Surfer**, der 1966 in *Fantastic Four* 48 von **Jack Kirby** und Lee sein Debüt gab. Lee mochte den silbernen Grübler, der als Herold des **Galactus** dazu verpflichtet bzw. verdammt war, immer neue Planeten zu finden, die der riesige Weltenverschlinger aussaugen und so vernichten konnte. Dennoch half der von der kosmischen Macht durchdrungene Surfer den **Fantastic Four** dabei, die Erde vor dem kosmischen Zerstörer zu retten. Kurz darauf erhielt der Surfer, der sich von Galactus losgesagt hatte, seine eigene Serie, die Lee anfangs mit Zeichner **John Buscema** realisierte.

Aber zurück zu Lee und Moebius. Die Welten dieser beiden namhaften Comic-Legenden (denn genau das waren sie zum damaligen Zeitpunkt längst) kamen tatsächlich zusammen - der klassische amerikanische Superhelden-Comic von Marvel und die innovative europäische Science-Fiction mit dem genial vereinfachten, dennoch eleganten Strich von Moebius. Ein echtes transatlantisches Gipfeltreffen. Natürlich arbeiteten Lee und Moebius nach der Marvel-Methode, die Lee mit anderen erfunden und etabliert hatte: Er schrieb eine Handlungszusammenfassung, Moebius setzte sie beim Zeichnen selbstständig in Seiten, Bilder, Szenen, Sequenzen und Panels um, und Lee fügte im Anschluss die Texte und Dialoge hinzu. So entstanden viele Marvel-Klassiker, und nicht zuletzt eben SILVER SURFER: PARABEL, das Ende 1988 (Cover-Datum Anfang 1989) erst in Form zweier Hefte und dann als Sammelband erschien und eine silbern glänzende Brücke zwischen Comic-Amerika und Comic-Europa schlug, erbaut von zwei Giganten und Göttern der neunten Kunst.

Es ist uns 35 Jahre später ein galaktisches Vergnügen, diese historische Zusammenarbeit zwischen „Stan the Man" und Moebius - zwischen allen Schubladen, Welten, Stilen und Schulen - in unserer Premium-Reihe MARVEL MUST-HAVE zu präsentieren.

Christian Endres

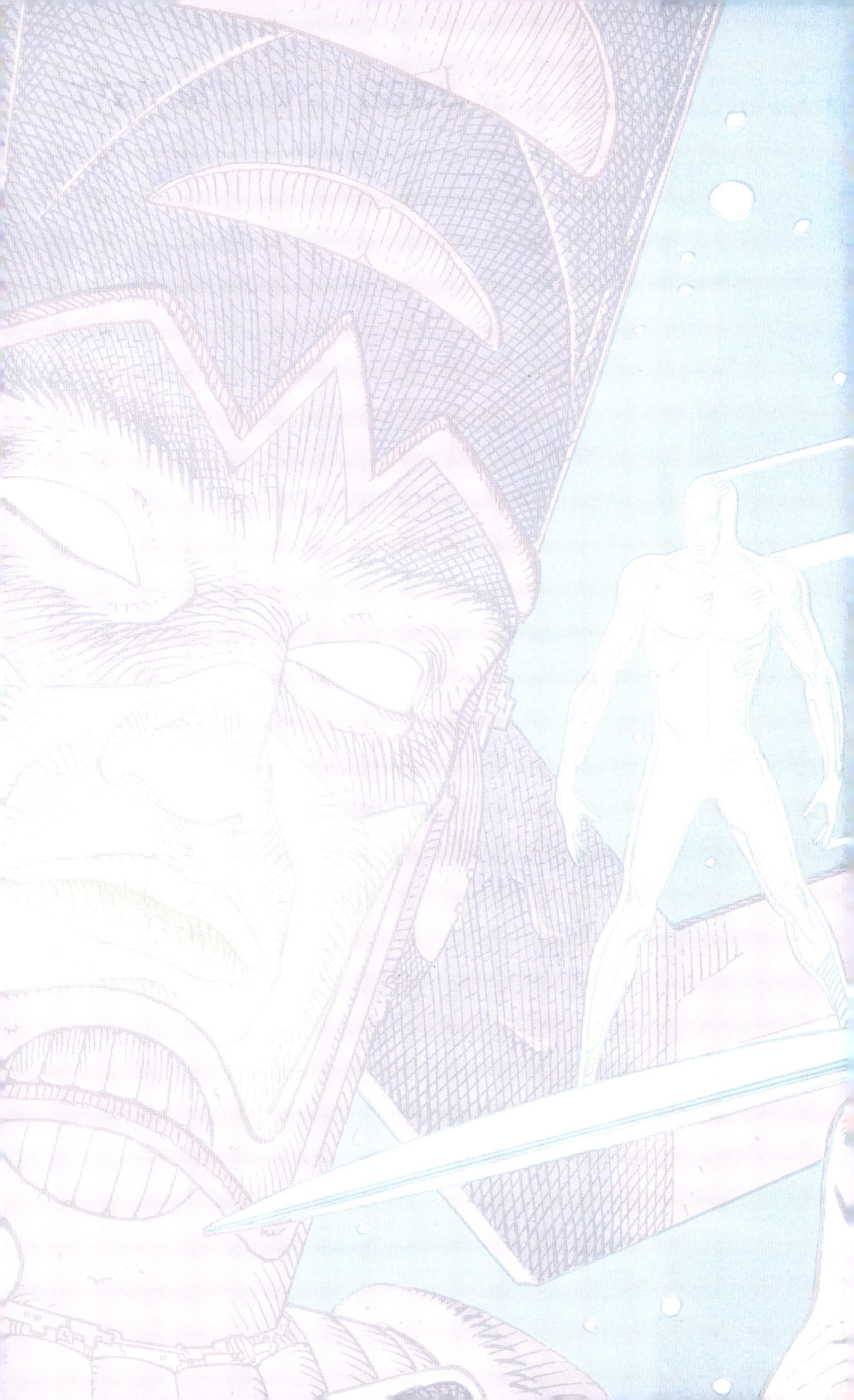

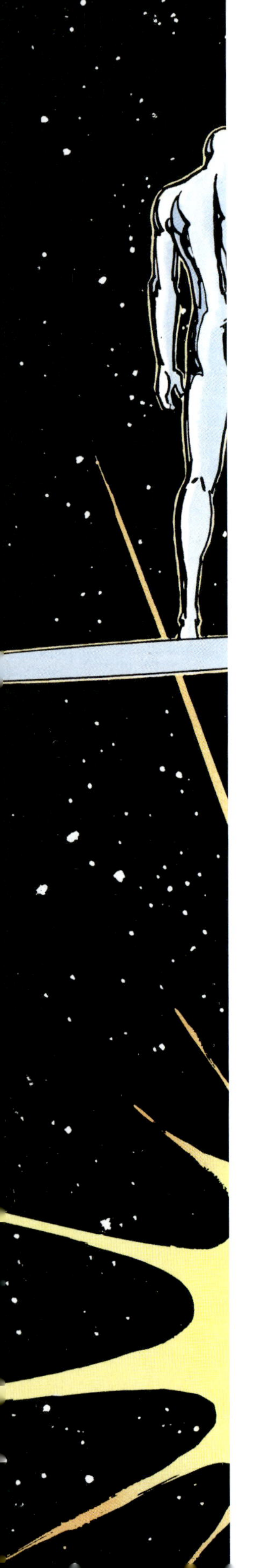

EINLEITUNG

Schon erstaunlich, was alles zufällig passieren kann! Ich traf Jean (Moebius) Giraud im Frühjahr 1988 auf einer Buchmesse in Anaheim, Kalifornien. Eins kam zum anderen und schließlich aßen wir gemeinsam zu Mittag.

Nun will ich wirklich nicht wie ein Fanboy mit glasigen Augen klingen, aber ich muss bekennen, dass ich äußerst beeindruckt von Moebius' Kunst war, seit ich Jahre zuvor einen von ihm gezeichneten *Leutnant Blueberry* gesehen hatte. Und nachdem ich noch viele weitere seiner verschiedensten Arbeiten in Magazinen wie *Métal hurlant* bewundern durfte, war ich mir sicher, dass er ein wirklich ganz Großer war.

Aber wie sollte ich mit ihm Verbindung aufnehmen? Würden wir je zusammenarbeiten können?

Wer hätte gedacht, dass eine Buchmesse an der Westküste als Katalysator fungieren könnte.

Beim Essen erzählte ich Jean (wenn man ihn kennenlernt, ist er eher der freundliche Jean als der strenge Moebius), wie sehr ich seine Arbeit bewunderte, und er war so freundlich, ein paar wohlwollende Worte über einige meiner Geschichten fallen zu lassen, die er gelesen hatte.

Und dann geschah es!

Jeans Freund und Agent, Jean-Marc Lofficier, wandte sich ihm zu und sagte: „Warum macht ihr nicht eine Geschichte zusammen?"
Und ehe ich's mich versah, schüttelten wir uns begeistert die Hände und versprachen uns, ein gemeinsames Projekt anzugehen! Aber was für ein Projekt könnte das sein?

Während unseres Gesprächs erwähnte Jean, dass er den Silver Surfer besonders faszinierend fand. Ich musste lächeln. Ich hatte gehofft, dass er das sagen würde. Die Vorstellung, dass er den Himmelsstürmer zeichnen würde, wie er majestätisch durch die Lüfte gleitet, ließ mich nicht mehr los. Besonders weil ich immer der Ansicht war, dass der Charakter des Surfers zu poetischen und philosophischen Grübeleien neigte ... und Moebius hat die Seele eines Poeten und Philosophen.

Wir hatten unser Projekt gefunden. Als Nächstes brauchten wir ein Thema.

Natürlich hatte ich schon viele Geschichten über den sterngeborenen Kreuzritter geschrieben, doch diese musste etwas ganz Besonderes werden. Sie sollte dem Stil und dem Wesen des Mannes perfekt entsprechen, der sie bebildern würde.

Nach einigen Tagen angestrengten Nachdenkens rief ich mir die vielen Briefe über den Silver Surfer in Erinnerung, die mich über die Jahre erreicht hatten. Viele erwähnten den quasireligiösen Ton der frühen Geschichten, der die älteren Fans sichtlich beeindruckt hatte.

Das war die Initialzündung! Ich ging zurück zum Anfang und führte Galactus wieder ein, die gottähnliche Gestalt, die den Surfer geschaffen hatte. Doch ich zeigte den Riesen in einem neuen, anderen Licht. Außerdem gab das Jean die Freiheit, unsere Welt und ihre Bewohner so darzustellen, wie sie vielleicht in einigen Jahren sein würden. Denn darin war er schon immer unübertroffen.

Wir hoffen natürlich, dass die Leser unsere Geschichte unterhaltsam und spannend finden. Aber der eigentliche Unterschied zu anderen *Silver Surfer*-Storys liegt in dem der Geschichte innewohnenden Konflikt. Obwohl dieser eine monumentale, tödliche Bedrohung der Welt ist, und obwohl die ganze menschliche Rasse von unvorstellbarer Gewalt heimgesucht wird, besteht doch das Wesentliche des Themas (hoffen wir zumindest) aus viel mehr als nur dem üblichen Gut-gegen-Böse-Kampf, aus mehr als dem Versuch, möglichst viele Actionszenen in die Geschichte einzubauen.

Wenn du, lieber Leser, nach Beendigung dieser *„Parabel"* manche Aspekte dieser Welt in einem etwas anderen Licht siehst, wenn du dich dabei ertappst, über das Schicksal der Menschheit nachzudenken, und wenn du einige Dogmen etwas mehr infrage stellst als zuvor, dann haben Moebius und ich das Ziel unserer Zusammenarbeit erreicht.

Das letzte Urteil darüber liegt, wie immer, bei dir!

Excelsior!

Stan Lee

1988

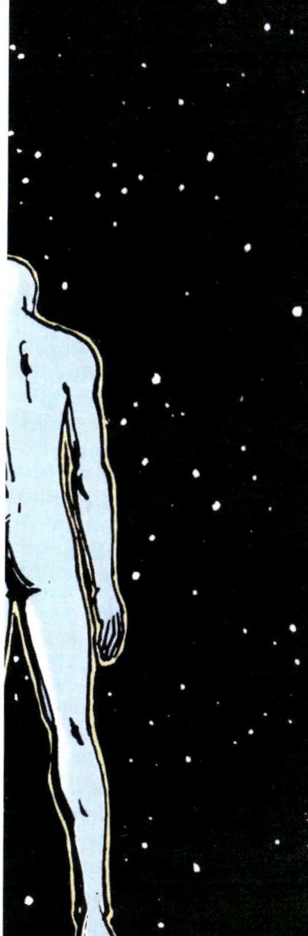

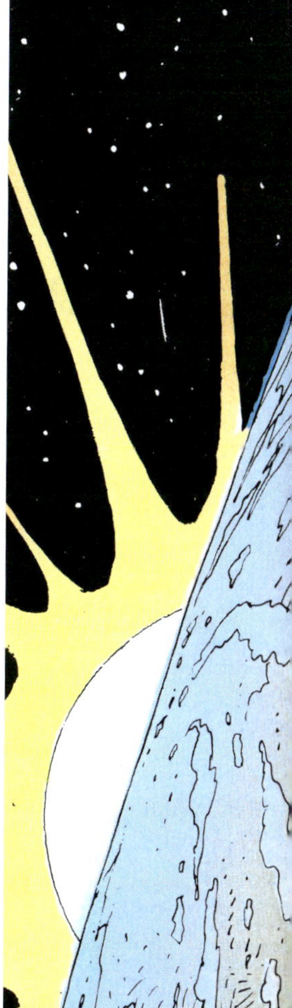

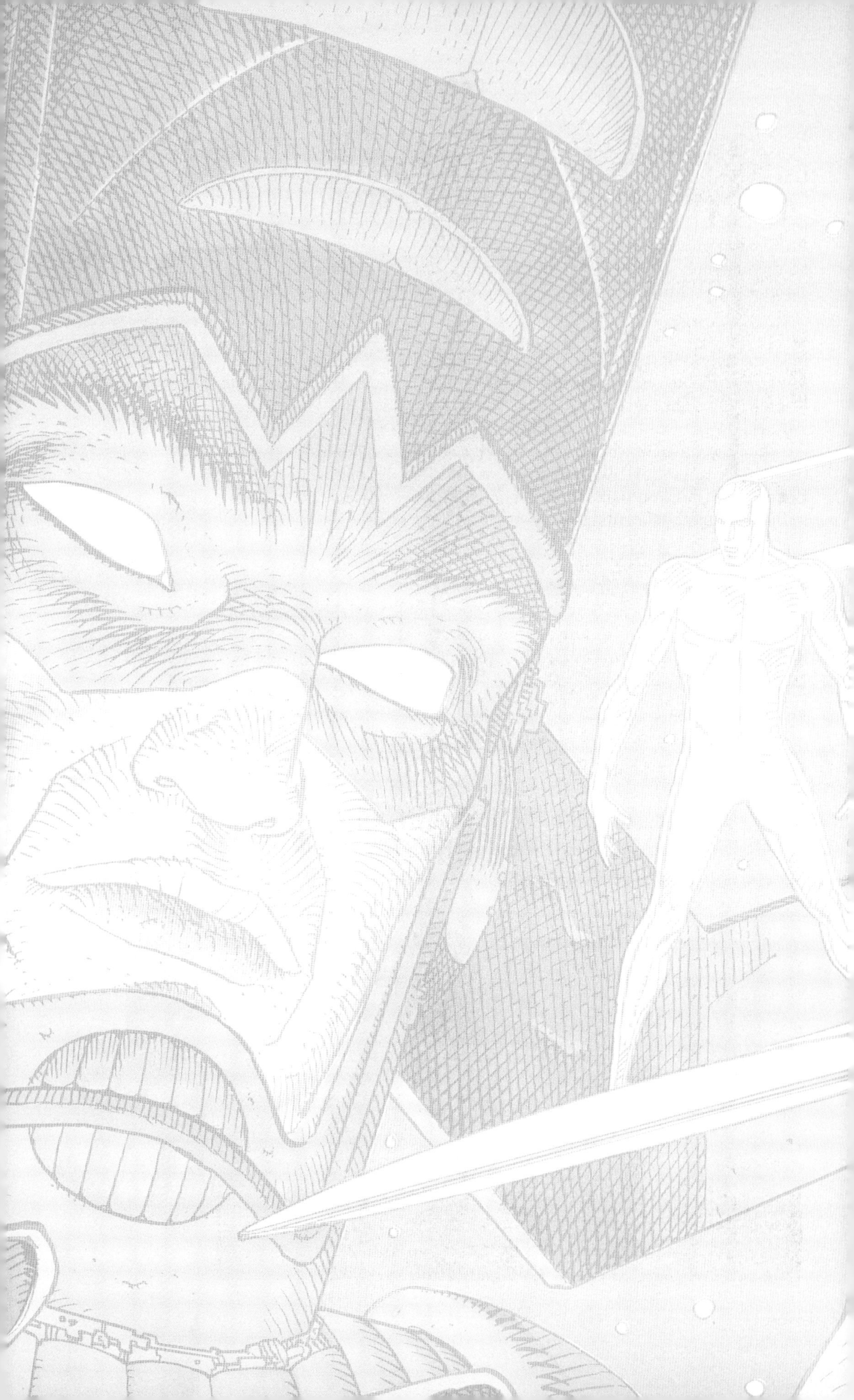

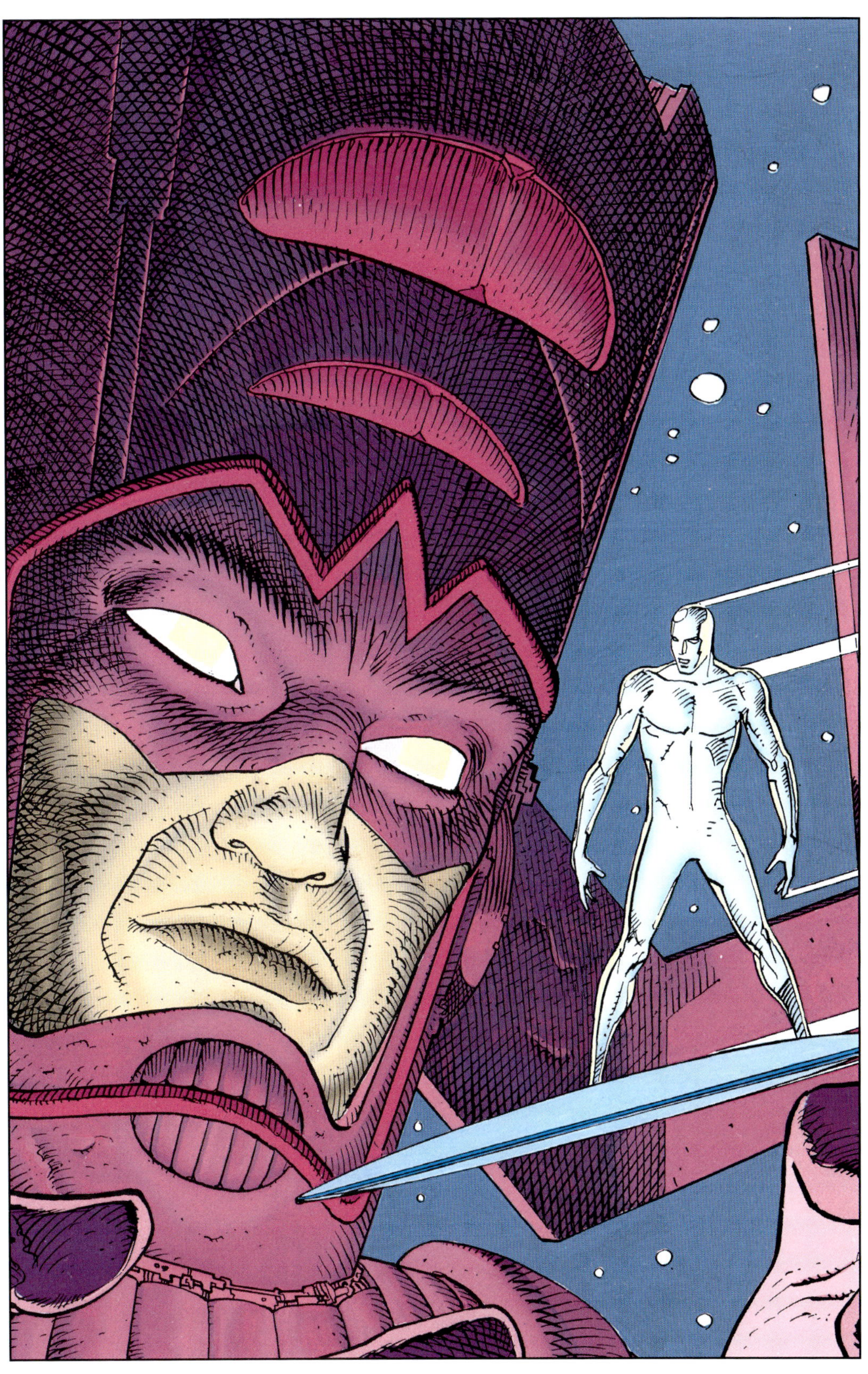

Silver Surfer (1988) 1
Cover von **MOEBIUS**

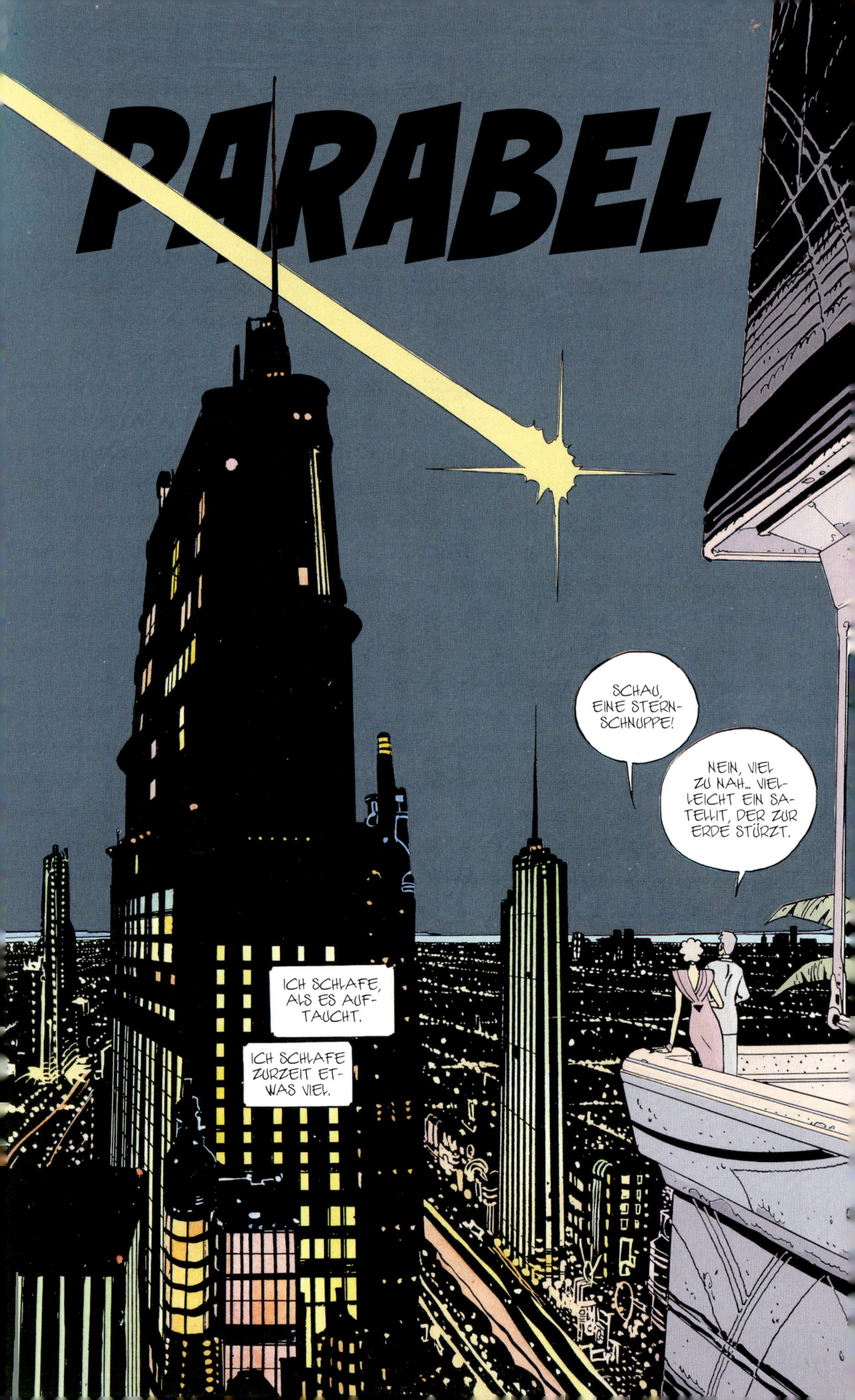
PARABEL
SCHAU, EINE STERN-SCHNUPPE!
NEIN, VIEL ZU NAH... VIEL-LEICHT EIN SA-TELLIT, DER ZUR ERDE STÜRZT.
ICH SCHLAFE, ALS ES AUF-TAUCHT.
ICH SCHLAFE ZURZEIT ET-WAS VIEL.

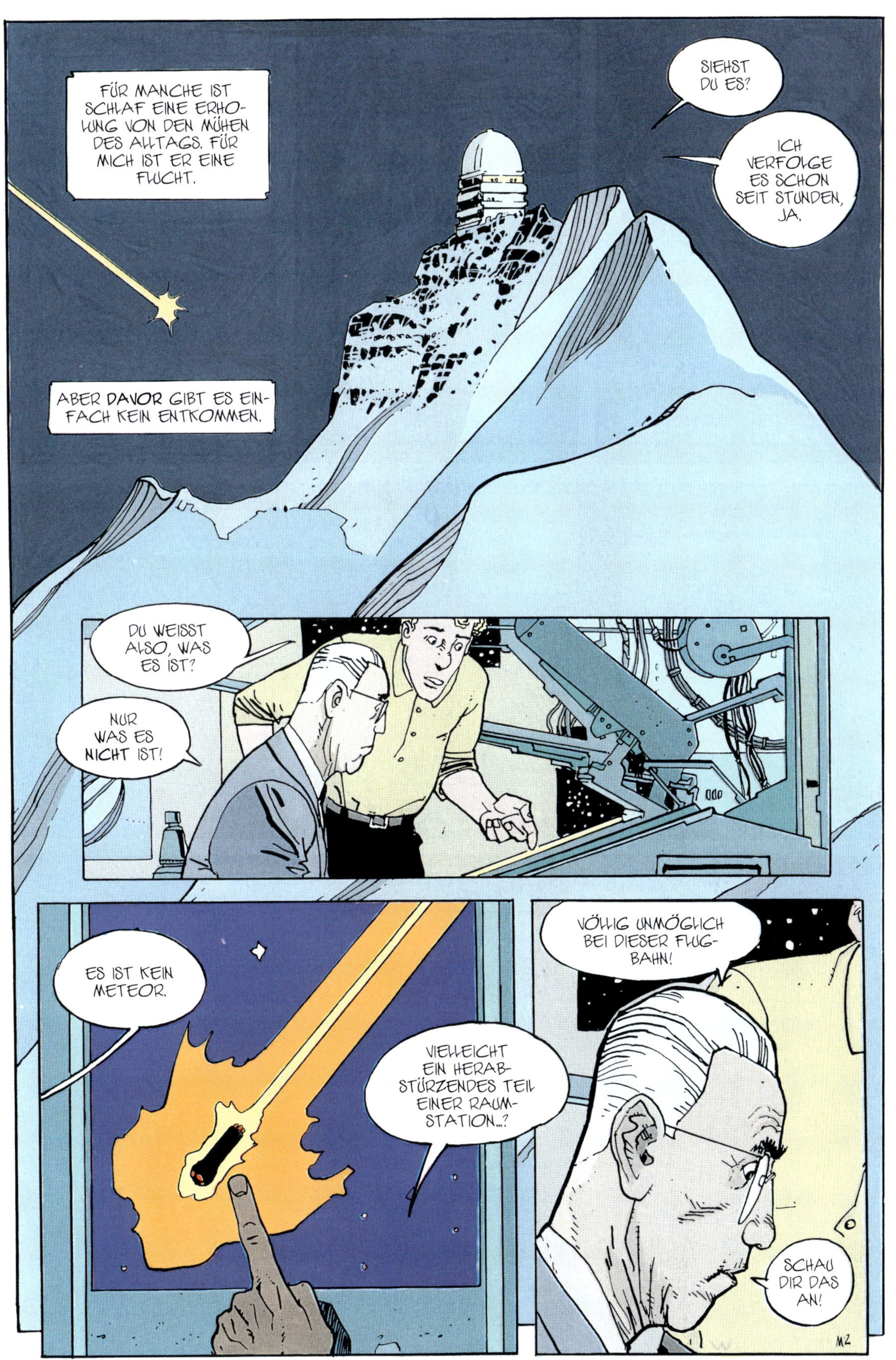
FÜR MANCHE IST SCHLAF EINE ERHOLUNG VON DEN MÜHEN DES ALLTAGS. FÜR MICH IST ER EINE FLUCHT.
SIEHST DU ES?
ICH VERFOLGE ES SCHON SEIT STUNDEN, JA.
ABER DAVOR GIBT ES EINFACH KEIN ENTKOMMEN.
DU WEISST ALSO, WAS ES IST?
NUR WAS ES NICHT IST!
ES IST KEIN METEOR.
VIELLEICHT EIN HERABSTÜRZENDES TEIL EINER RAUMSTATION...?
VÖLLIG UNMÖGLICH BEI DIESER FLUGBAHN!
SCHAU DIR DAS AN!

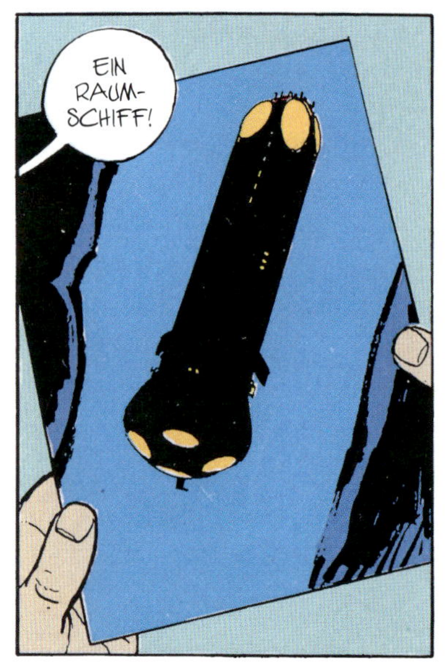
EIN RAUM-SCHIFF!

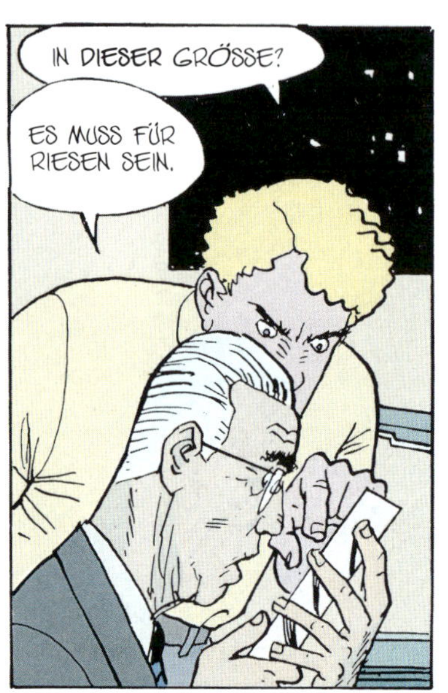
IN DIESER GRÖSSE?
ES MUSS FÜR RIESEN SEIN.

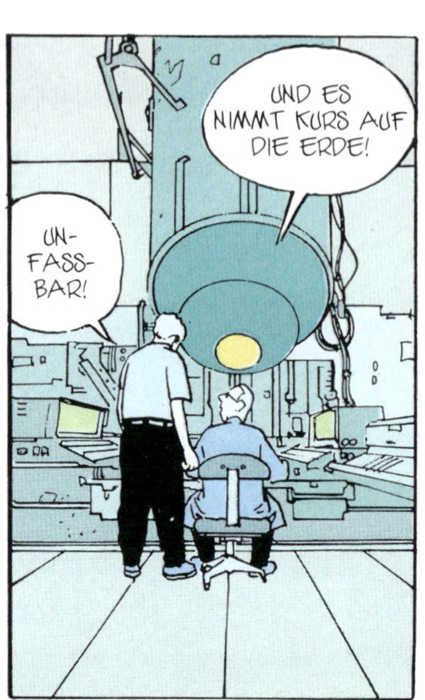
UND ES NIMMT KURS AUF DIE ERDE!
UN-FASS-BAR!

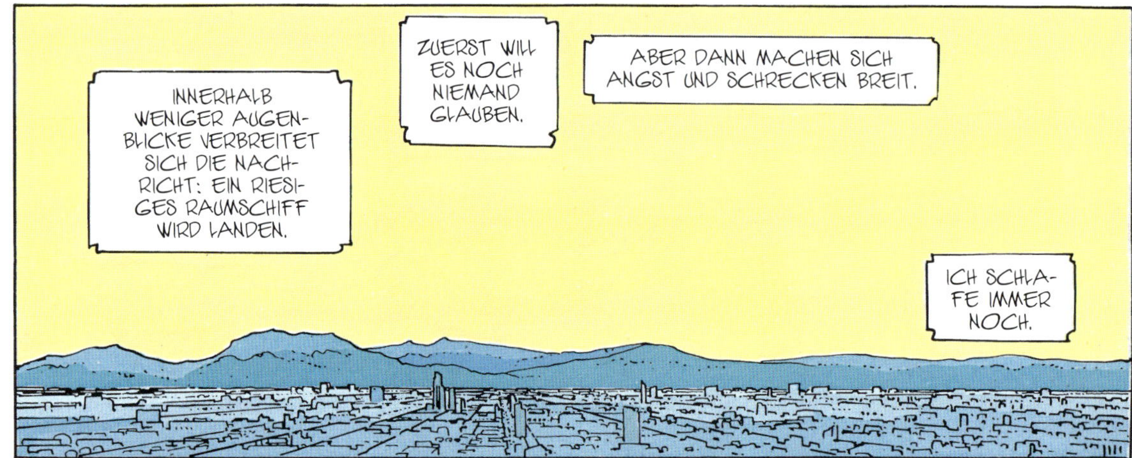
INNERHALB WENIGER AUGEN-BLICKE VERBREITET SICH DIE NACH-RICHT: EIN RIESI-GES RAUMSCHIFF WIRD LANDEN.
ZUERST WILL ES NOCH NIEMAND GLAUBEN.
ABER DANN MACHEN SICH ANGST UND SCHRECKEN BREIT.
ICH SCHLA-FE IMMER NOCH.

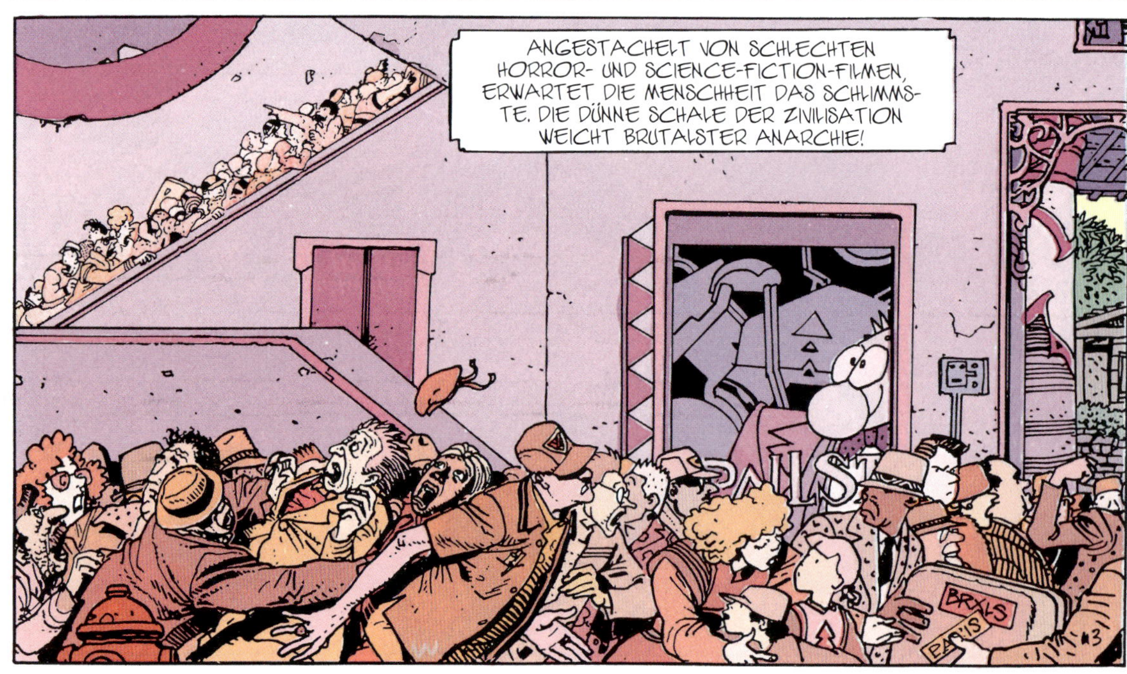
ANGESTACHELT VON SCHLECHTEN HORROR- UND SCIENCE-FICTION-FILMEN, ERWARTET DIE MENSCHHEIT DAS SCHLIMMS-TE. DIE DÜNNE SCHALE DER ZIVILISATION WEICHT BRUTALSTER ANARCHIE!

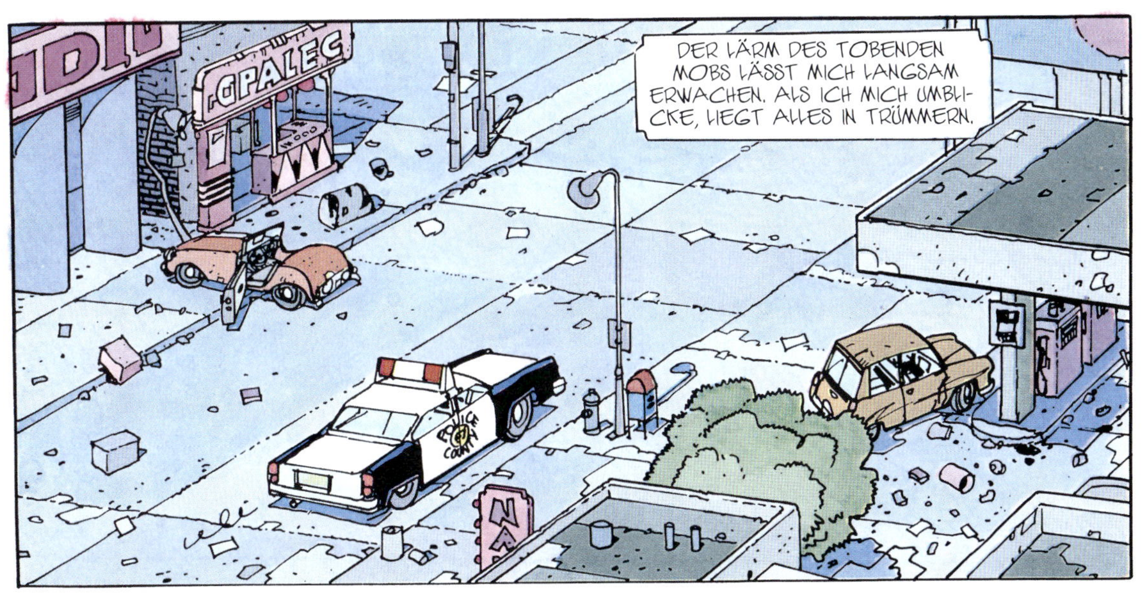
DER LÄRM DES TOBENDEN MOBS LÄSST MICH LANGSAM ERWACHEN. ALS ICH MICH UMBLICKE, LIEGT ALLES IN TRÜMMERN.

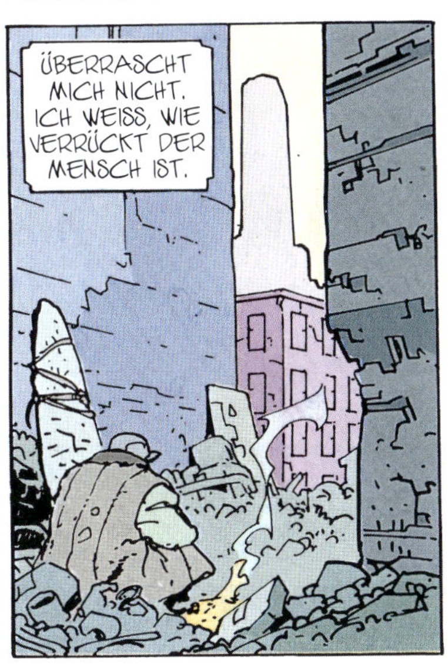
ÜBERRASCHT MICH NICHT. ICH WEISS, WIE VERRÜCKT DER MENSCH IST.

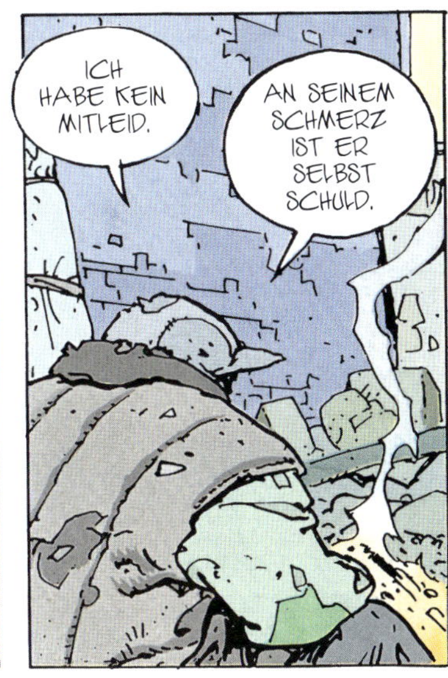
ICH HABE KEIN MITLEID.
AN SEINEM SCHMERZ IST ER SELBST SCHULD.

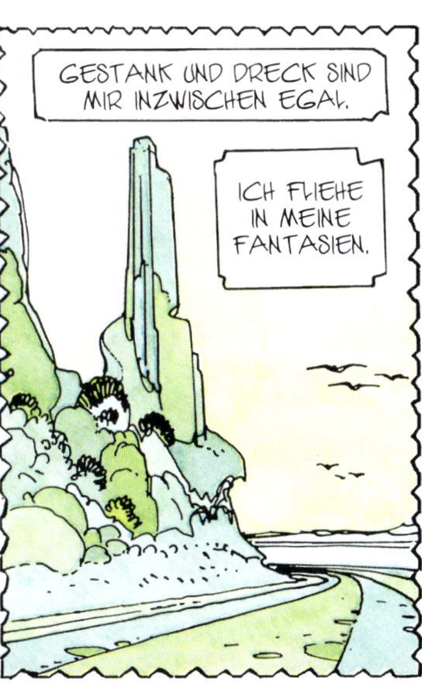
GESTANK UND DRECK SIND MIR INZWISCHEN EGAL.
ICH FLIEHE IN MEINE FANTASIEN.

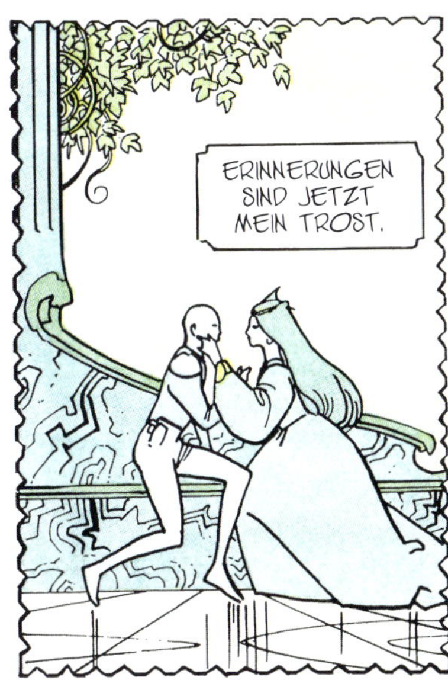
ERINNERUNGEN SIND JETZT MEIN TROST.

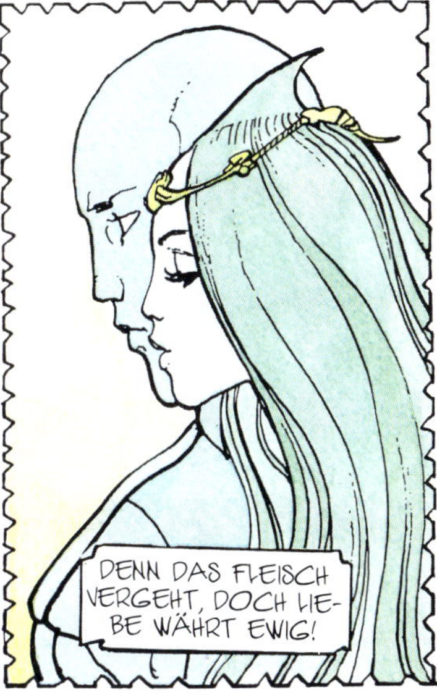
DENN DAS FLEISCH VERGEHT, DOCH LIEBE WÄHRT EWIG!

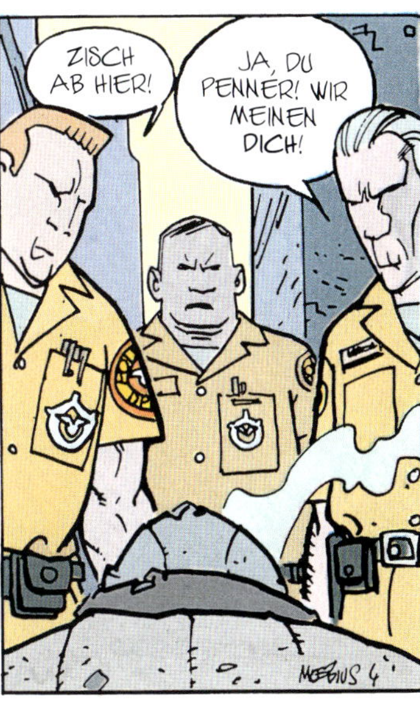
ZISCH AB HIER!
JA, DU PENNER! WIR MEINEN DICH!
MOEBIUS 4

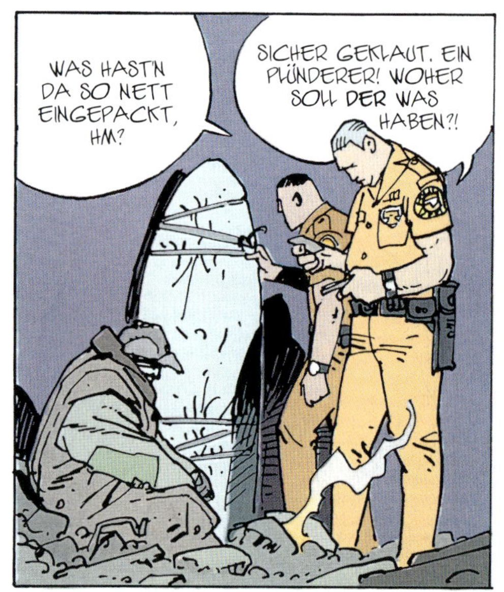
WAS HAST'N DA SO NETT EINGEPACKT, HM?
SICHER GEKLAUT. EIN PLÜNDERER! WOHER SOLL DER WAS HABEN?!

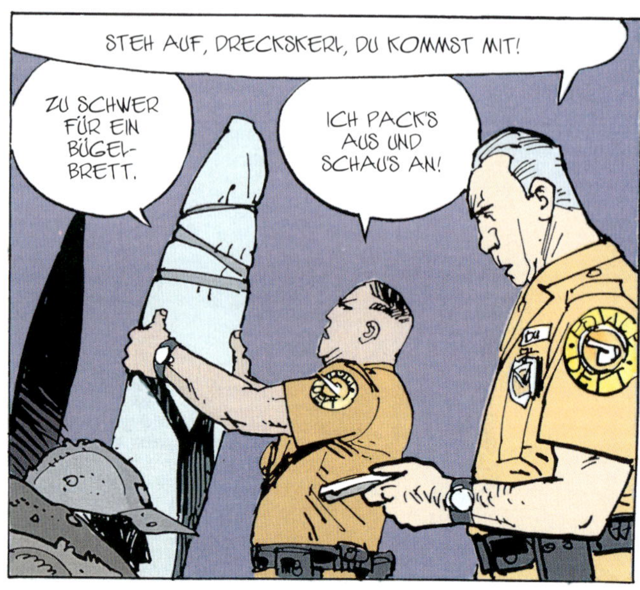
STEH AUF, DRECKSKERL, DU KOMMST MIT!
ZU SCHWER FÜR EIN BÜGELBRETT.
ICH PACK'S AUS UND SCHAU'S AN!

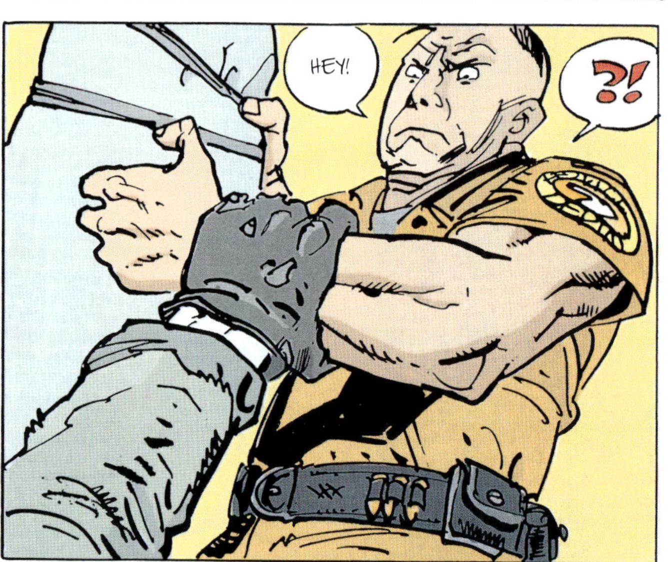
HEY!
?!

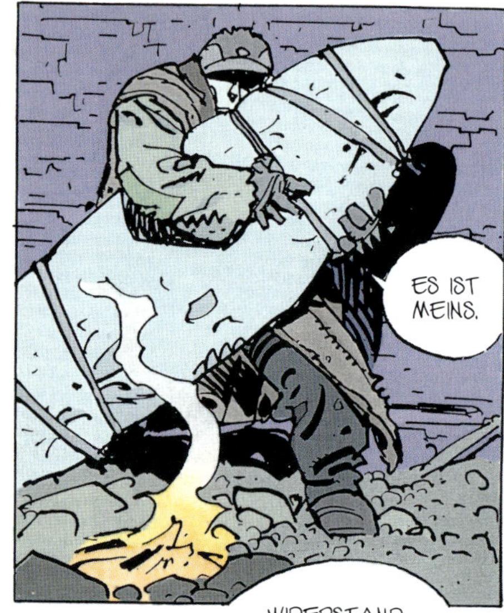
ES IST MEINS.

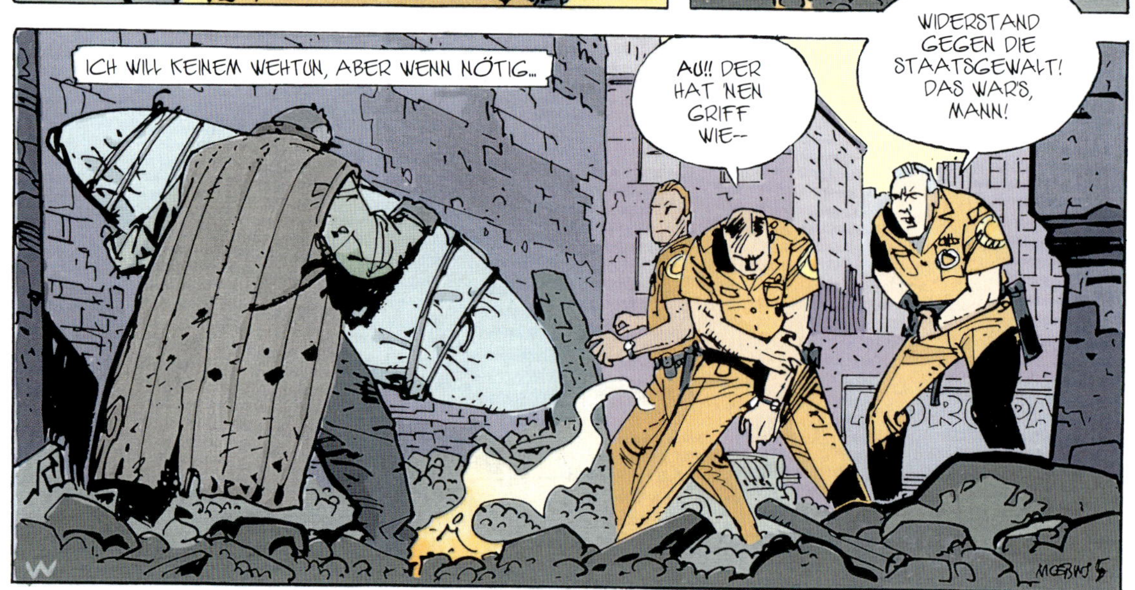
ICH WILL KEINEM WEHTUN, ABER WENN NÖTIG...
AU!! DER HAT NEN GRIFF WIE--
WIDERSTAND GEGEN DIE STAATSGEWALT! DAS WAR'S, MANN!

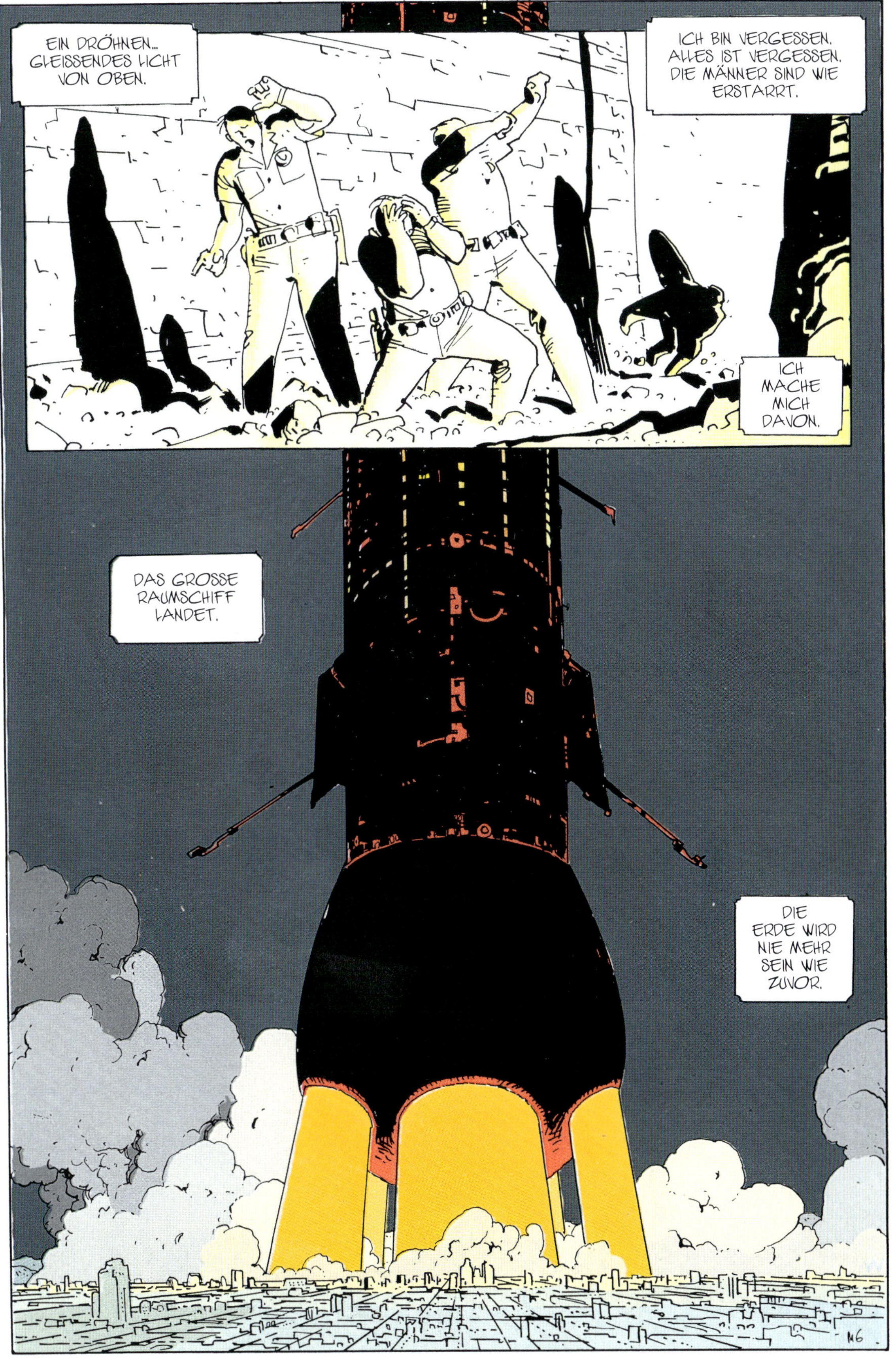
EIN DRÖHNEN...
GLEISSENDES LICHT
VON OBEN.
ICH BIN VERGESSEN.
ALLES IST VERGESSEN.
DIE MÄNNER SIND WIE
ERSTARRT.
ICH
MACHE
MICH
DAVON.
DAS GROSSE
RAUMSCHIFF
LANDET.
DIE
ERDE WIRD
NIE MEHR
SEIN WIE
ZUVOR.

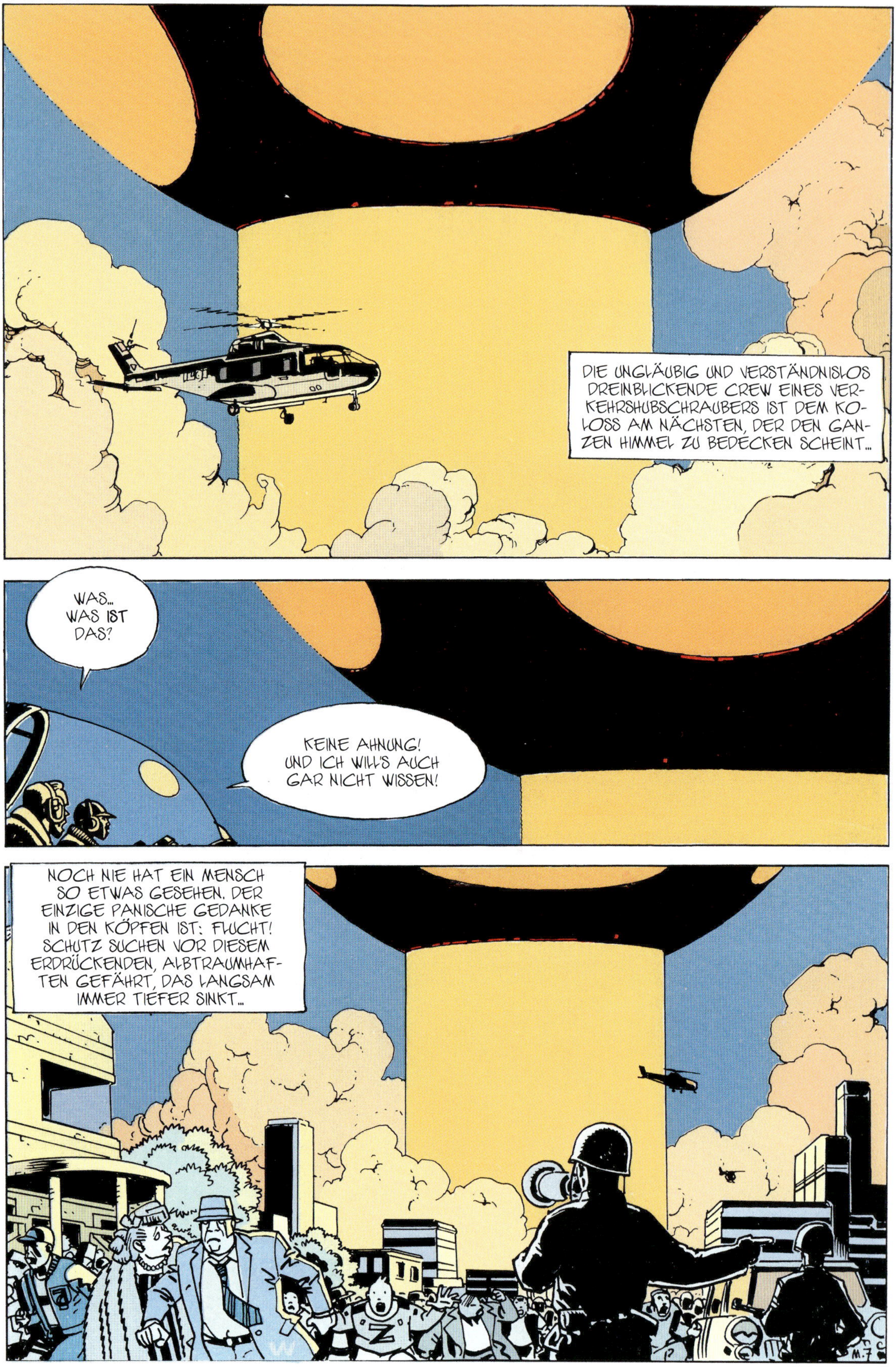

DIE UNGLÄUBIG UND VERSTÄNDNISLOS DREINBLICKENDE CREW EINES VERKEHRSHUBSCHRAUBERS IST DEM KOLOSS AM NÄCHSTEN, DER DEN GANZEN HIMMEL ZU BEDECKEN SCHEINT...

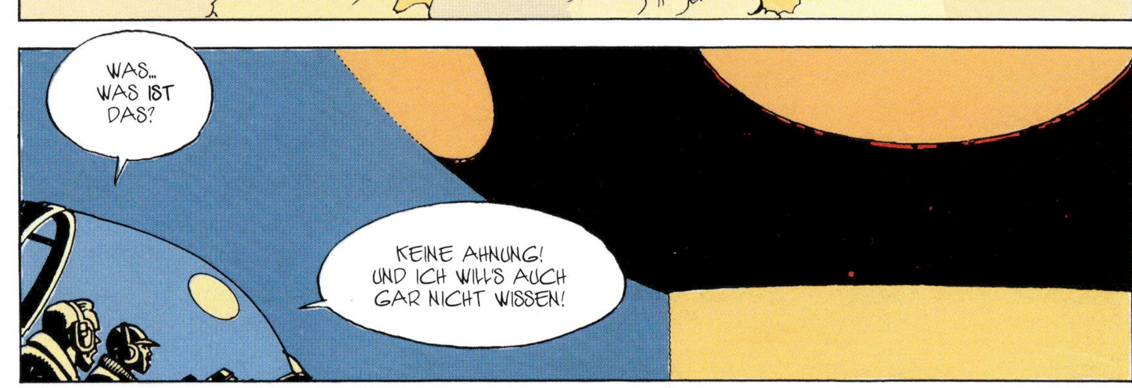

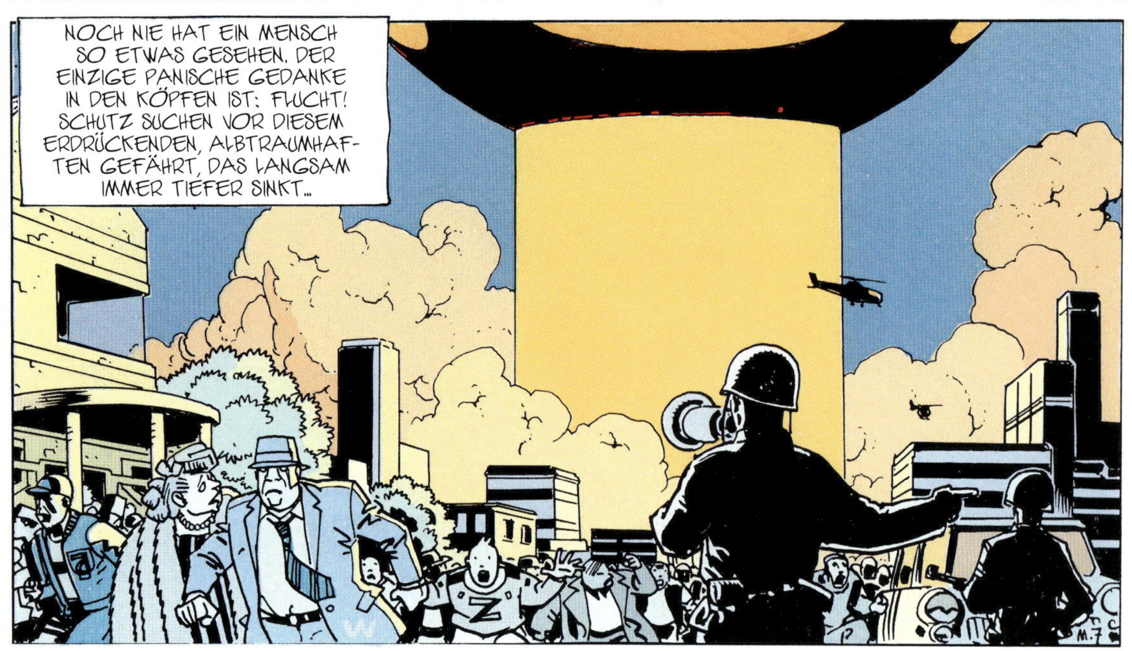

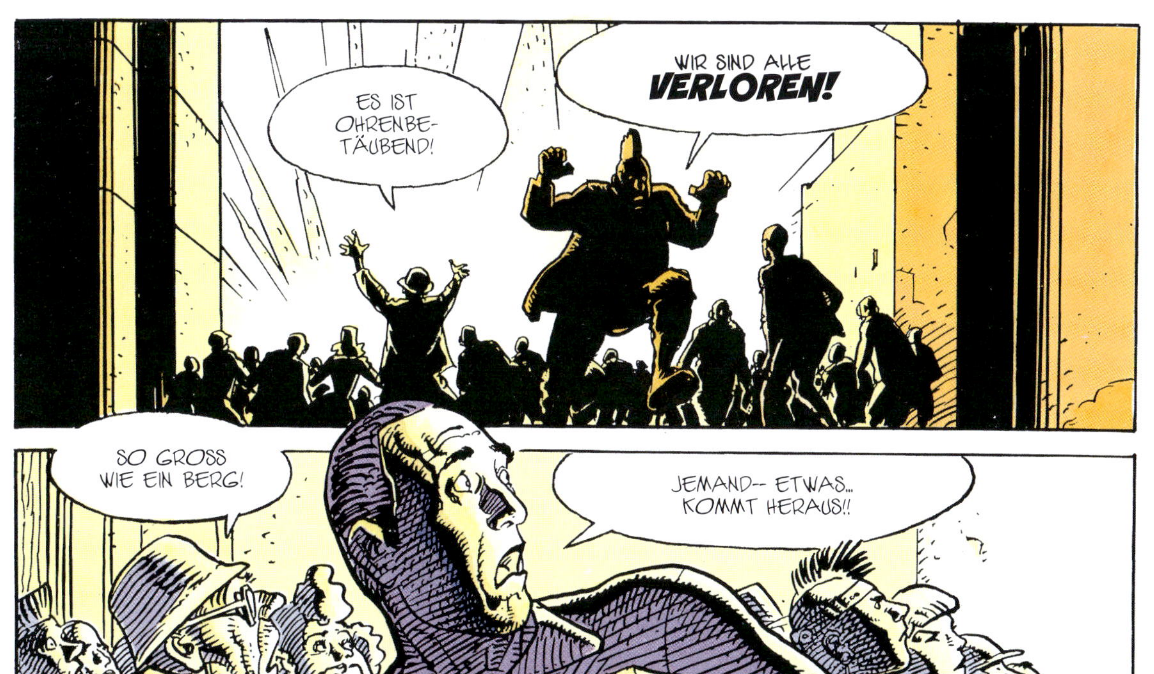
ES IST OHRENBE-TÄUBEND!
WIR SIND ALLE VERLOREN!
SO GROSS WIE EIN BERG!
JEMAND-- ETWAS... KOMMT HERAUS!!

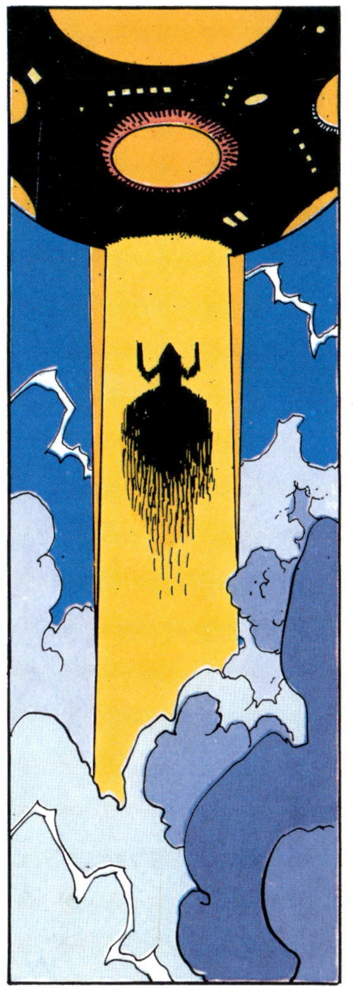

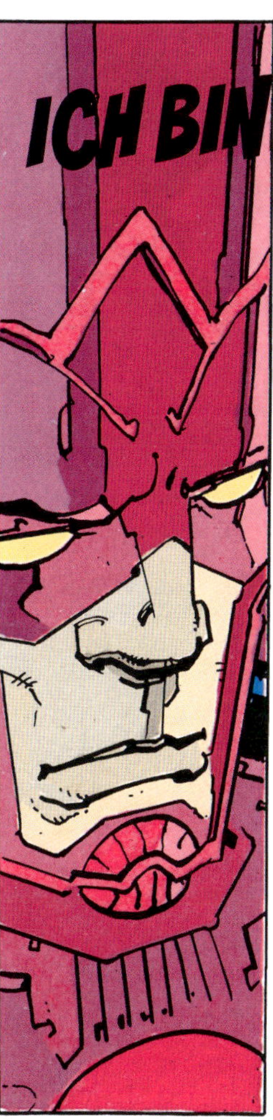
ICH BIN

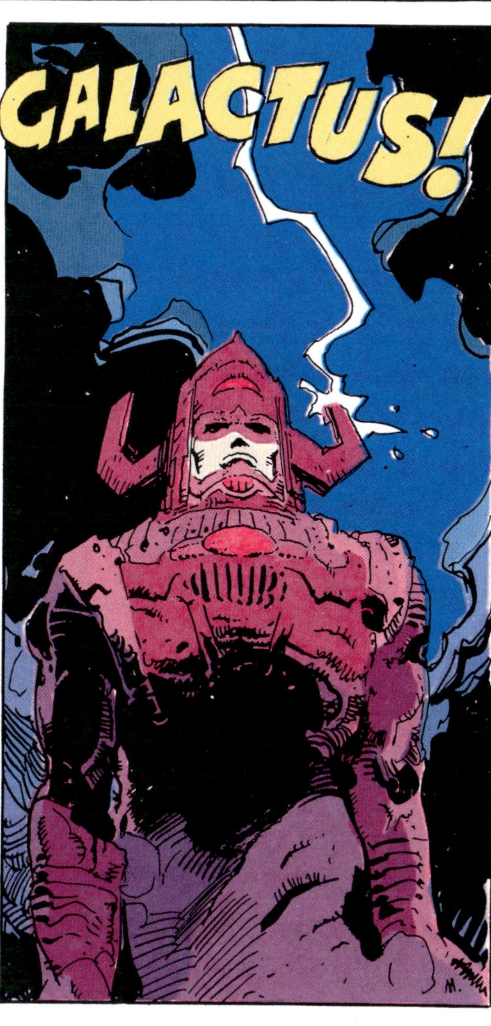
GALACTUS!

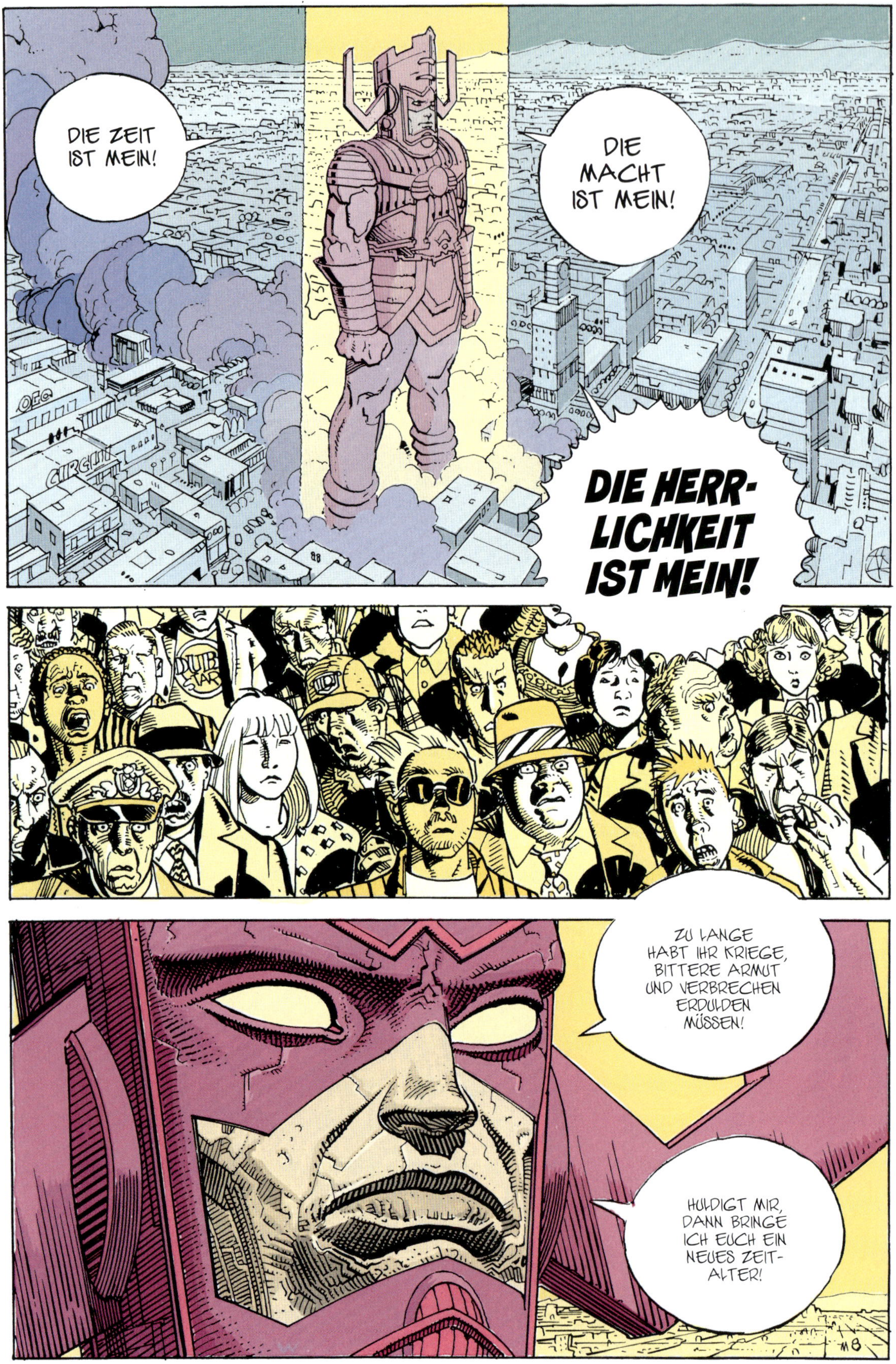

DIE ZEIT IST MEIN!
DIE MACHT IST MEIN!
DIE HERRLICHKEIT IST MEIN!

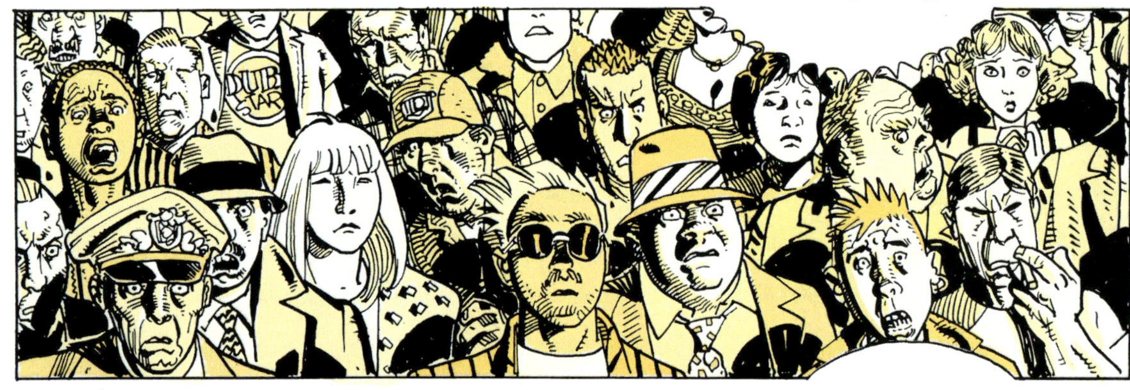

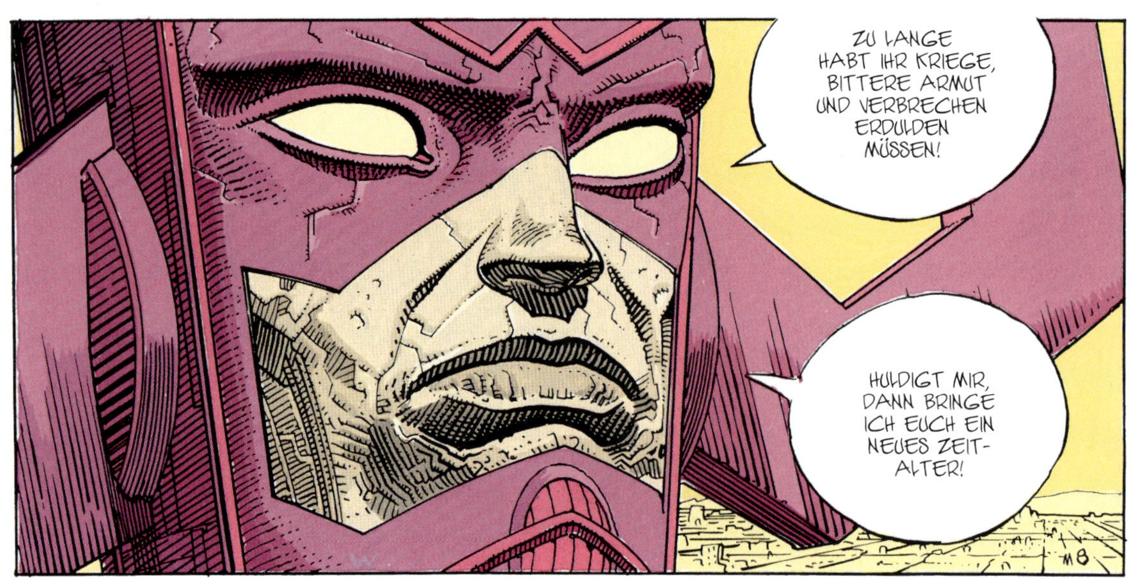

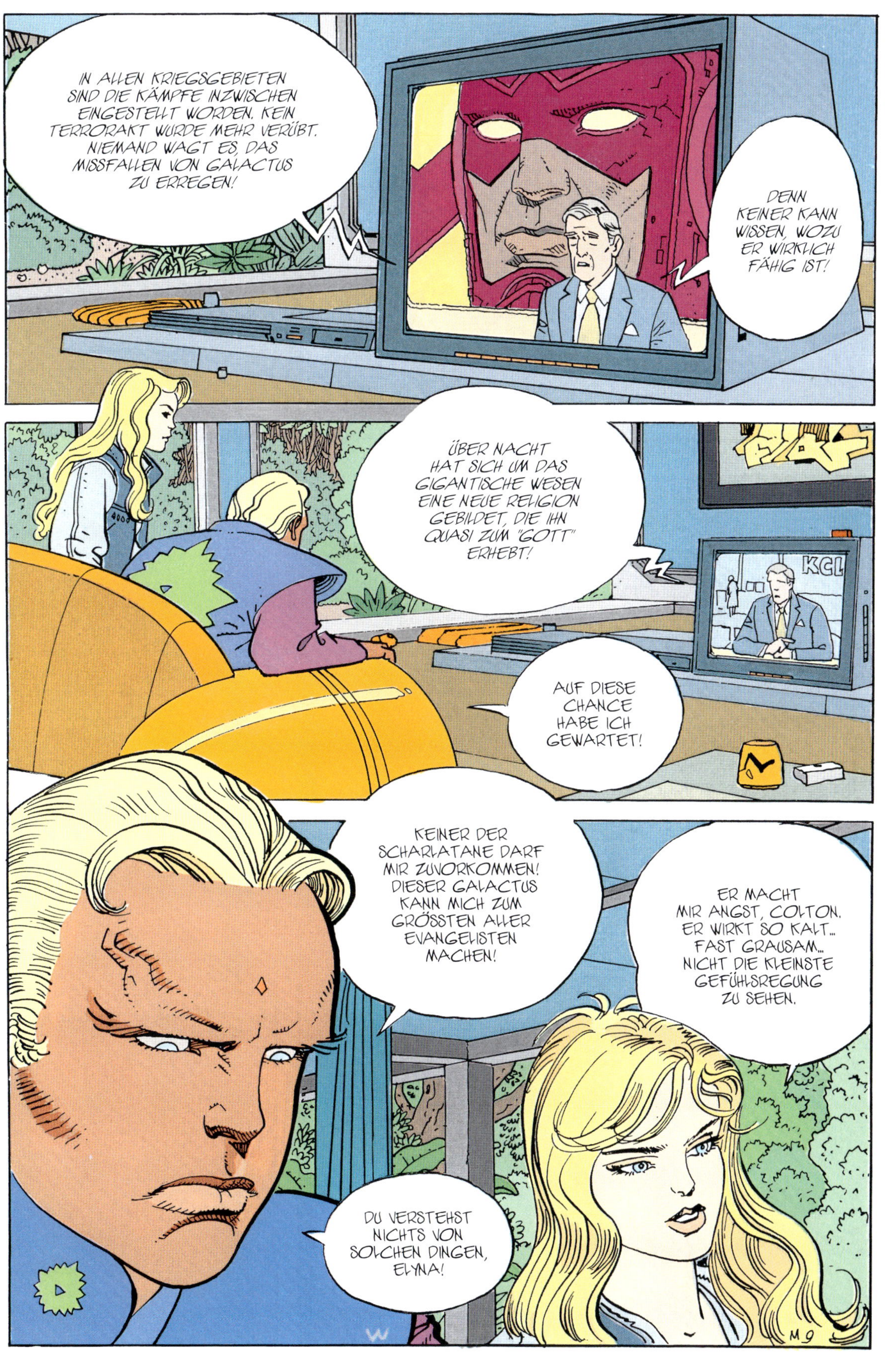
IN ALLEN KRIEGSGEBIETEN SIND DIE KÄMPFE INZWISCHEN EINGESTELLT WORDEN. KEIN TERRORAKT WURDE MEHR VERÜBT. NIEMAND WAGT ES, DAS MISSFALLEN VON GALACTUS ZU ERREGEN!
DENN KEINER KANN WISSEN, WOZU ER WIRKLICH FÄHIG IST!
ÜBER NACHT HAT SICH UM DAS GIGANTISCHE WESEN EINE NEUE RELIGION GEBILDET, DIE IHN QUASI ZUM "GOTT" ERHEBT!
KCL
AUF DIESE CHANCE HABE ICH GEWARTET!
KEINER DER SCHARLATANE DARF MIR ZUVORKOMMEN! DIESER GALACTUS KANN MICH ZUM GRÖSSTEN ALLER EVANGELISTEN MACHEN!
ER MACHT MIR ANGST, COLTON. ER WIRKT SO KALT... FAST GRAUSAM... NICHT DIE KLEINSTE GEFÜHLSREGUNG ZU SEHEN.
DU VERSTEHST NICHTS VON SOLCHEN DINGEN, ELYNA!

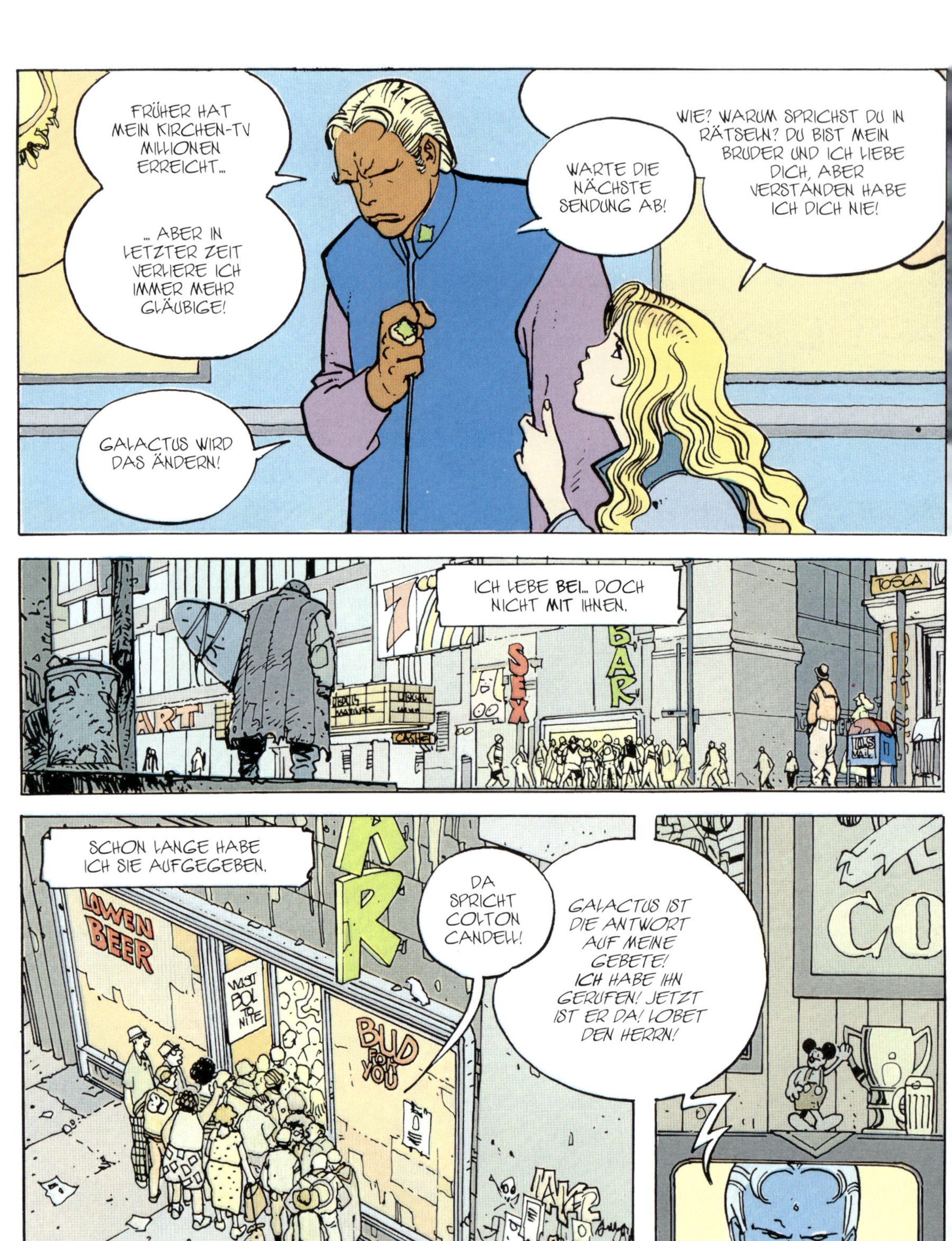

FRÜHER HAT MEIN KIRCHEN-TV MILLIONEN ERREICHT...
... ABER IN LETZTER ZEIT VERLIERE ICH IMMER MEHR GLÄUBIGE!
GALACTUS WIRD DAS ÄNDERN!
WARTE DIE NÄCHSTE SENDUNG AB!
WIE? WARUM SPRICHST DU IN RÄTSELN? DU BIST MEIN BRUDER UND ICH LIEBE DICH, ABER VERSTANDEN HABE ICH DICH NIE!
ICH LEBE **BEI**... DOCH NICHT **MIT** IHNEN.
TOSCA
SEX
BAR
ART
CASHEL
SCHON LANGE HABE ICH SIE AUFGEGEBEN.
LOWEN BEER
BUD FOR YOU
DA SPRICHT COLTON CANDELL!
GALACTUS IST DIE ANTWORT AUF MEINE GEBETE! **ICH** HABE IHN GERUFEN! JETZT IST ER DA! LOBET DEN HERRN!
CO

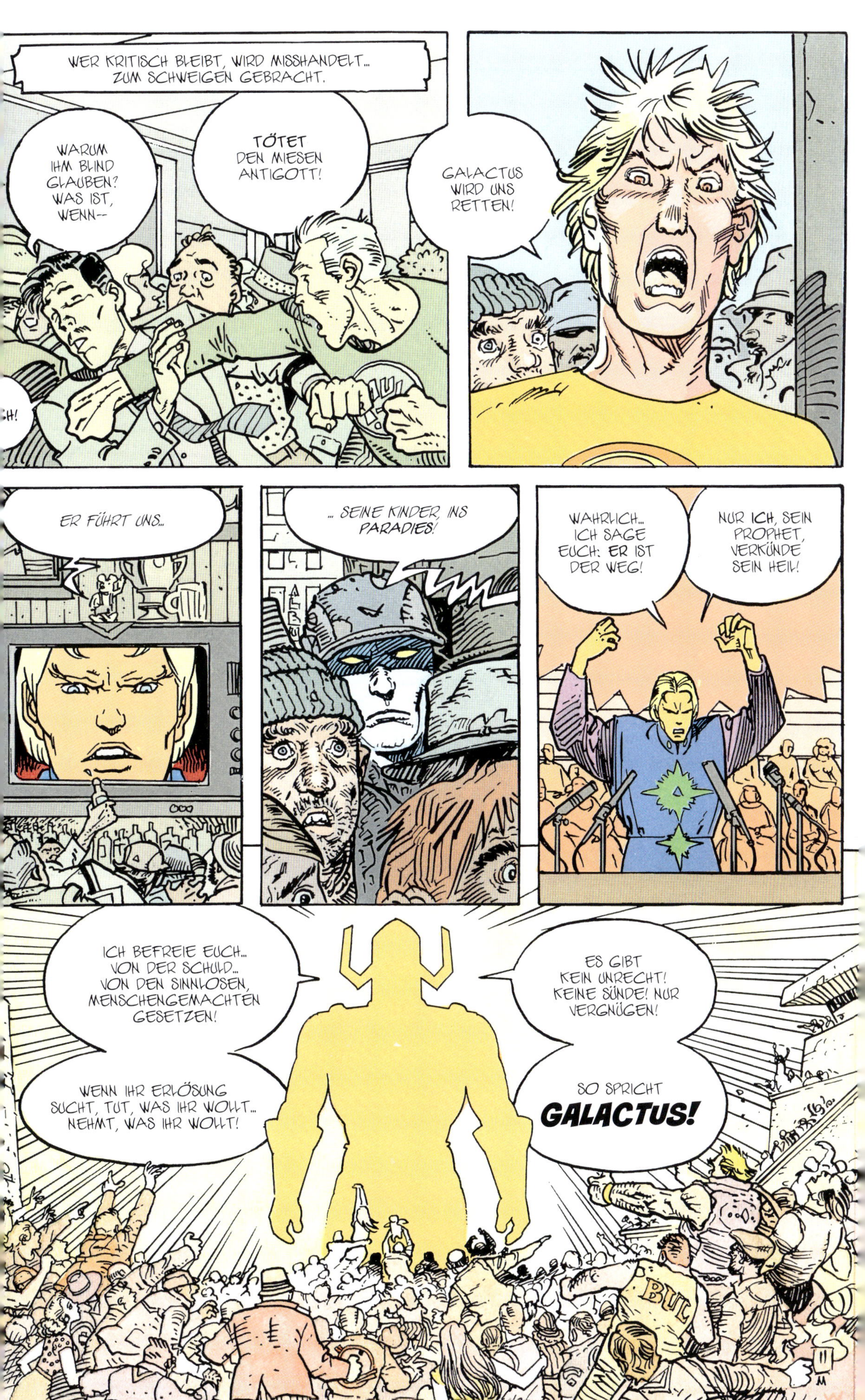

WER KRITISCH BLEIBT, WIRD MISSHANDELT... ZUM SCHWEIGEN GEBRACHT.
WARUM IHM BLIND GLAUBEN? WAS IST, WENN--
TÖTET DEN MIESEN ANTIGOTT!
GALACTUS WIRD UNS RETTEN!
ER FÜHRT UNS...
... SEINE KINDER INS PARADIES!
WAHRLICH... ICH SAGE EUCH: ER IST DER WEG!
NUR ICH, SEIN PROPHET, VERKÜNDE SEIN HEIL!
ICH BEFREIE EUCH... VON DER SCHULD... VON DEN SINNLOSEN, MENSCHENGEMACHTEN GESETZEN!
WENN IHR ERLÖSUNG SUCHT, TUT, WAS IHR WOLLT... NEHMT, WAS IHR WOLLT!
ES GIBT KEIN UNRECHT! KEINE SÜNDE! NUR VERGNÜGEN!
SO SPRICHT GALACTUS!

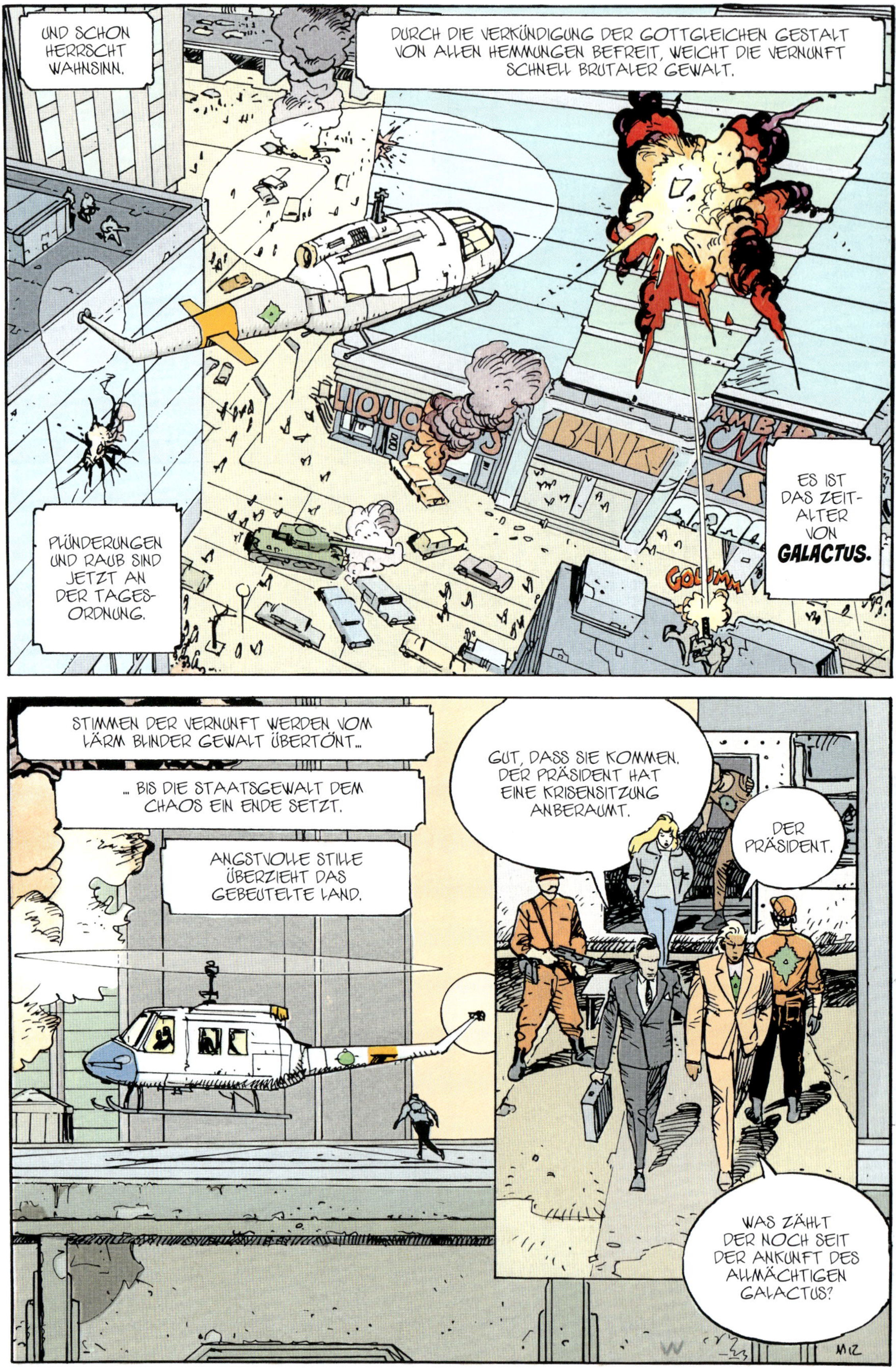

UND SCHON HERRSCHT WAHNSINN.

DURCH DIE VERKÜNDIGUNG DER GOTTGLEICHEN GESTALT VON ALLEN HEMMUNGEN BEFREIT, WEICHT DIE VERNUNFT SCHNELL BRUTALER GEWALT.

BANK

PLÜNDERUNGEN UND RAUB SIND JETZT AN DER TAGESORDNUNG.

GOLUMM

ES IST DAS ZEITALTER VON **GALACTUS.**

STIMMEN DER VERNUNFT WERDEN VOM LÄRM BLINDER GEWALT ÜBERTÖNT...

... BIS DIE STAATSGEWALT DEM CHAOS EIN ENDE SETZT.

ANGSTVOLLE STILLE ÜBERZIEHT DAS GEBEUTELTE LAND.

GUT, DASS SIE KOMMEN. DER PRÄSIDENT HAT EINE KRISENSITZUNG ANBERAUMT.

DER PRÄSIDENT.

WAS ZÄHLT DER NOCH SEIT DER ANKUNFT DES ALLMÄCHTIGEN GALACTUS?

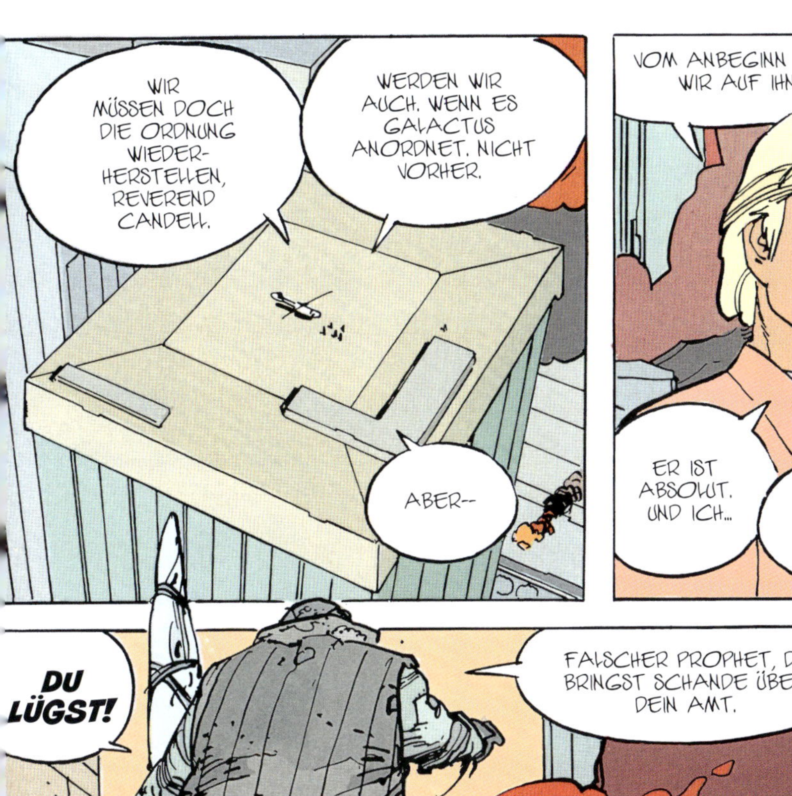
WIR MÜSSEN DOCH DIE ORDNUNG WIEDERHERSTELLEN, REVEREND CANDELL.
WERDEN WIR AUCH. WENN ES GALACTUS ANORDNET. NICHT VORHER.
ABER--

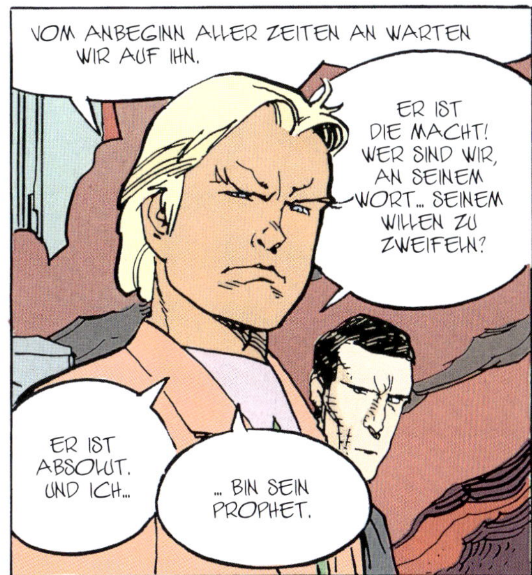
VOM ANBEGINN ALLER ZEITEN AN WARTEN WIR AUF IHN.
ER IST DIE MACHT! WER SIND WIR, AN SEINEM WORT... SEINEM WILLEN ZU ZWEIFELN?
ER IST ABSOLUT. UND ICH...
... BIN SEIN PROPHET.

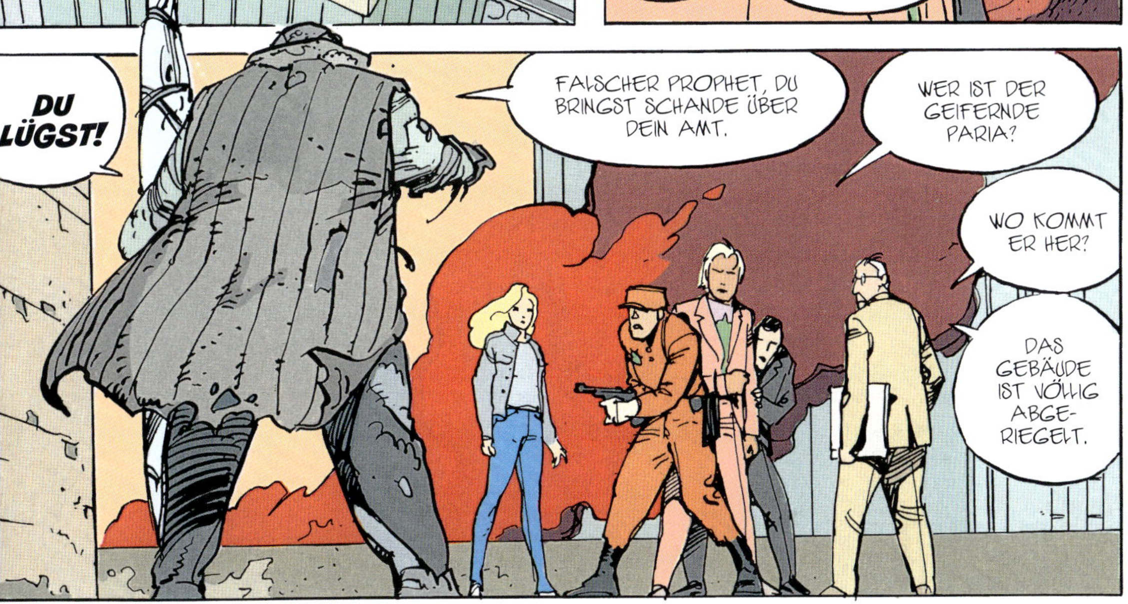
DU LÜGST!
FALSCHER PROPHET, DU BRINGST SCHANDE ÜBER DEIN AMT.
WER IST DER GEIFERNDE PARIA?
WO KOMMT ER HER?
DAS GEBÄUDE IST VÖLLIG ABGERIEGELT.

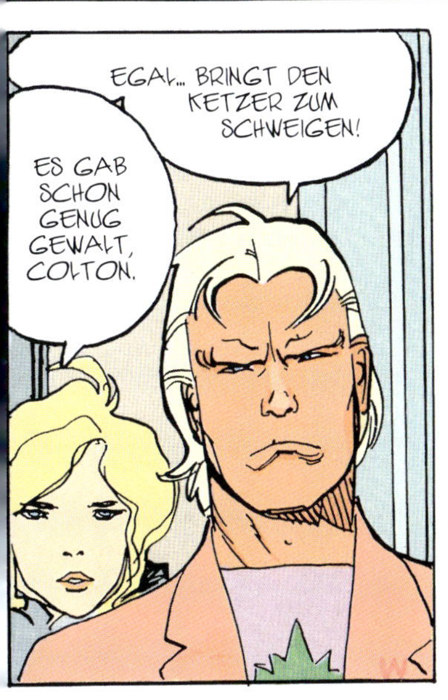
EGAL... BRINGT DEN KETZER ZUM SCHWEIGEN!
ES GAB SCHON GENUG GEWALT, COLTON.

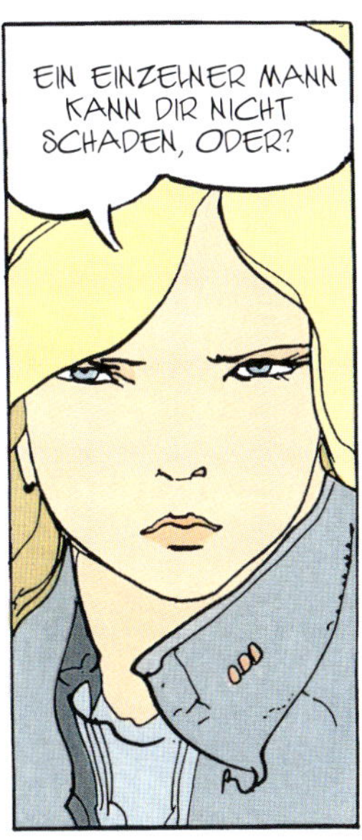
EIN EINZELNER MANN KANN DIR NICHT SCHADEN, ODER?

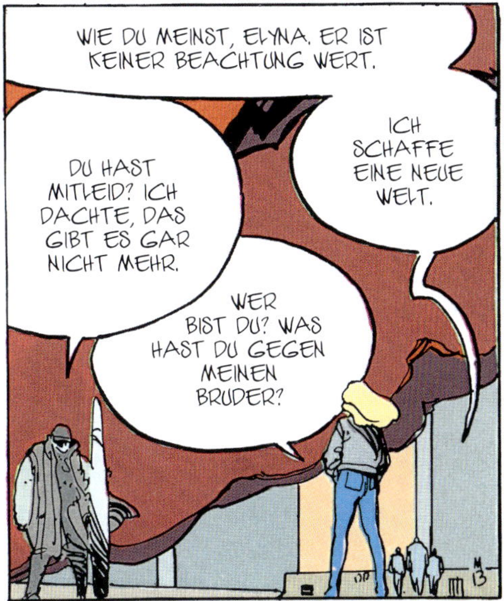
WIE DU MEINST, ELYNA. ER IST KEINER BEACHTUNG WERT.
DU HAST MITLEID? ICH DACHTE, DAS GIBT ES GAR NICHT MEHR.
ICH SCHAFFE EINE NEUE WELT.
WER BIST DU? WAS HAST DU GEGEN MEINEN BRUDER?

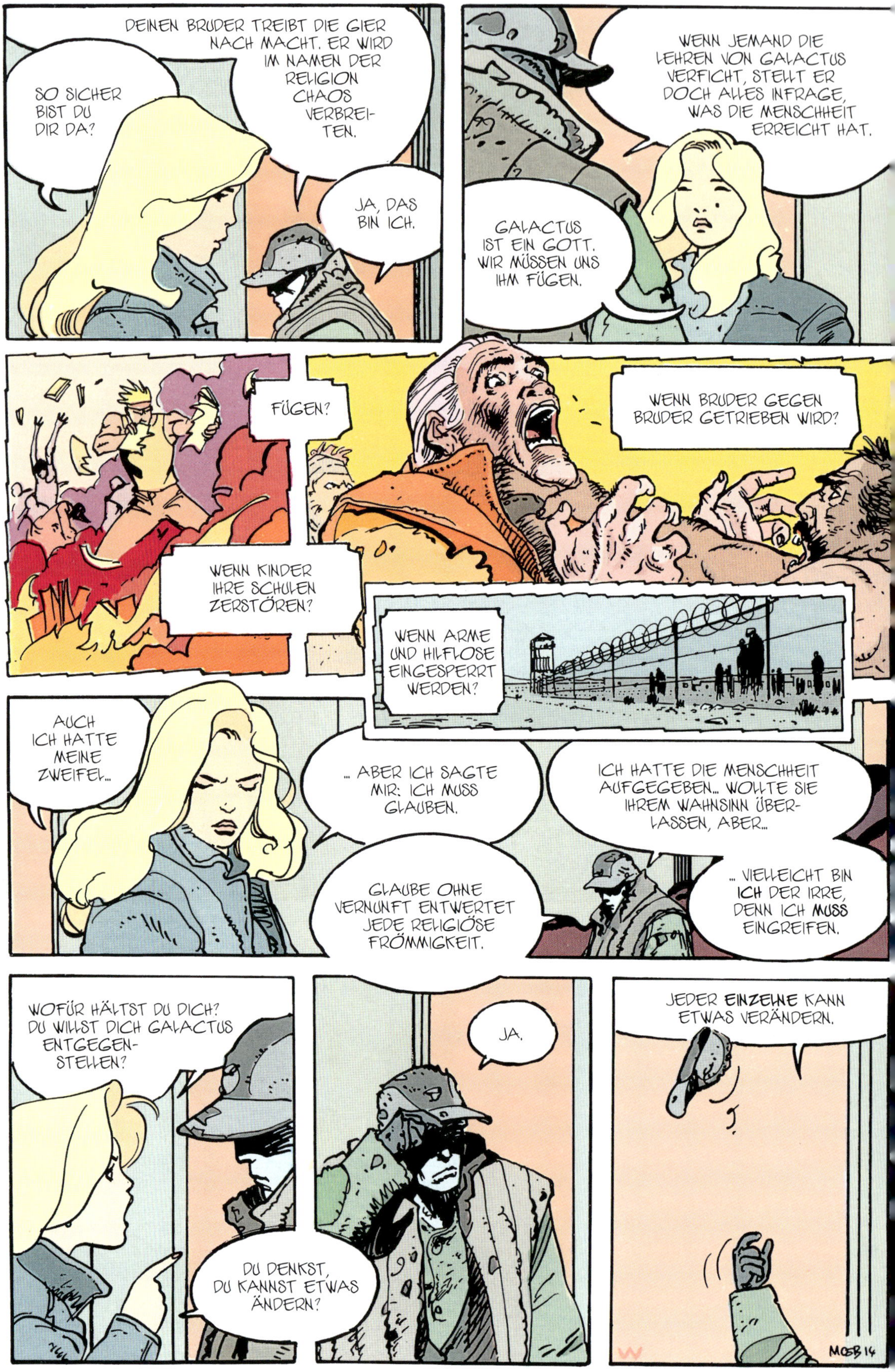

SO SICHER BIST DU DIR DA?
DEINEN BRUDER TREIBT DIE GIER NACH MACHT. ER WIRD IM NAMEN DER RELIGION CHAOS VERBREITEN.
JA, DAS BIN ICH.
WENN JEMAND DIE LEHREN VON GALACTUS VERFICHT, STELLT ER DOCH ALLES INFRAGE, WAS DIE MENSCHHEIT ERREICHT HAT.
GALACTUS IST EIN GOTT. WIR MÜSSEN UNS IHM FÜGEN.
FÜGEN?
WENN BRUDER GEGEN BRUDER GETRIEBEN WIRD?
WENN KINDER IHRE SCHULEN ZERSTÖREN?
WENN ARME UND HILFLOSE EINGESPERRT WERDEN?
AUCH ICH HATTE MEINE ZWEIFEL...
... ABER ICH SAGTE MIR: ICH MUSS GLAUBEN.
GLAUBE OHNE VERNUNFT ENTWERTET JEDE RELIGIÖSE FRÖMMIGKEIT.
ICH HATTE DIE MENSCHHEIT AUFGEGEBEN... WOLLTE SIE IHREM WAHNSINN ÜBERLASSEN, ABER...
... VIELLEICHT BIN **ICH** DER IRRE, DENN ICH **MUSS** EINGREIFEN.

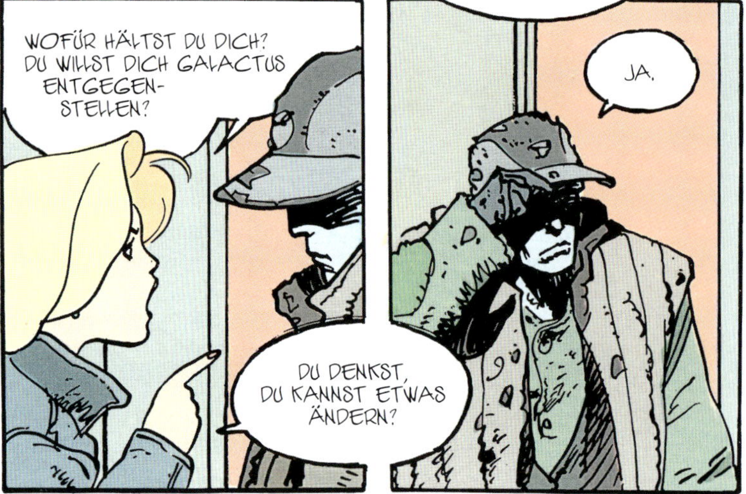

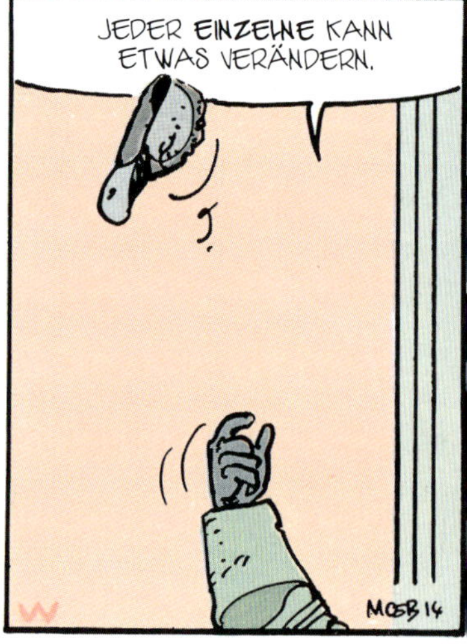

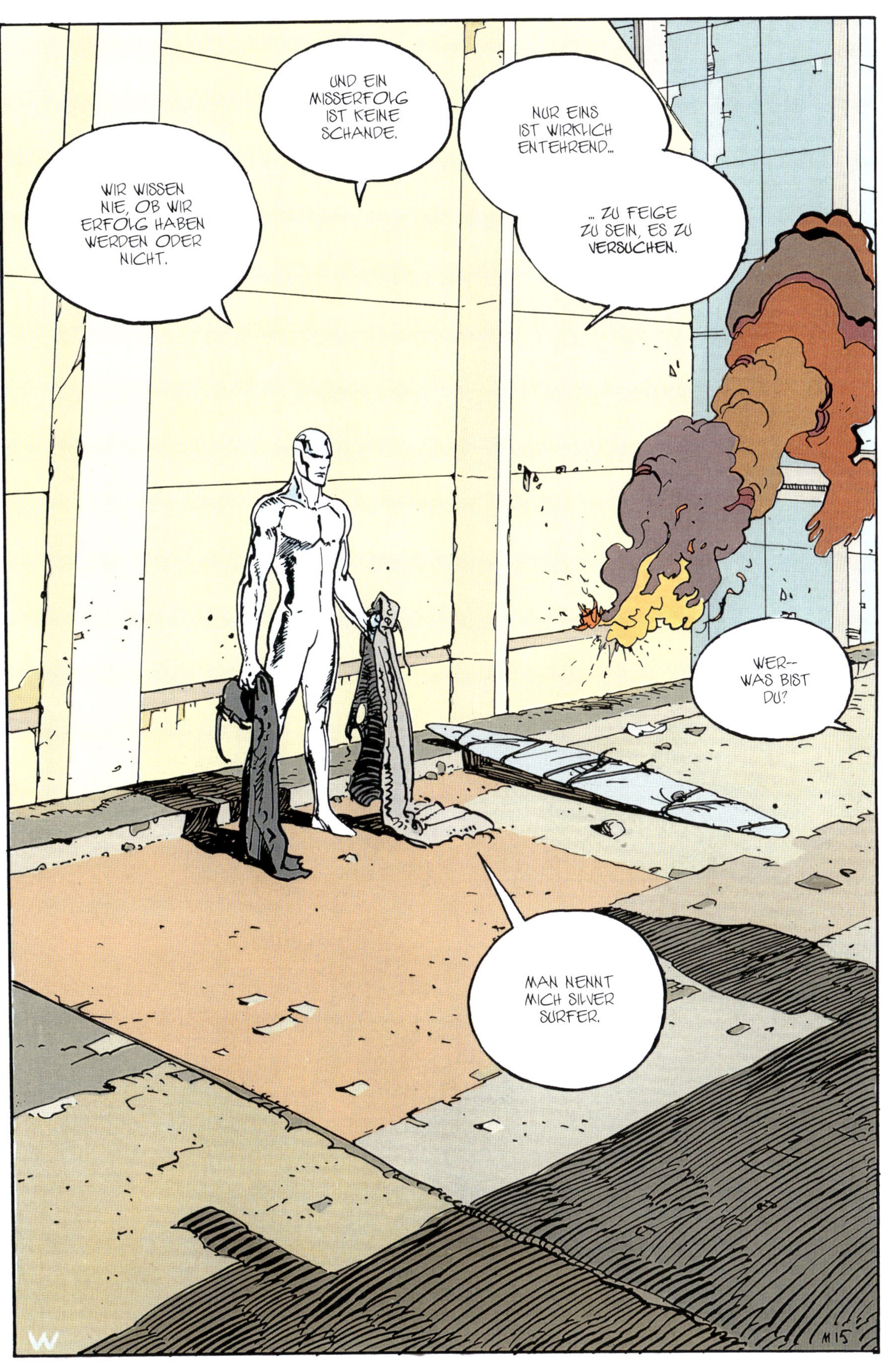
WIR WISSEN NIE, OB WIR ERFOLG HABEN WERDEN ODER NICHT.
UND EIN MISSERFOLG IST KEINE SCHANDE.
NUR EINS IST WIRKLICH ENTEHREND...
... ZU FEIGE ZU SEIN, ES ZU VERSUCHEN.
WER-- WAS BIST DU?
MAN NENNT MICH SILVER SURFER.
M15

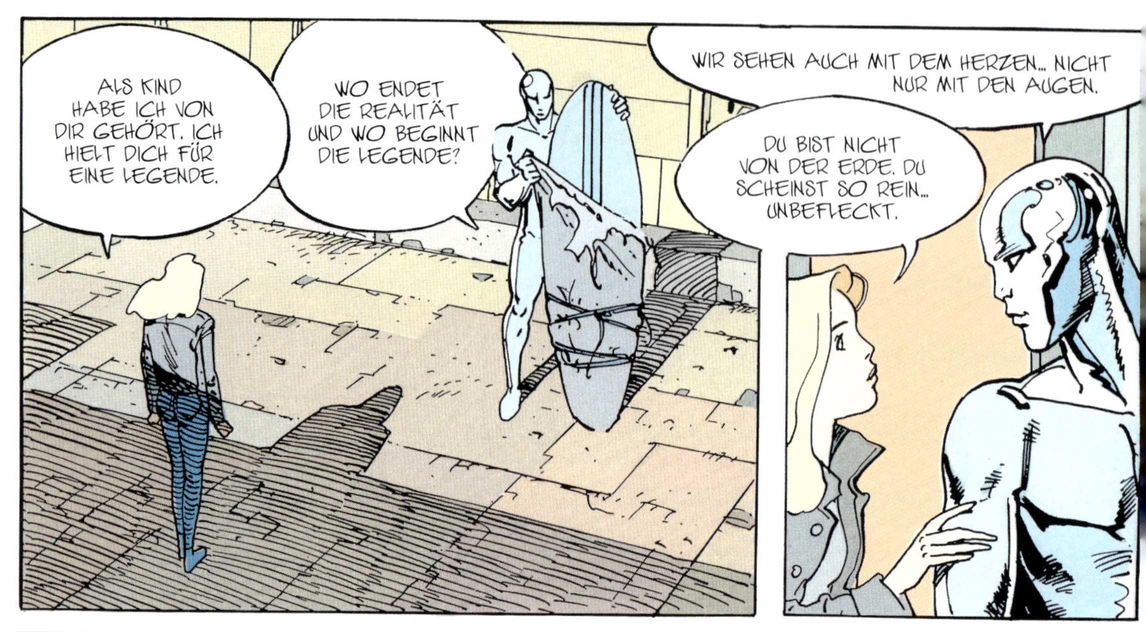
ALS KIND HABE ICH VON DIR GEHÖRT. ICH HIELT DICH FÜR EINE LEGENDE.
WO ENDET DIE REALITÄT UND WO BEGINNT DIE LEGENDE?
WIR SEHEN AUCH MIT DEM HERZEN... NICHT NUR MIT DEN AUGEN.
DU BIST NICHT VON DER ERDE. DU SCHEINST SO REIN... UNBEFLECKT.

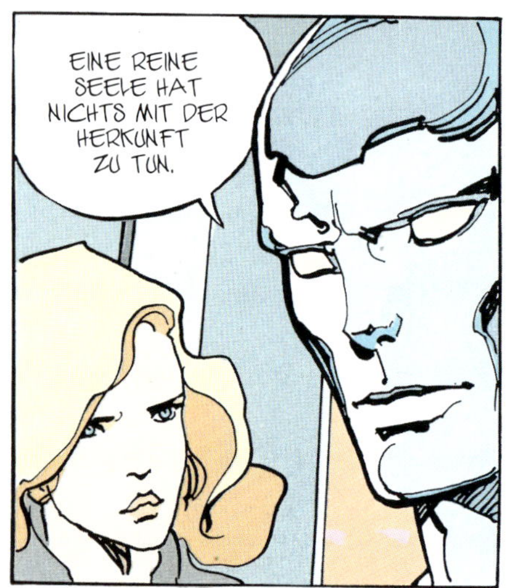
EINE REINE SEELE HAT NICHTS MIT DER HERKUNFT ZU TUN.

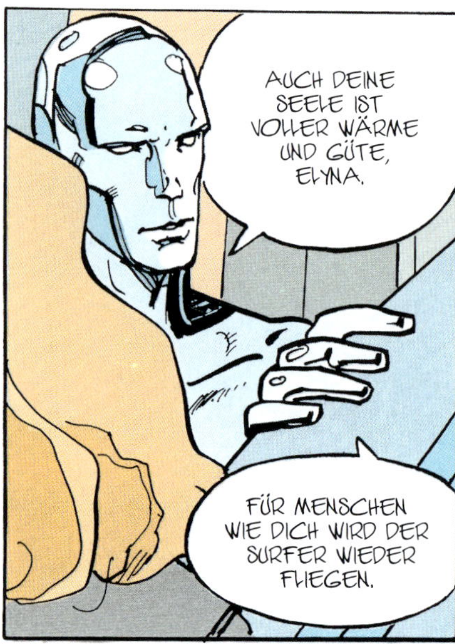
AUCH DEINE SEELE IST VOLLER WÄRME UND GÜTE, ELYNA.
FÜR MENSCHEN WIE DICH WIRD DER SURFER WIEDER FLIEGEN.

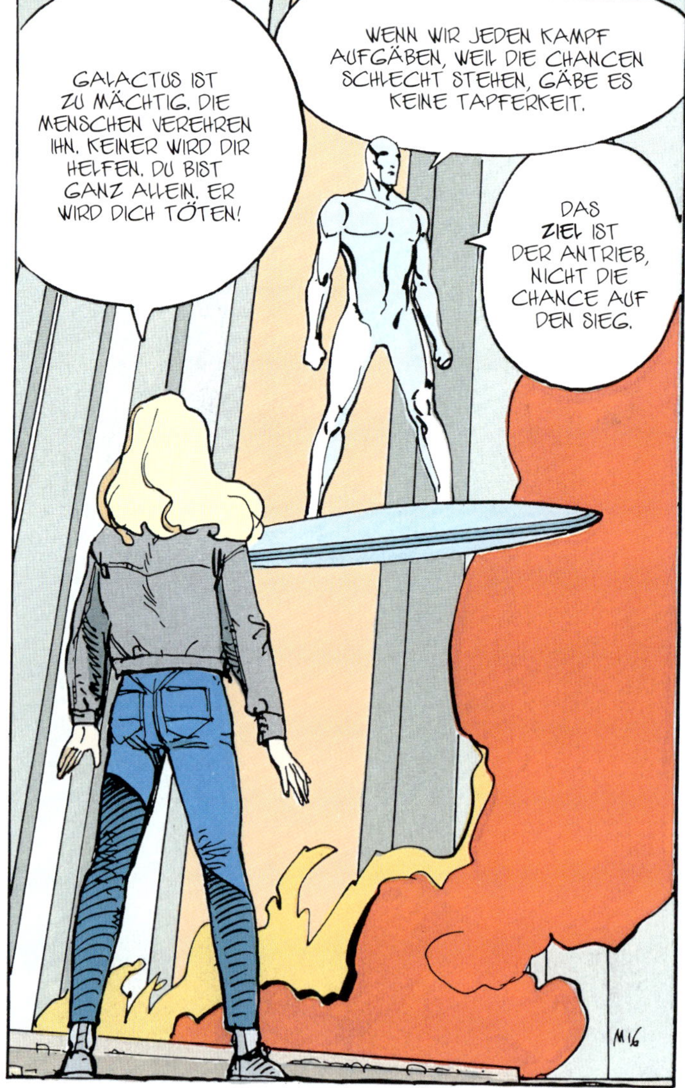
GALACTUS IST ZU MÄCHTIG. DIE MENSCHEN VEREHREN IHN. KEINER WIRD DIR HELFEN. DU BIST GANZ ALLEIN. ER WIRD DICH TÖTEN!
WENN WIR JEDEN KAMPF AUFGÄBEN, WEIL DIE CHANCEN SCHLECHT STEHEN, GÄBE ES KEINE TAPFERKEIT.
DAS **ZIEL** IST DER ANTRIEB, NICHT DIE CHANCE AUF DEN SIEG.

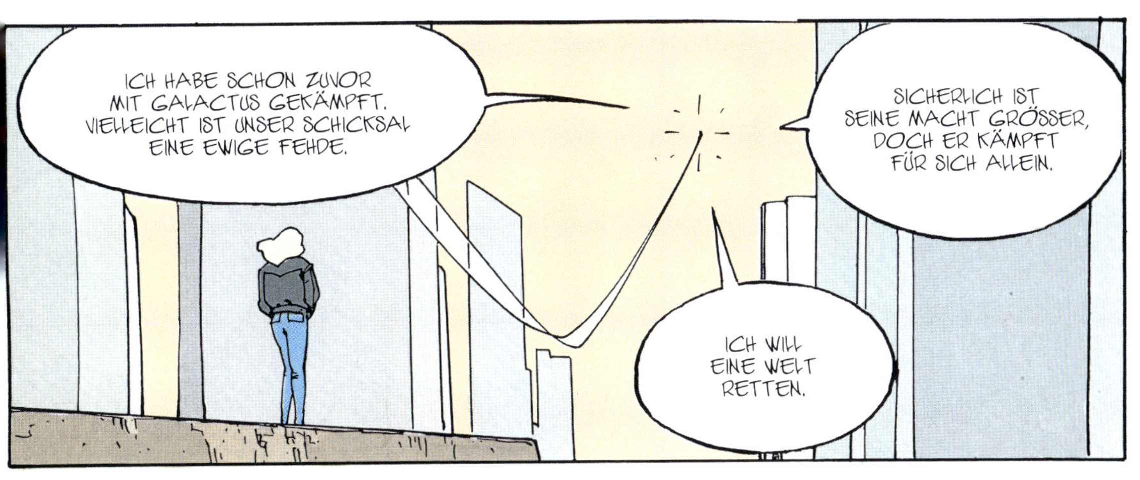

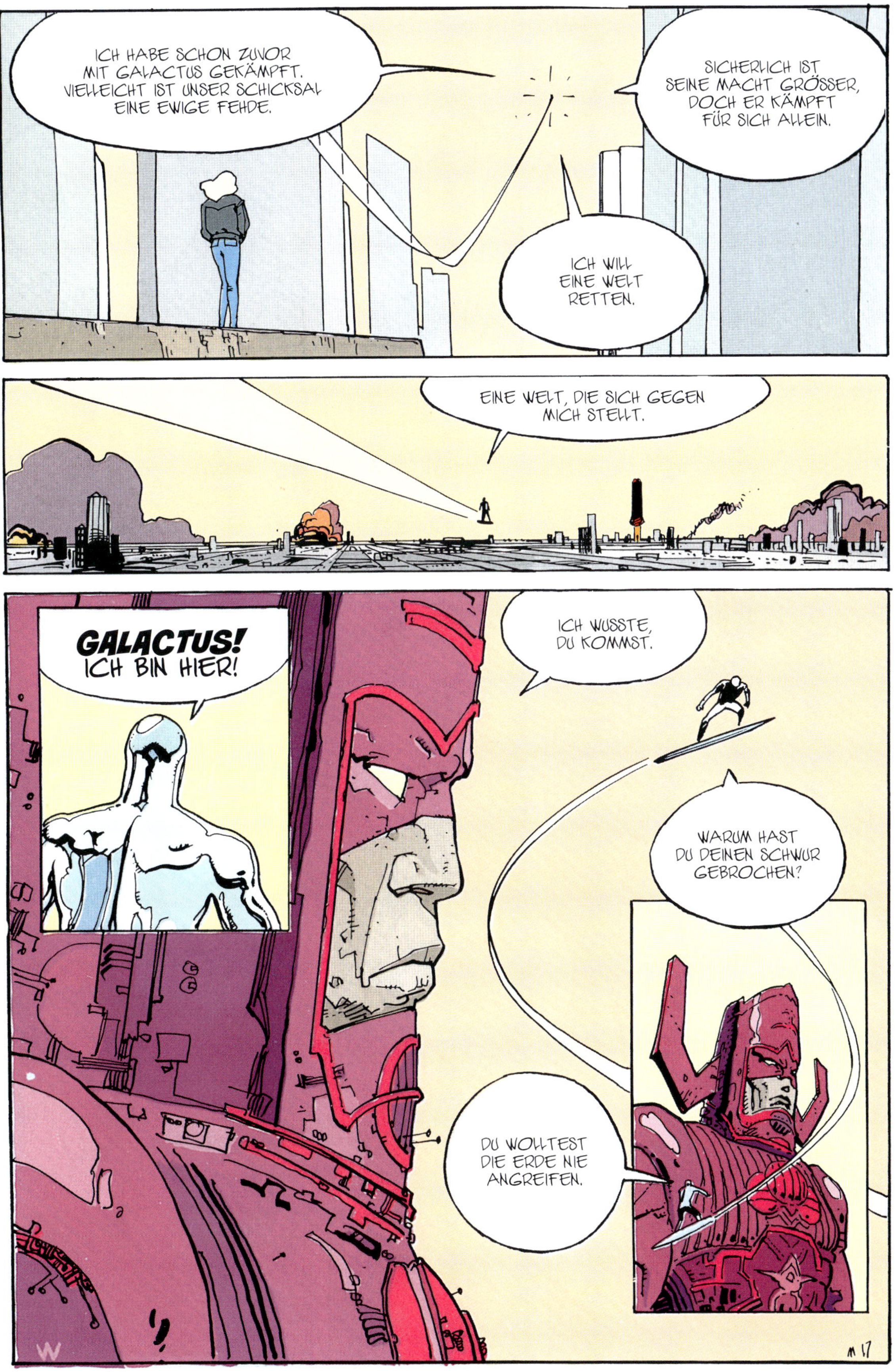

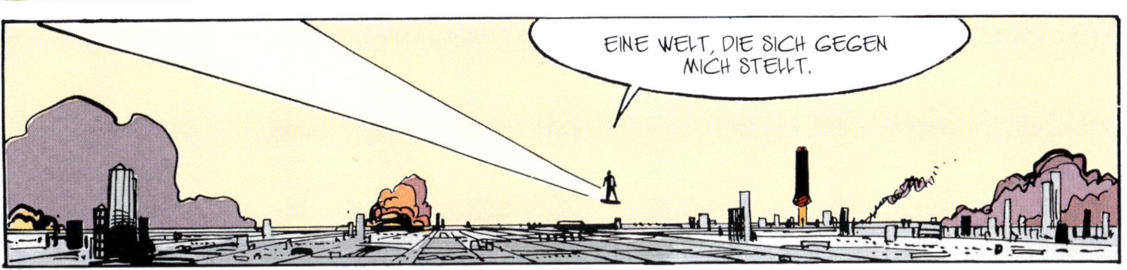

GALACTUS! ICH BIN HIER!
ICH WUSSTE, DU KOMMST.
WARUM HAST DU DEINEN SCHWUR GEBROCHEN?
DU WOLLTEST DIE ERDE NIE ANGREIFEN.

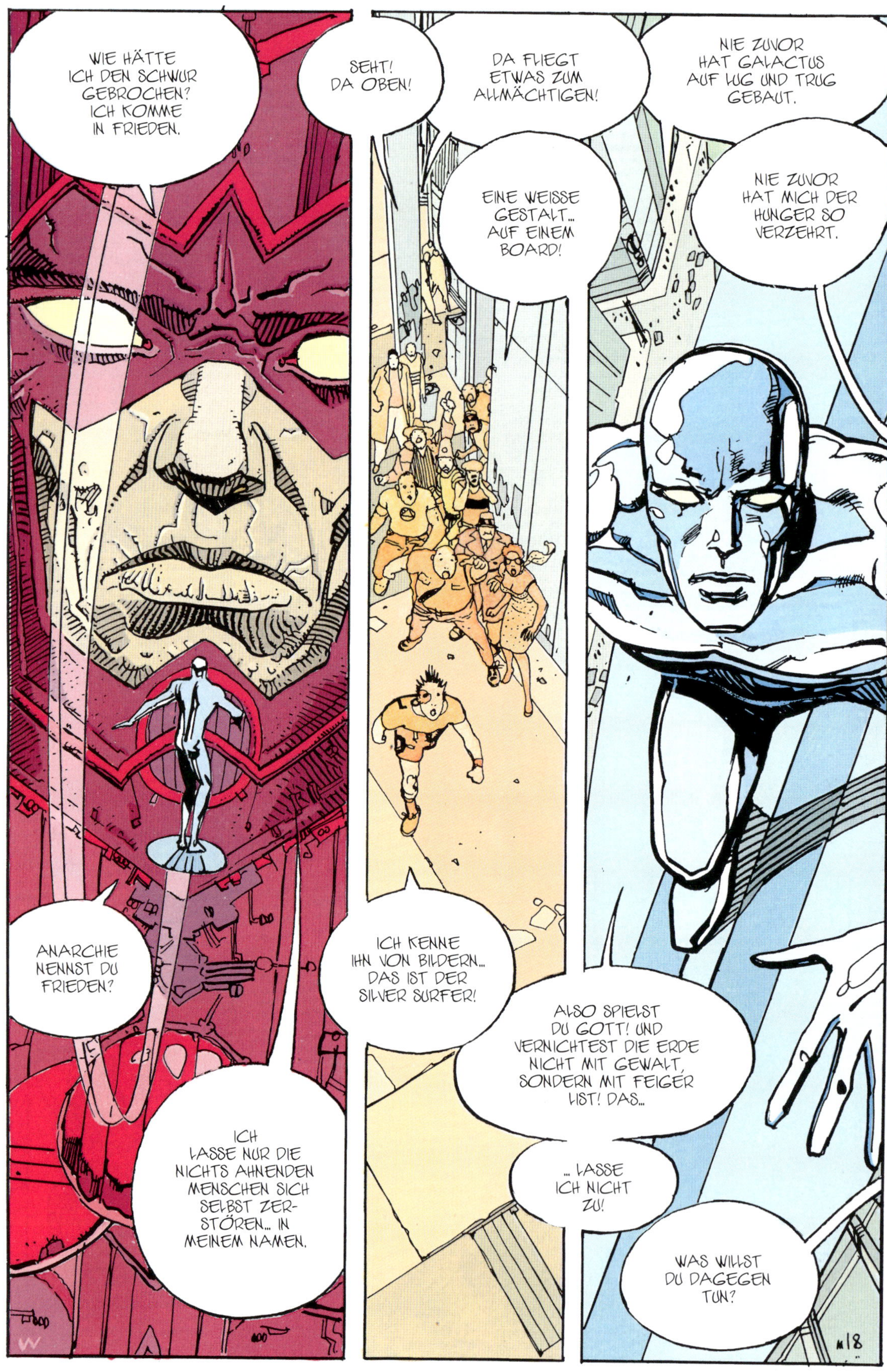

WIE HÄTTE ICH DEN SCHWUR GEBROCHEN? ICH KOMME IN FRIEDEN.
ANARCHIE NENNST DU FRIEDEN?
ICH LASSE NUR DIE NICHTS AHNENDEN MENSCHEN SICH SELBST ZERSTÖREN... IN MEINEM NAMEN.
SEHT! DA OBEN!
DA FLIEGT ETWAS ZUM ALLMÄCHTIGEN!
EINE WEISSE GESTALT... AUF EINEM BOARD!
ICH KENNE IHN VON BILDERN... DAS IST DER SILVER SURFER!
NIE ZUVOR HAT GALACTUS AUF LUG UND TRUG GEBAUT.
NIE ZUVOR HAT MICH DER HUNGER SO VERZEHRT.
ALSO SPIELST DU GOTT! UND VERNICHTEST DIE ERDE NICHT MIT GEWALT, SONDERN MIT FEIGER LIST! DAS...
... LASSE ICH NICHT ZU!
WAS WILLST DU DAGEGEN TUN?
M18

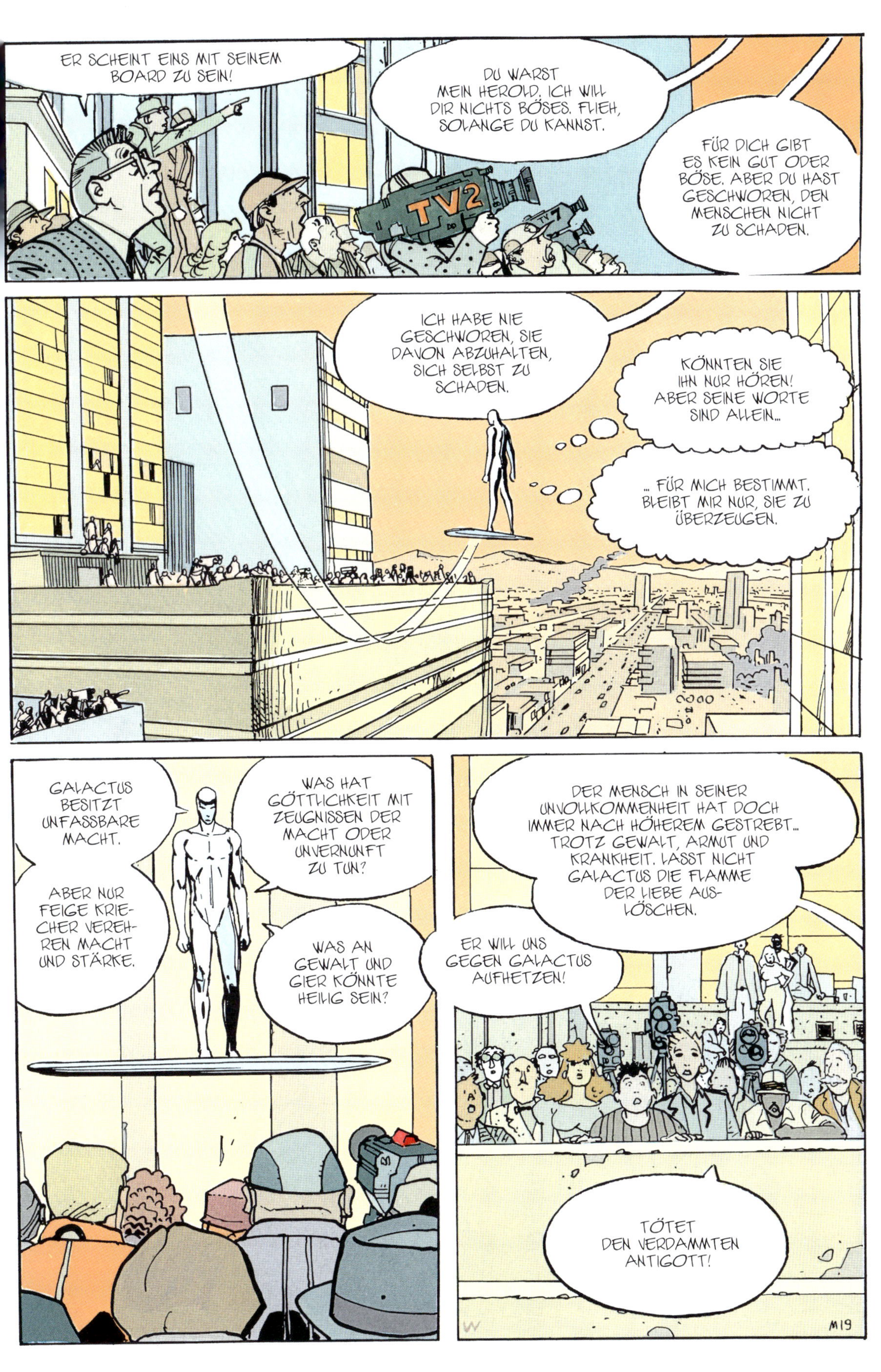
ER SCHEINT EINS MIT SEINEM BOARD ZU SEIN!
DU WARST MEIN HEROLD. ICH WILL DIR NICHTS BÖSES. FLIEH, SOLANGE DU KANNST.
FÜR DICH GIBT ES KEIN GUT ODER BÖSE. ABER DU HAST GESCHWOREN, DEN MENSCHEN NICHT ZU SCHADEN.
TV2
ICH HABE NIE GESCHWOREN, SIE DAVON ABZUHALTEN, SICH SELBST ZU SCHADEN.
KÖNNTEN SIE IHN NUR HÖREN! ABER SEINE WORTE SIND ALLEIN...
... FÜR MICH BESTIMMT. BLEIBT MIR NUR, SIE ZU ÜBERZEUGEN.
GALACTUS BESITZT UNFASSBARE MACHT.
ABER NUR FEIGE KRIE-CHER VEREH-REN MACHT UND STÄRKE.
WAS HAT GÖTTLICHKEIT MIT ZEUGNISSEN DER MACHT ODER UNVERNUNFT ZU TUN?
WAS AN GEWALT UND GIER KÖNNTE HEILIG SEIN?
DER MENSCH IN SEINER UNVOLLKOMMENHEIT HAT DOCH IMMER NACH HÖHEREM GESTREBT... TROTZ GEWALT, ARMUT UND KRANKHEIT. LASST NICHT GALACTUS DIE FLAMME DER LIEBE AUS-LÖSCHEN.
ER WILL UNS GEGEN GALACTUS AUFHETZEN!
TÖTET DEN VERDAMMTEN ANTIGOTT!
M19

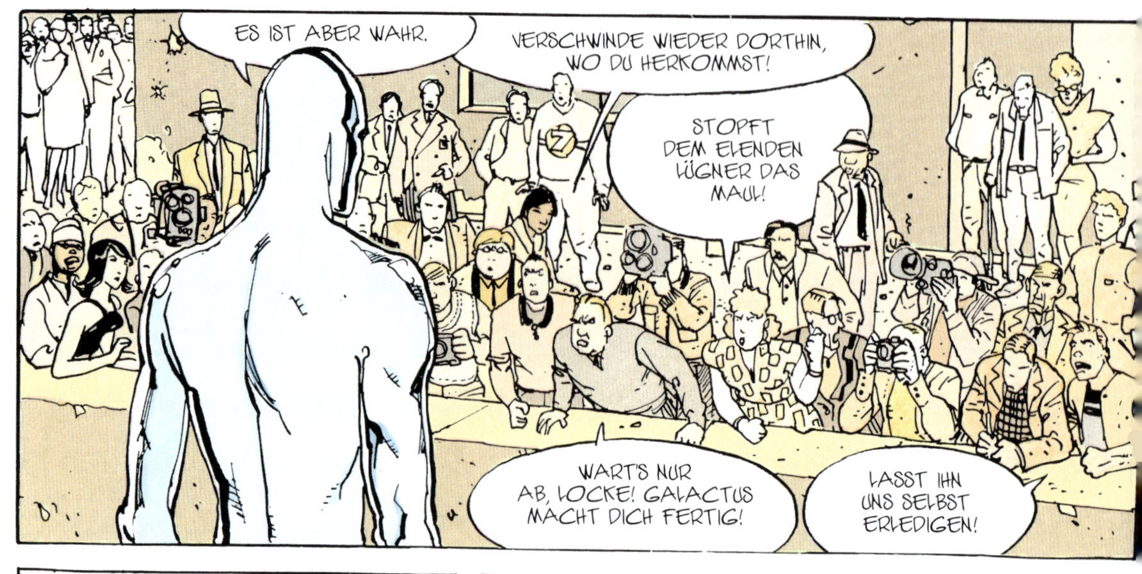
ES IST ABER WAHR.
VERSCHWINDE WIEDER DORTHIN, WO DU HERKOMMST!
STOPFT DEM ELENDEN LÜGNER DAS MAUL!
WART'S NUR AB, LOCKE! GALACTUS MACHT DICH FERTIG!
LASST IHN UNS SELBST ERLEDIGEN!

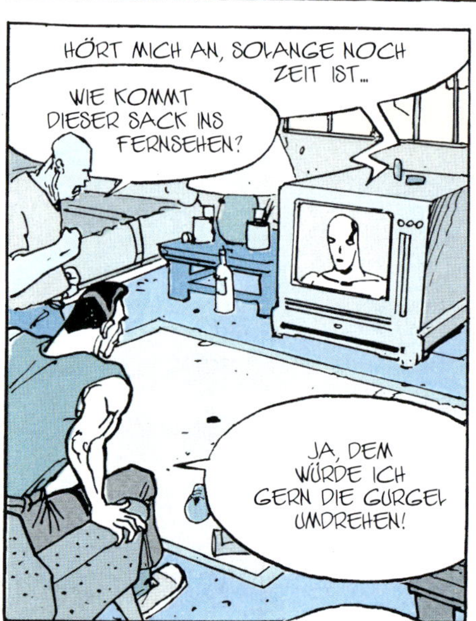
HÖRT MICH AN, SOLANGE NOCH ZEIT IST...
WIE KOMMT DIESER SACK INS FERNSEHEN?
JA, DEM WÜRDE ICH GERN DIE GURGEL UMDREHEN!

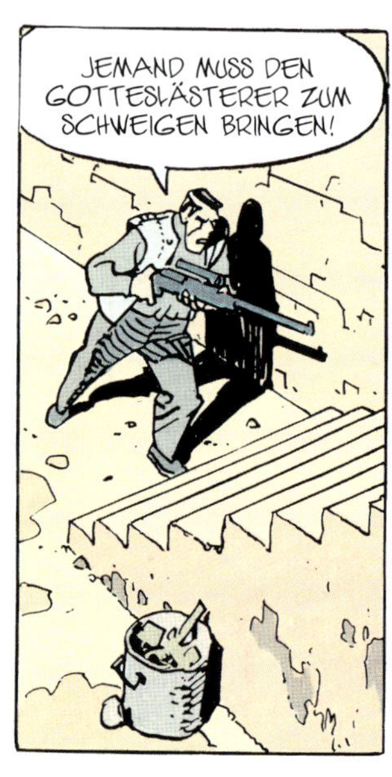
JEMAND MUSS DEN GOTTESLÄSTERER ZUM SCHWEIGEN BRINGEN!

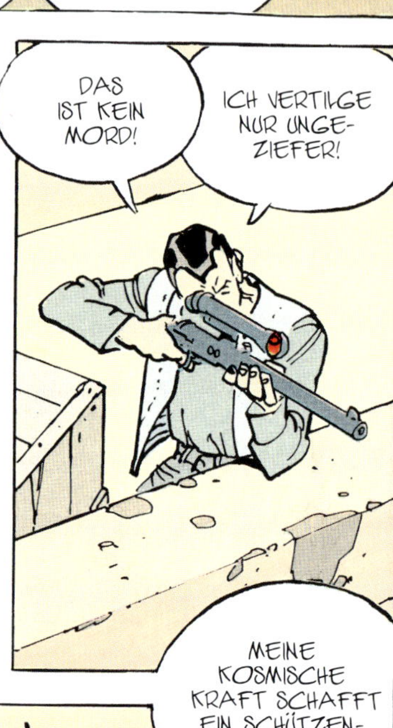
DAS IST KEIN MORD!
ICH VERTILGE NUR UNGE-ZIEFER!

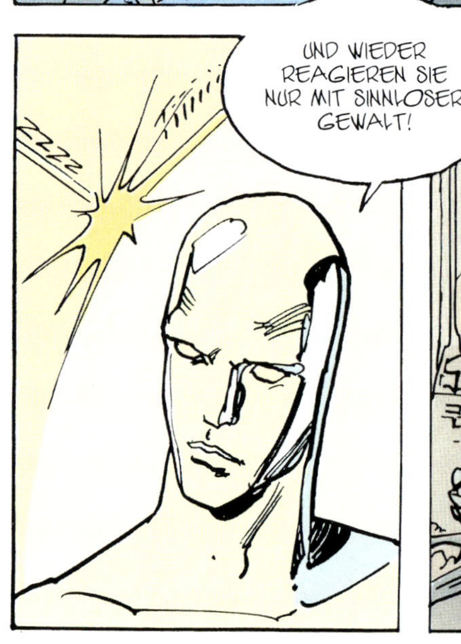
UND WIEDER REAGIEREN SIE NUR MIT SINNLOSER GEWALT!

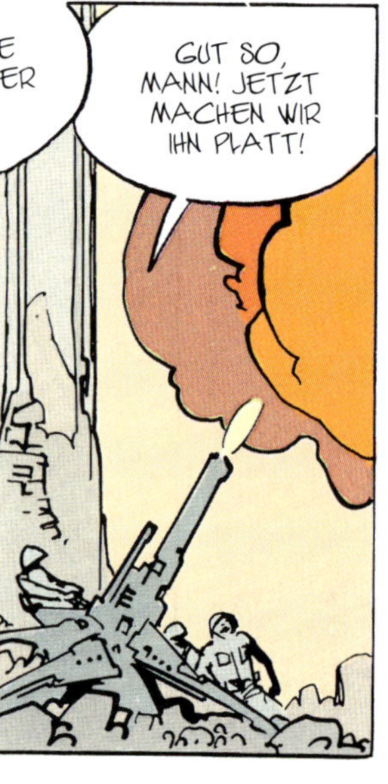
GUT SO, MANN! JETZT MACHEN WIR IHN PLATT!

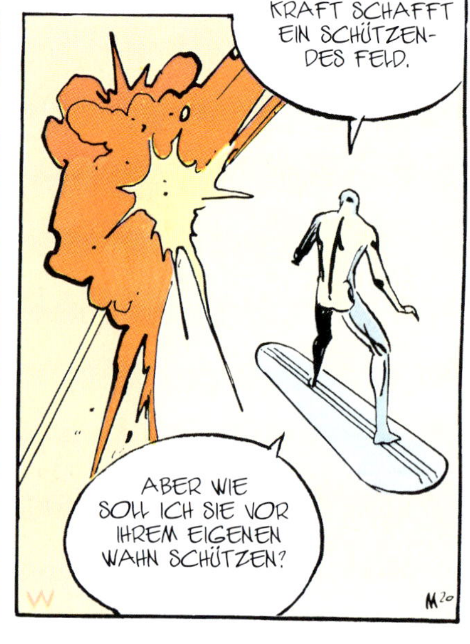
MEINE KOSMISCHE KRAFT SCHAFFT EIN SCHÜTZEN-DES FELD.
ABER WIE SOLL ICH SIE VOR IHREM EIGENEN WAHN SCHÜTZEN?

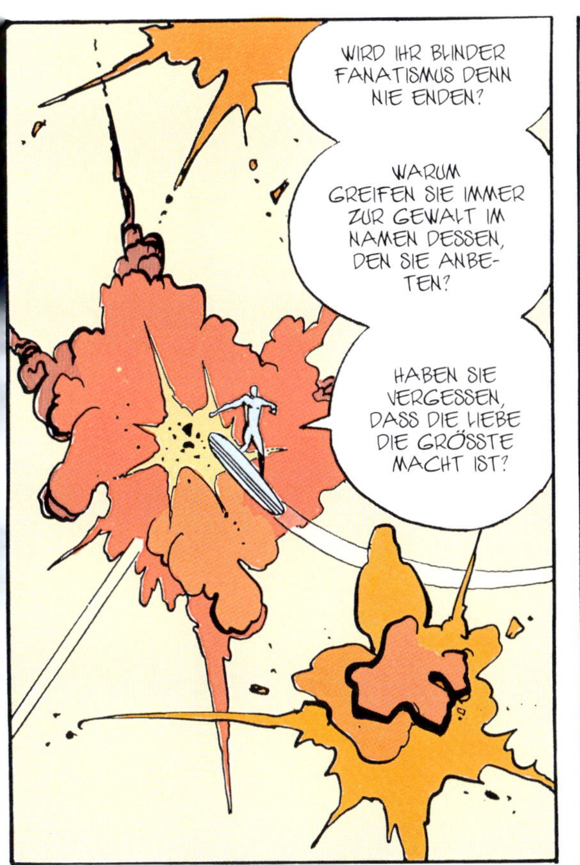
WIRD IHR BLINDER FANATISMUS DENN NIE ENDEN?
WARUM GREIFEN SIE IMMER ZUR GEWALT IM NAMEN DESSEN, DEN SIE ANBE-TEN?
HABEN SIE VERGESSEN, DASS DIE LIEBE DIE GRÖSSTE MACHT IST?

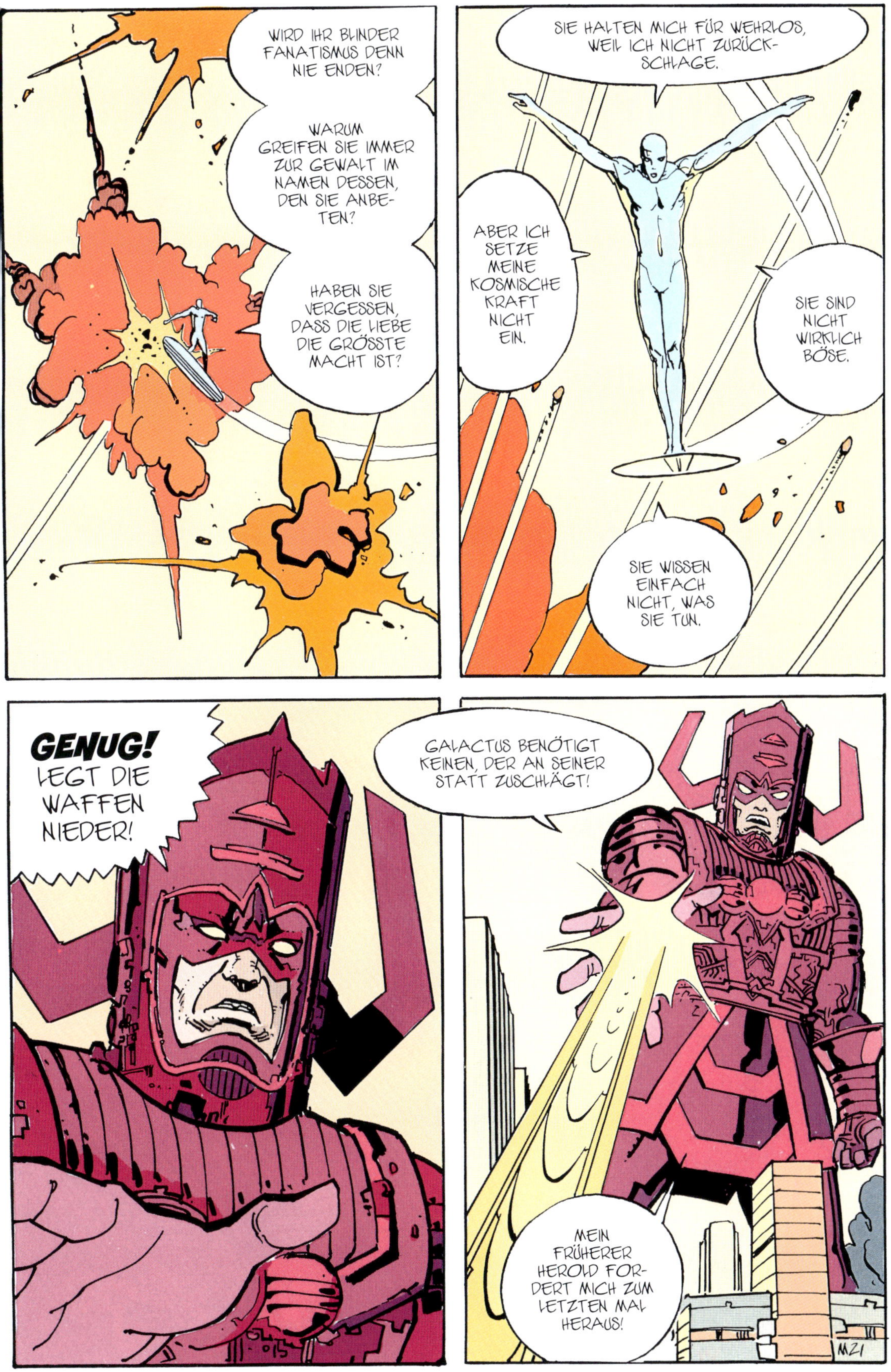

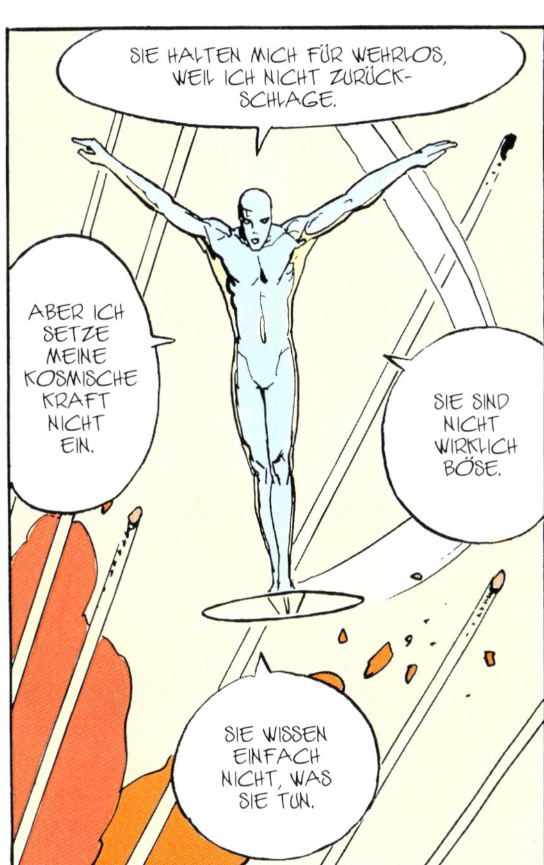
SIE HALTEN MICH FÜR WEHRLOS, WEIL ICH NICHT ZURÜCK-SCHLAGE.
ABER ICH SETZE MEINE KOSMISCHE KRAFT NICHT EIN.
SIE SIND NICHT WIRKLICH BÖSE.
SIE WISSEN EINFACH NICHT, WAS SIE TUN.

GENUG! LEGT DIE WAFFEN NIEDER!
GALACTUS BENÖTIGT KEINEN, DER AN SEINER STATT ZUSCHLÄGT!
MEIN FRÜHERER HEROLD FOR-DERT MICH ZUM LETZTEN MAL HERAUS!

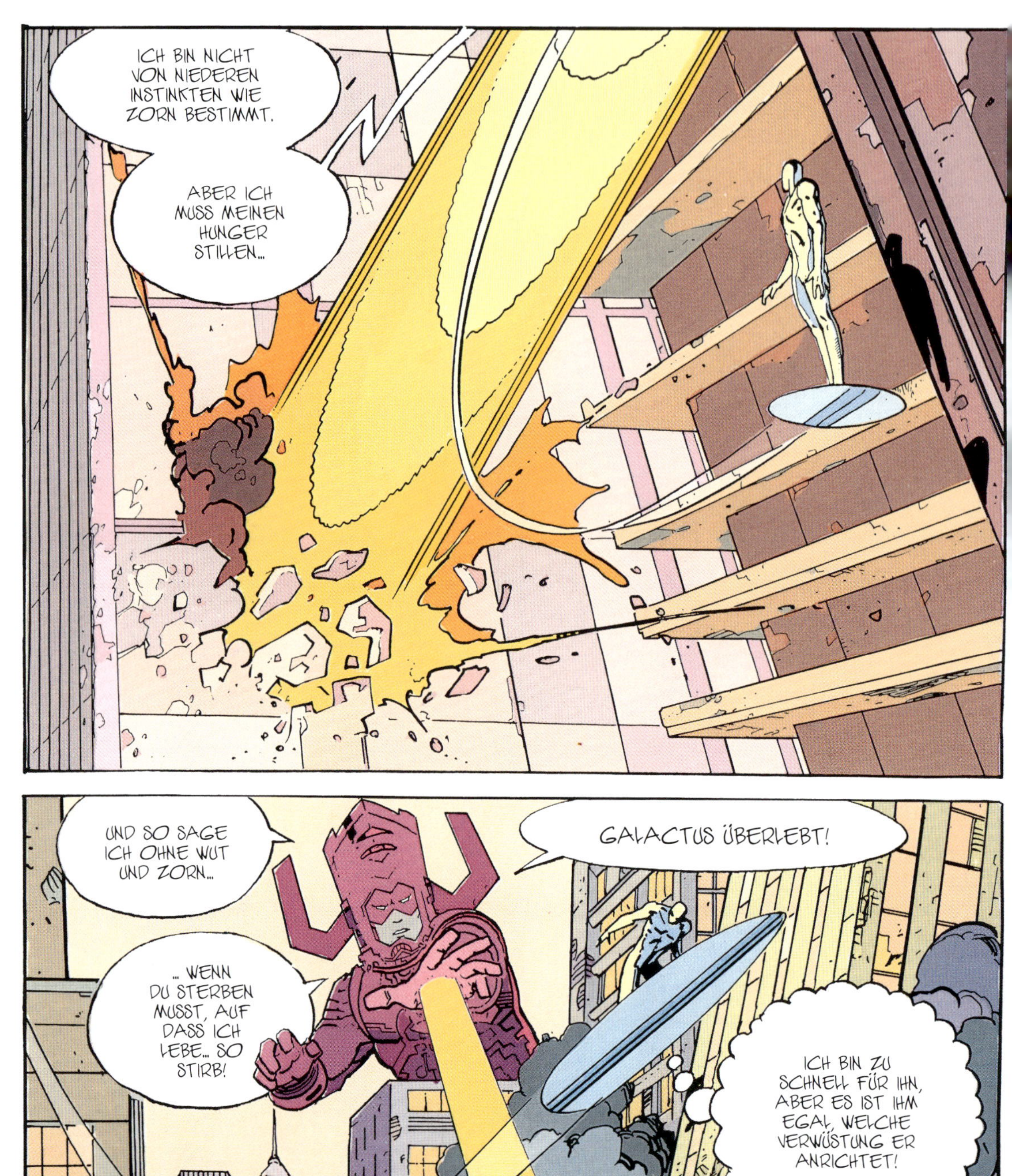
ICH BIN NICHT VON NIEDEREN INSTINKTEN WIE ZORN BESTIMMT.
ABER ICH MUSS MEINEN HUNGER STILLEN...

UND SO SAGE ICH OHNE WUT UND ZORN...
... WENN DU STERBEN MUSST, AUF DASS ICH LEBE... SO STIRB!
GALACTUS ÜBERLEBT!
ICH BIN ZU SCHNELL FÜR IHN, ABER ES IST IHM EGAL, WELCHE VERWÜSTUNG ER ANRICHTET!

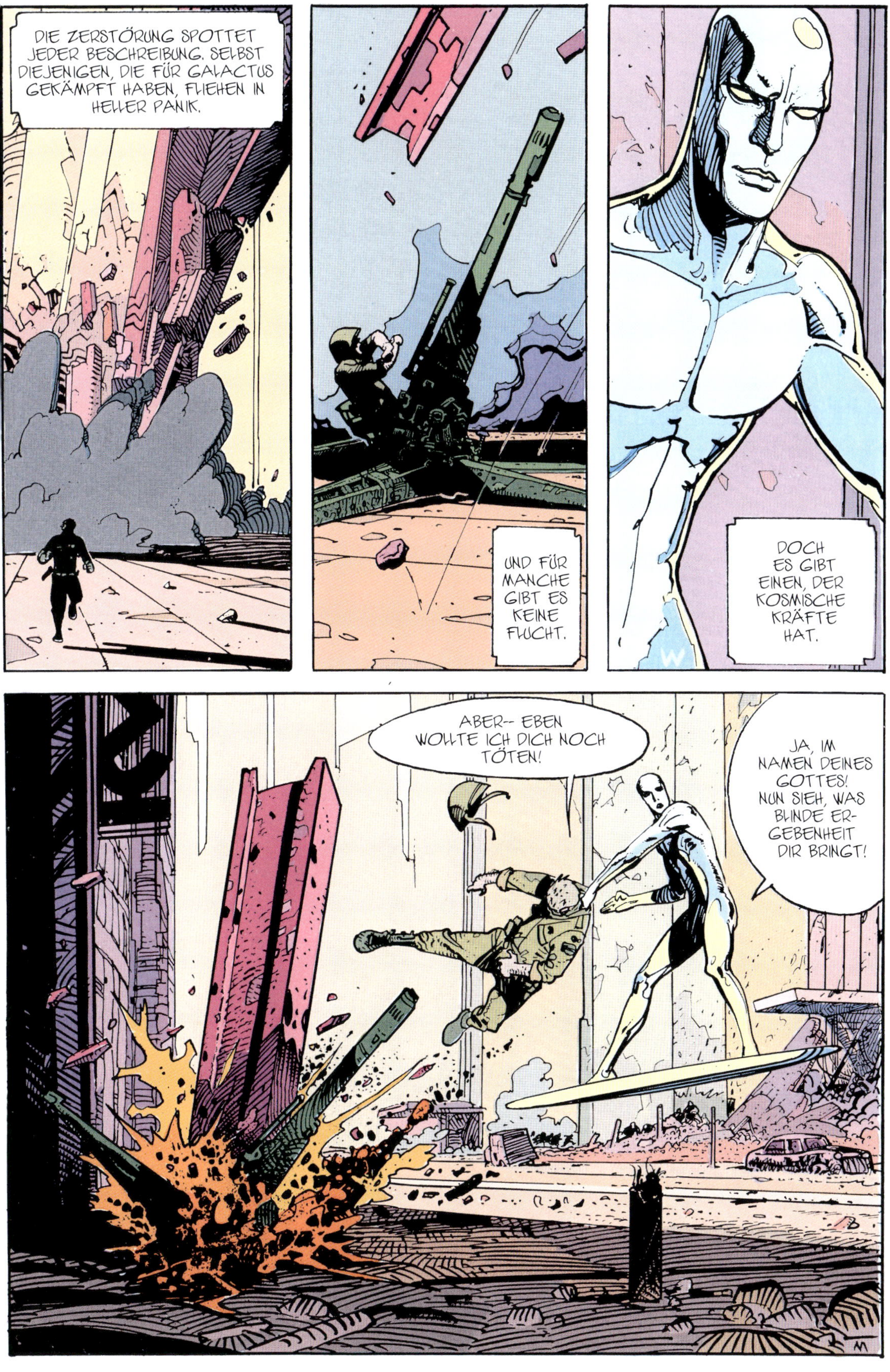

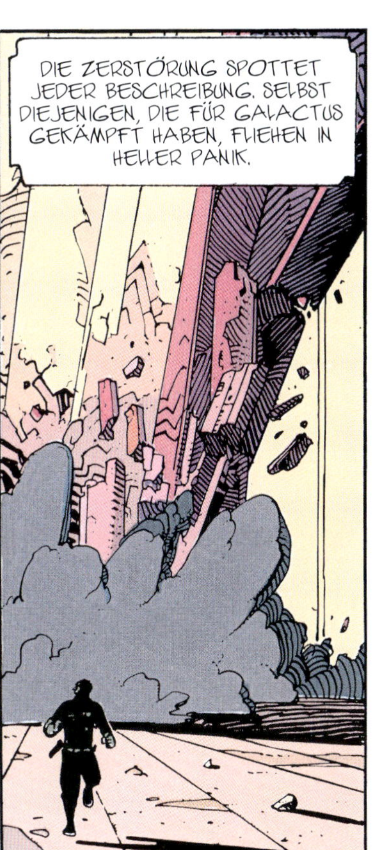

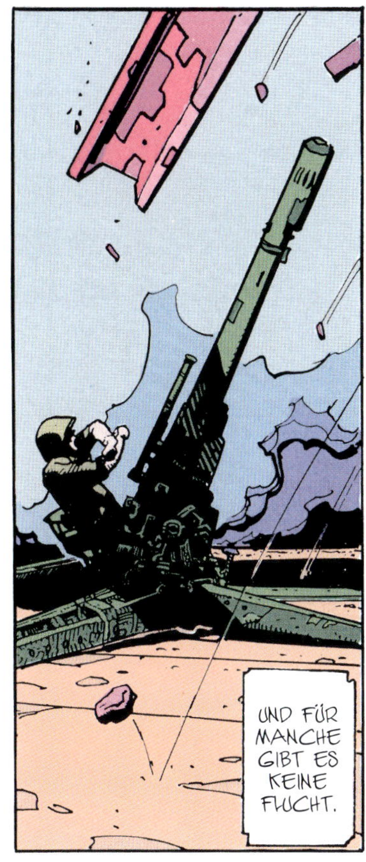

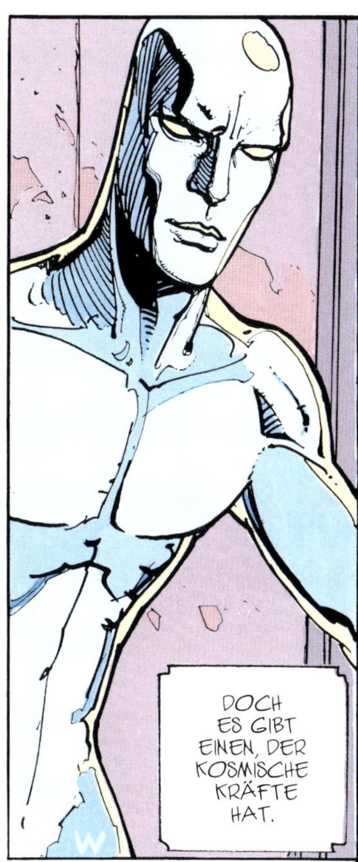

ABER-- EBEN WOLLTE ICH DICH NOCH TÖTEN!

JA, IM NAMEN DEINES GOTTES! NUN SIEH, WAS BLINDE ERGEBENHEIT DIR BRINGT!

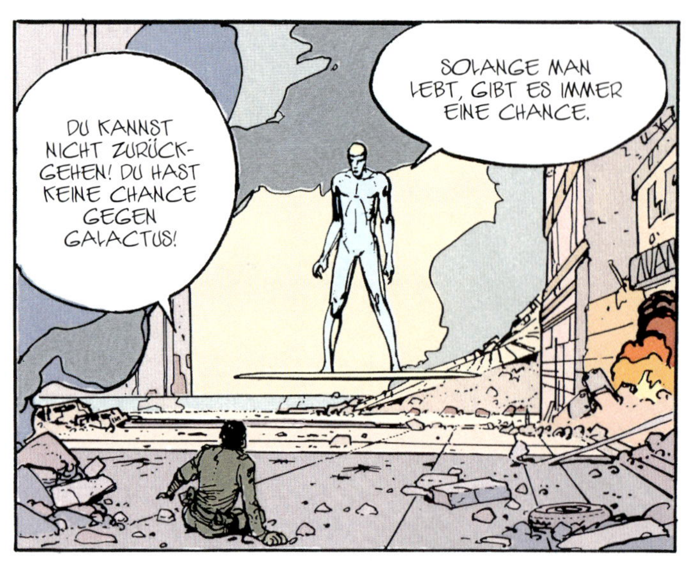
DU KANNST NICHT ZURÜCK-GEHEN! DU HAST KEINE CHANCE GEGEN GALACTUS!
SOLANGE MAN LEBT, GIBT ES IMMER EINE CHANCE.

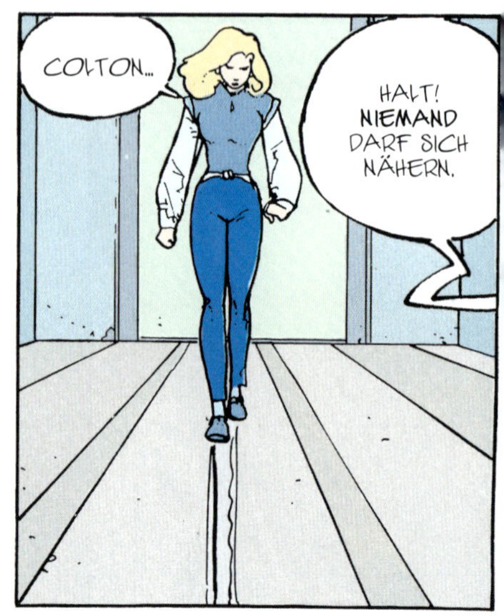
COLTON...
HALT! NIEMAND DARF SICH NÄHERN.

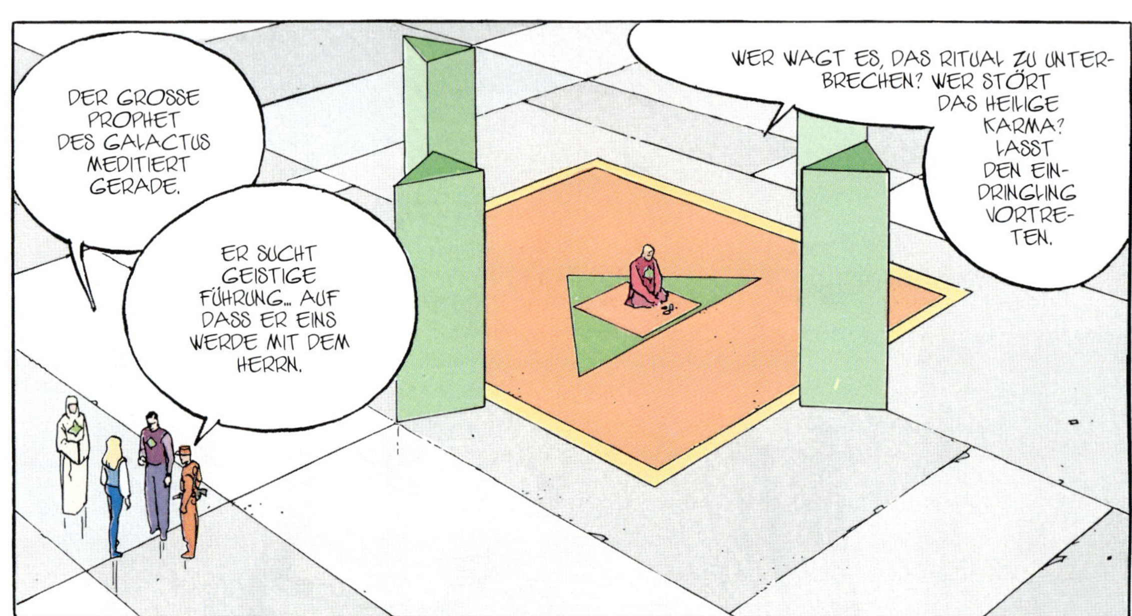
DER GROSSE PROPHET DES GALACTUS MEDITIERT GERADE.
ER SUCHT GEISTIGE FÜHRUNG... AUF DASS ER EINS WERDE MIT DEM HERRN.
WER WAGT ES, DAS RITUAL ZU UNTER-BRECHEN? WER STÖRT DAS HEILIGE KARMA? LASST DEN EIN-DRINGLING VORTRE-TEN.

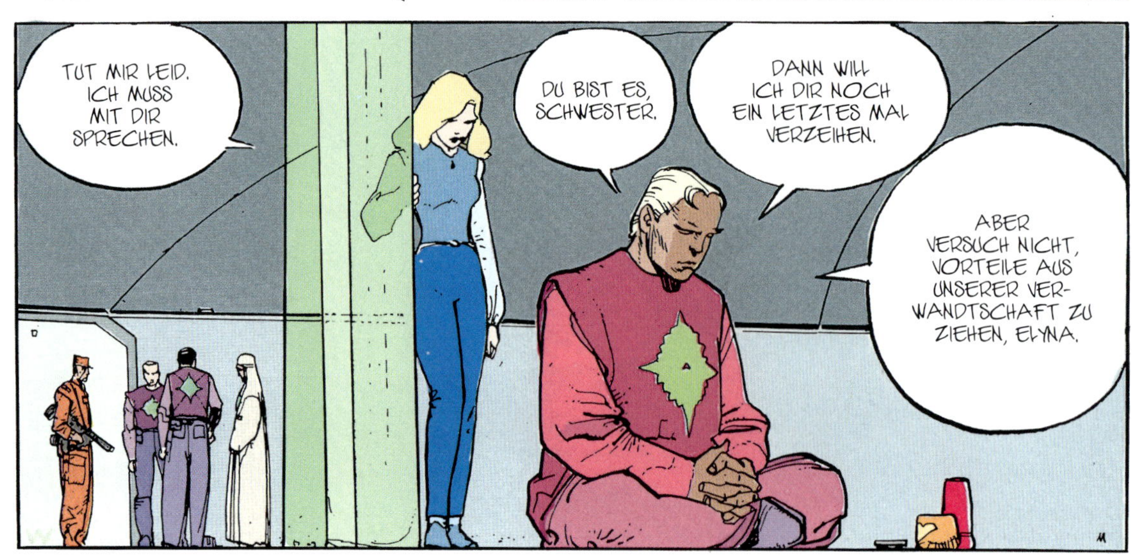
TUT MIR LEID. ICH MUSS MIT DIR SPRECHEN.
DU BIST ES, SCHWESTER.
DANN WILL ICH DIR NOCH EIN LETZTES MAL VERZEIHEN.
ABER VERSUCH NICHT, VORTEILE AUS UNSERER VER-WANDTSCHAFT ZU ZIEHEN, ELYNA.

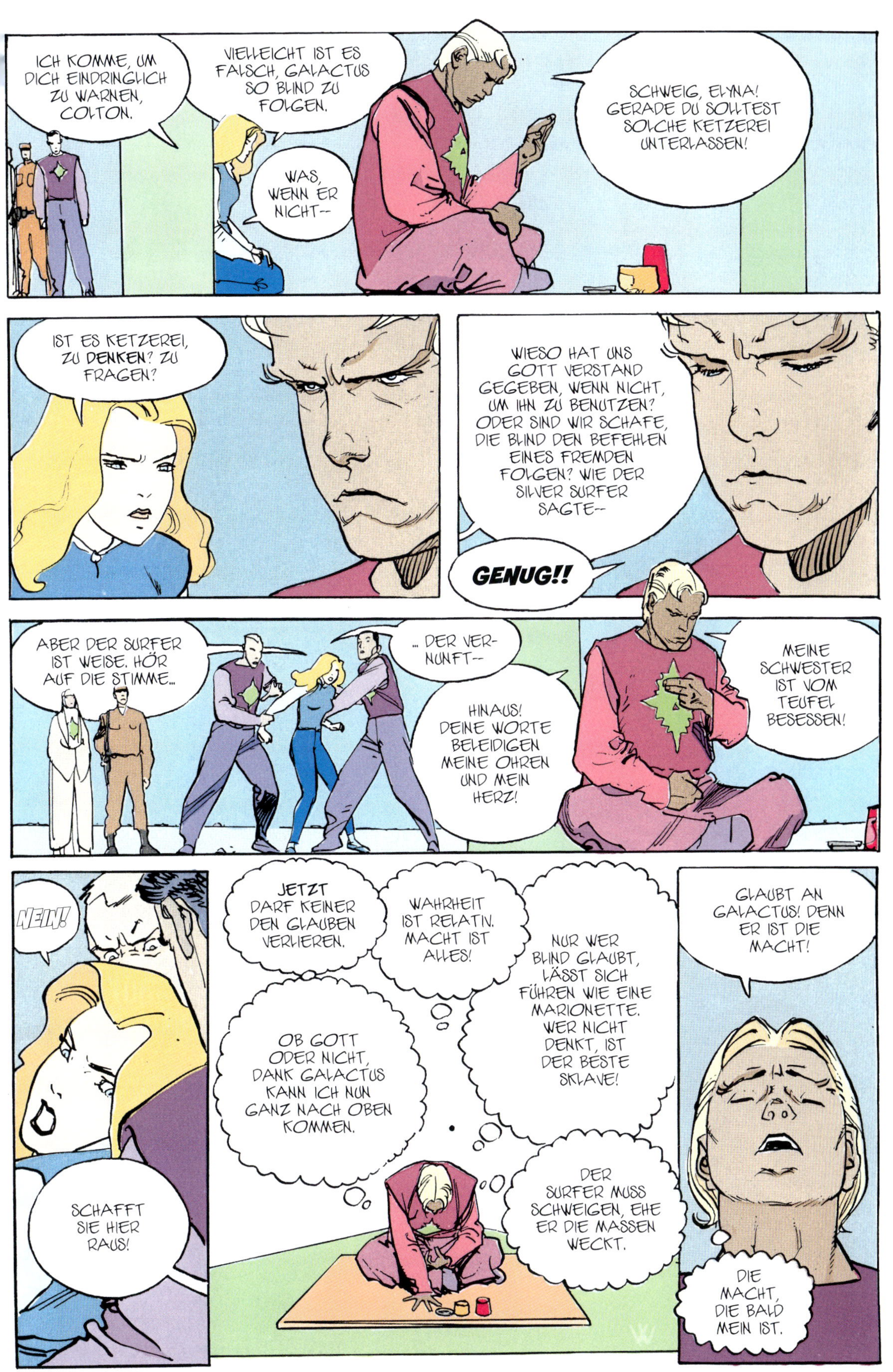

ICH KOMME, UM DICH EINDRINGLICH ZU WARNEN, COLTON.
VIELLEICHT IST ES FALSCH, GALACTUS SO BLIND ZU FOLGEN.
WAS, WENN ER NICHT--
SCHWEIG, ELYNA! GERADE DU SOLLTEST SOLCHE KETZEREI UNTERLASSEN!
IST ES KETZEREI, ZU DENKEN? ZU FRAGEN?
WIESO HAT UNS GOTT VERSTAND GEGEBEN, WENN NICHT, UM IHN ZU BENUTZEN? ODER SIND WIR SCHAFE, DIE BLIND DEN BEFEHLEN EINES FREMDEN FOLGEN? WIE DER SILVER SURFER SAGTE--
GENUG!!
ABER DER SURFER IST WEISE. HÖR AUF DIE STIMME...
... DER VERNUNFT--
HINAUS! DEINE WORTE BELEIDIGEN MEINE OHREN UND MEIN HERZ!
MEINE SCHWESTER IST VOM TEUFEL BESESSEN!
NEIN!
SCHAFFT SIE HIER RAUS!
JETZT DARF KEINER DEN GLAUBEN VERLIEREN.
WAHRHEIT IST RELATIV. MACHT IST ALLES!
NUR WER BLIND GLAUBT, LÄSST SICH FÜHREN WIE EINE MARIONETTE. WER NICHT DENKT, IST DER BESTE SKLAVE!
OB GOTT ODER NICHT, DANK GALACTUS KANN ICH NUN GANZ NACH OBEN KOMMEN.
DER SURFER MUSS SCHWEIGEN, EHE ER DIE MASSEN WECKT.
GLAUBT AN GALACTUS! DENN ER IST DIE MACHT!
DIE MACHT, DIE BALD MEIN IST.

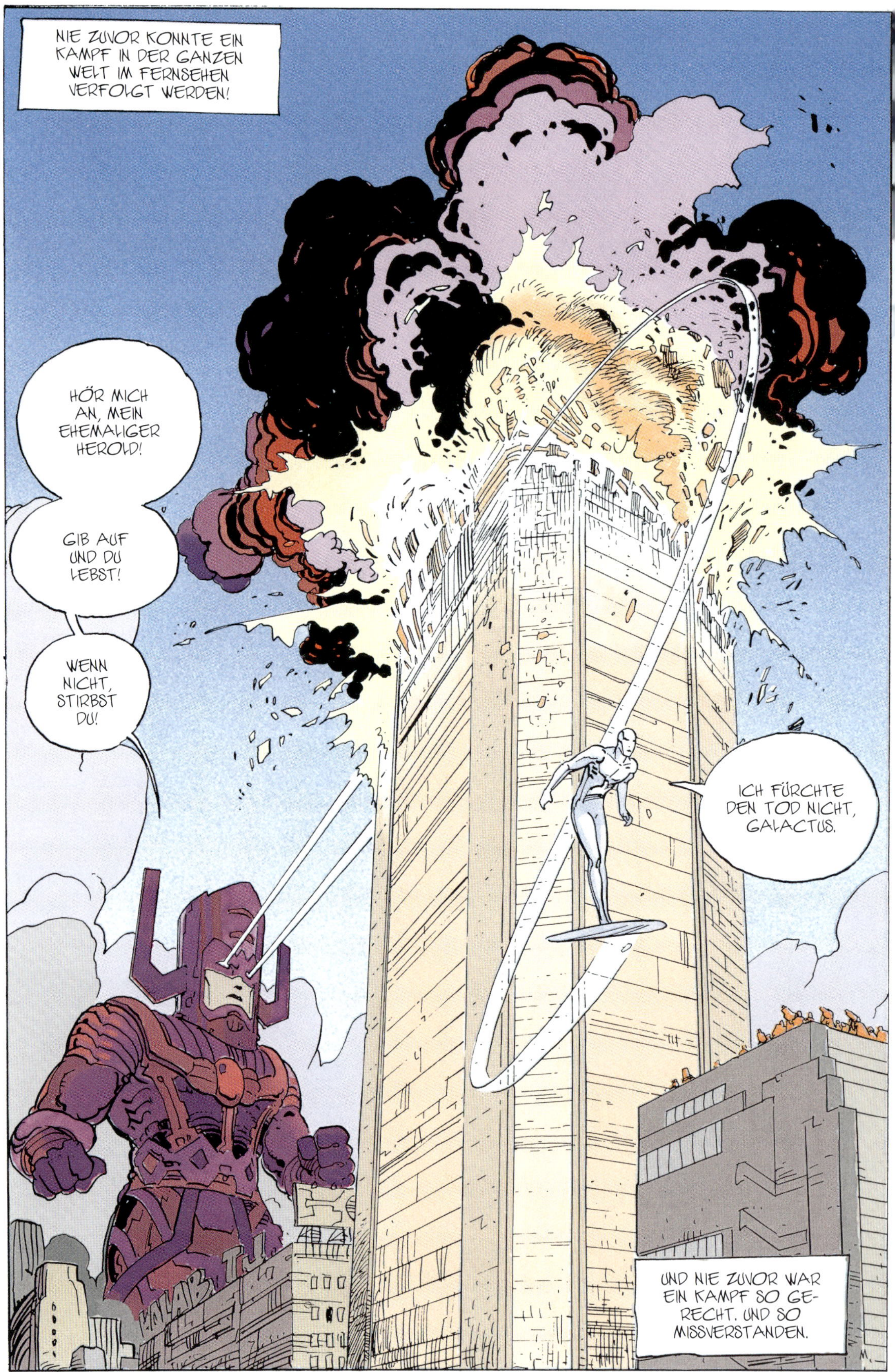
NIE ZUVOR KONNTE EIN KAMPF IN DER GANZEN WELT IM FERNSEHEN VERFOLGT WERDEN!
HÖR MICH AN, MEIN EHEMALIGER HEROLD!
GIB AUF UND DU LEBST!
WENN NICHT, STIRBST DU!
ICH FÜRCHTE DEN TOD NICHT, GALACTUS.
UND NIE ZUVOR WAR EIN KAMPF SO GERECHT. UND SO MISSVERSTANDEN.

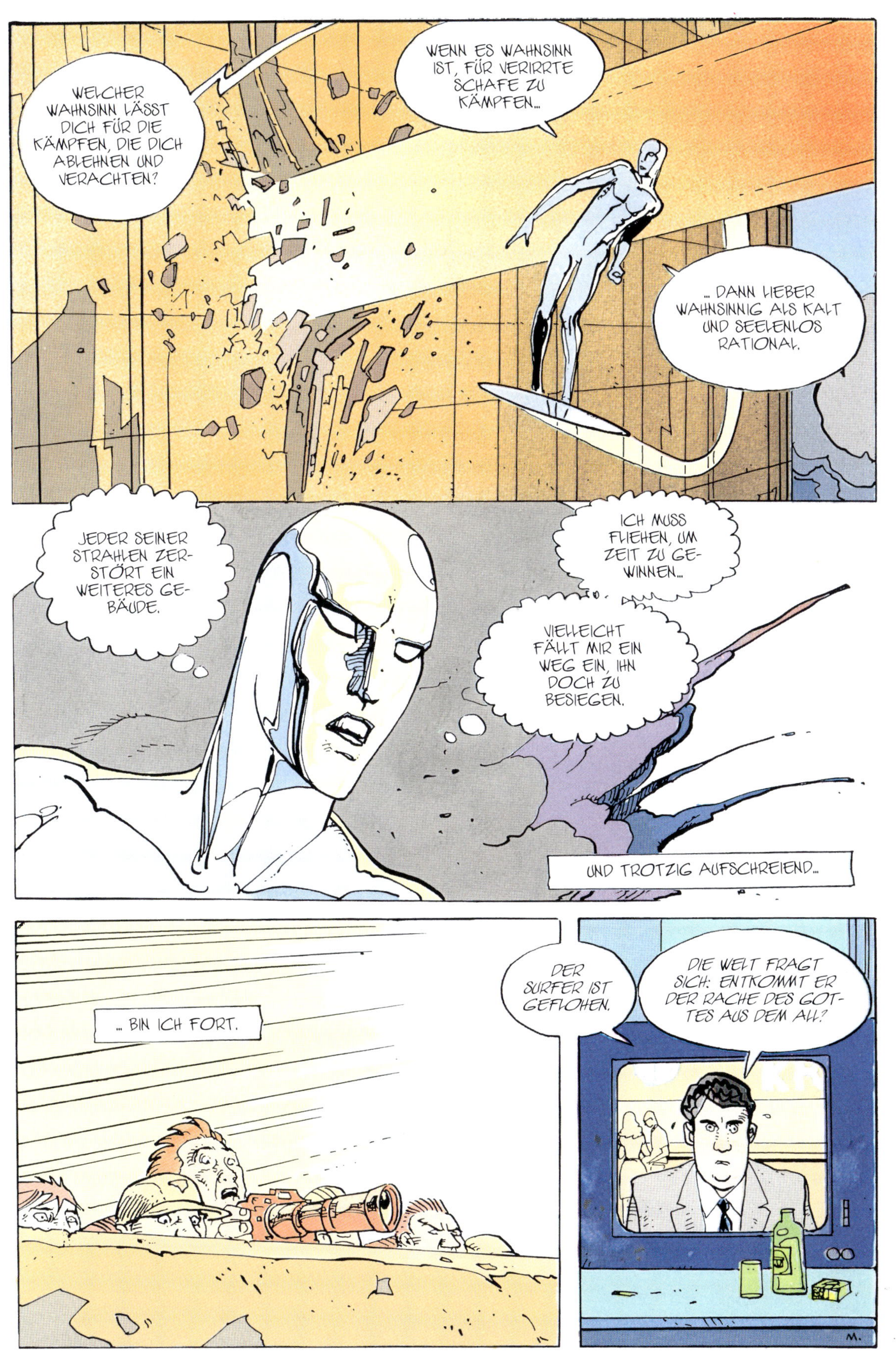
WELCHER WAHNSINN LÄSST DICH FÜR DIE KÄMPFEN, DIE DICH ABLEHNEN UND VERACHTEN?
WENN ES WAHNSINN IST, FÜR VERIRRTE SCHAFE ZU KÄMPFEN...
... DANN LIEBER WAHNSINNIG ALS KALT UND SEELENLOS RATIONAL.
JEDER SEINER STRAHLEN ZERSTÖRT EIN WEITERES GEBÄUDE.
ICH MUSS FLIEHEN, UM ZEIT ZU GEWINNEN...
VIELLEICHT FÄLLT MIR EIN WEG EIN, IHN DOCH ZU BESIEGEN.
UND TROTZIG AUFSCHREIEND...
... BIN ICH FORT.
DER SURFER IST GEFLOHEN.
DIE WELT FRAGT SICH: ENTKOMMT ER DER RACHE DES GOTTES AUS DEM ALL?
M.

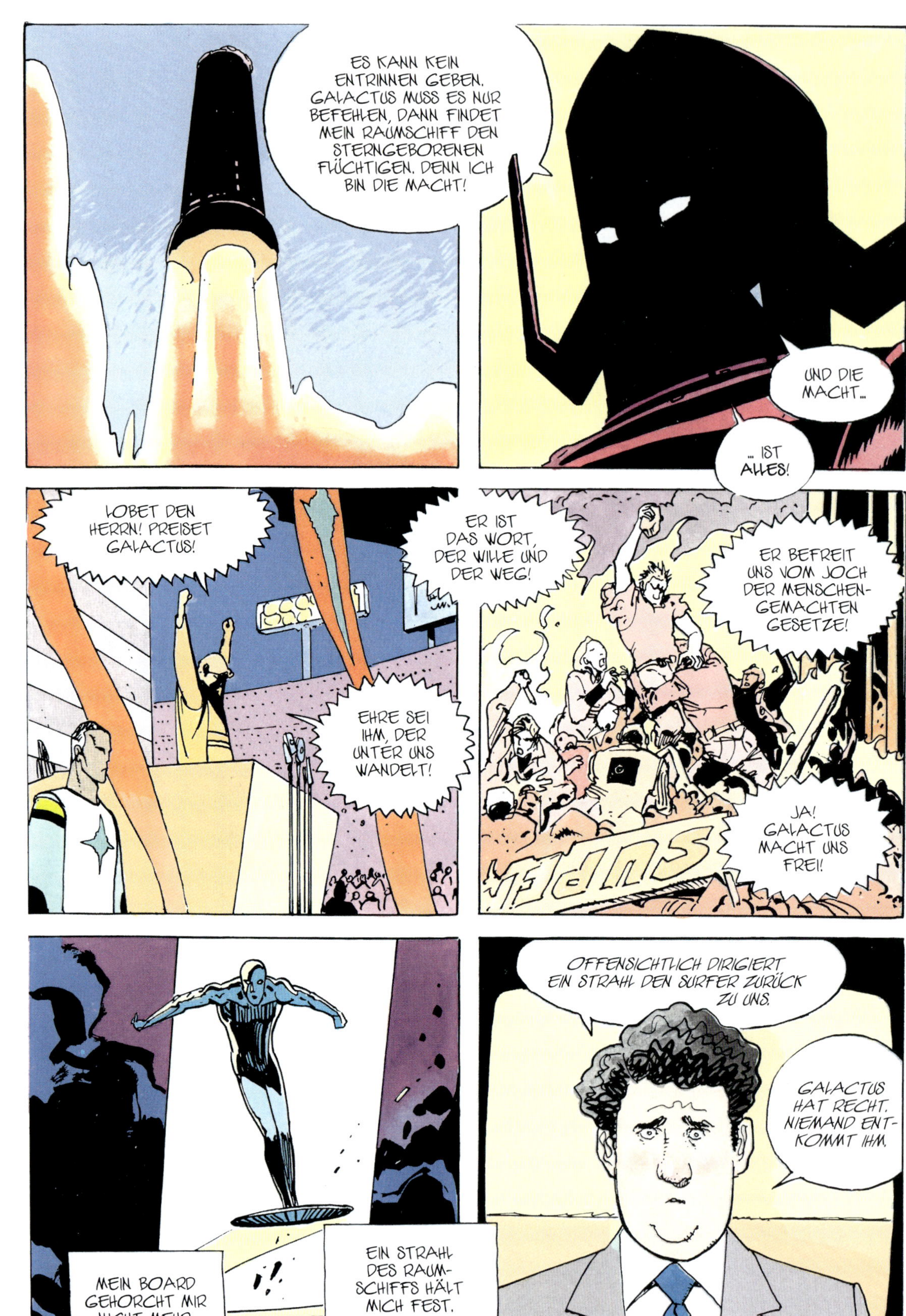
ES KANN KEIN ENTRINNEN GEBEN. GALACTUS MUSS ES NUR BEFEHLEN, DANN FINDET MEIN RAUMSCHIFF DEN STERNGEBORENEN FLÜCHTIGEN. DENN ICH BIN DIE MACHT!
UND DIE MACHT...
... IST ALLES!
LOBET DEN HERRN! PREISET GALACTUS!
EHRE SEI IHM, DER UNTER UNS WANDELT!
ER IST DAS WORT, DER WILLE UND DER WEG!
ER BEFREIT UNS VOM JOCH DER MENSCHEN-GEMACHTEN GESETZE!
JA! GALACTUS MACHT UNS FREI!
SURFER
MEIN BOARD GEHORCHT MIR NICHT MEHR.
EIN STRAHL DES RAUM-SCHIFFS HÄLT MICH FEST.
OFFENSICHTLICH DIRIGIERT EIN STRAHL DEN SURFER ZURÜCK ZU UNS.
GALACTUS HAT RECHT. NIEMAND ENT-KOMMT IHM.

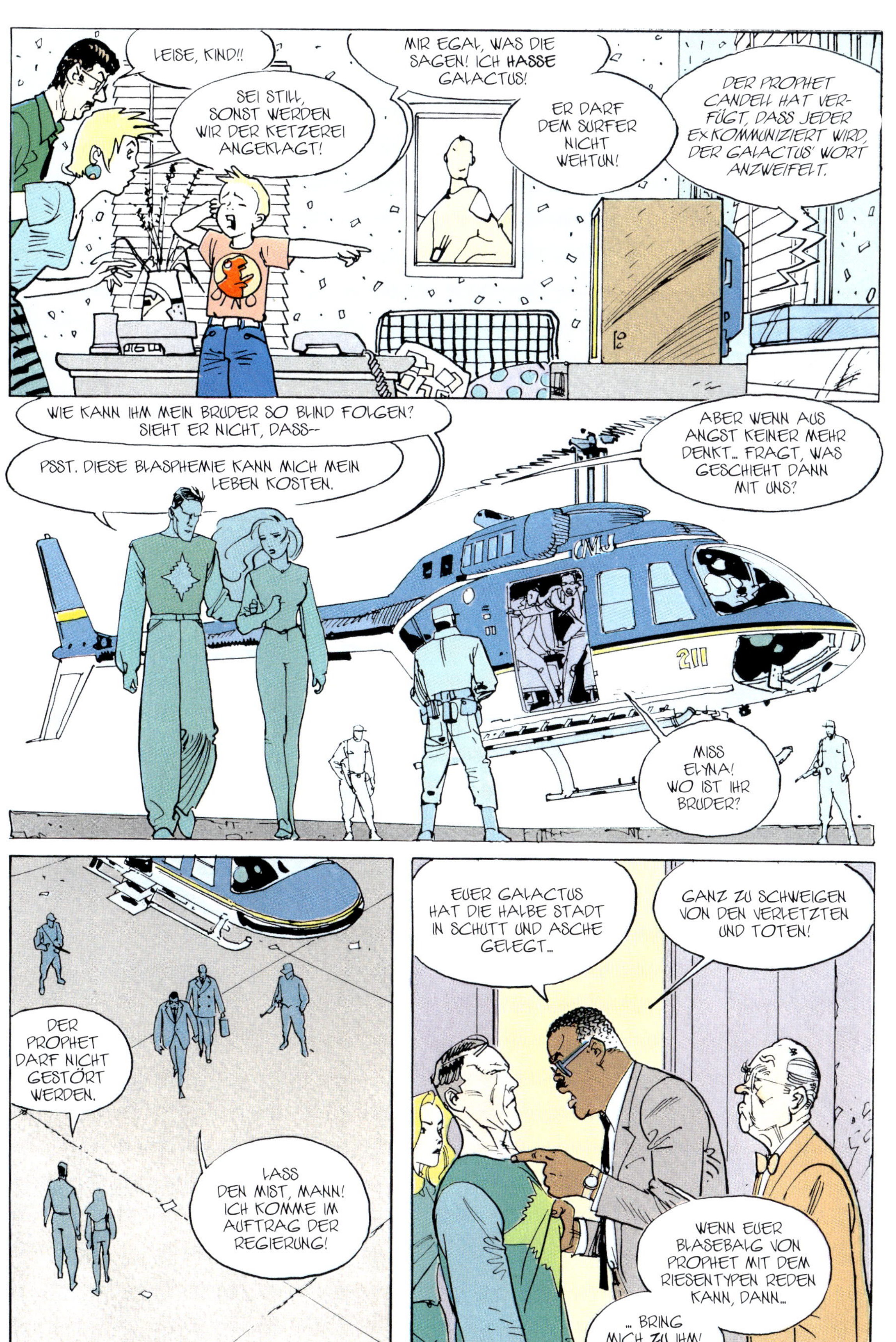
LEISE, KIND!!
SEI STILL, SONST WERDEN WIR DER KETZEREI ANGEKLAGT!
MIR EGAL, WAS DIE SAGEN! ICH **HASSE** GALACTUS!
ER DARF DEM SURFER NICHT WEHTUN!
DER PROPHET CANDELL HAT VERFÜGT, DASS JEDER EXKOMMUNIZIERT WIRD, DER GALACTUS' WORT ANZWEIFELT.
WIE KANN IHM MEIN BRUDER SO BLIND FOLGEN? SIEHT ER NICHT, DASS--
PSST. DIESE BLASPHEMIE KANN MICH MEIN LEBEN KOSTEN.
ABER WENN AUS ANGST KEINER MEHR DENKT... FRAGT, WAS GESCHIEHT DANN MIT UNS?
CNLJ
211
MISS ELYNA! WO IST IHR BRUDER?
DER PROPHET DARF NICHT GESTÖRT WERDEN.
LASS DEN MIST, MANN! ICH KOMME IM AUFTRAG DER REGIERUNG!
EUER GALACTUS HAT DIE HALBE STADT IN SCHUTT UND ASCHE GELEGT...
GANZ ZU SCHWEIGEN VON DEN VERLETZTEN UND TOTEN!
WENN EUER BLASEBALG VON PROPHET MIT DEM RIESENTYPEN REDEN KANN, DANN...
... BRING MICH **ZU** IHM!

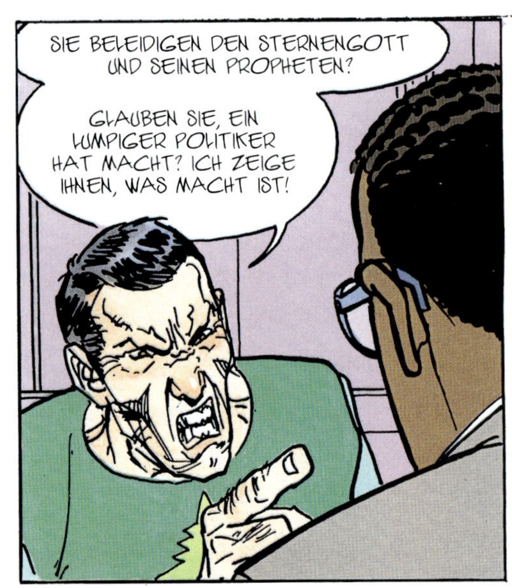
SIE BELEIDIGEN DEN STERNENGOTT UND SEINEN PROPHETEN?
GLAUBEN SIE, EIN LUMPIGER POLITIKER HAT MACHT? ICH ZEIGE IHNEN, WAS MACHT IST!

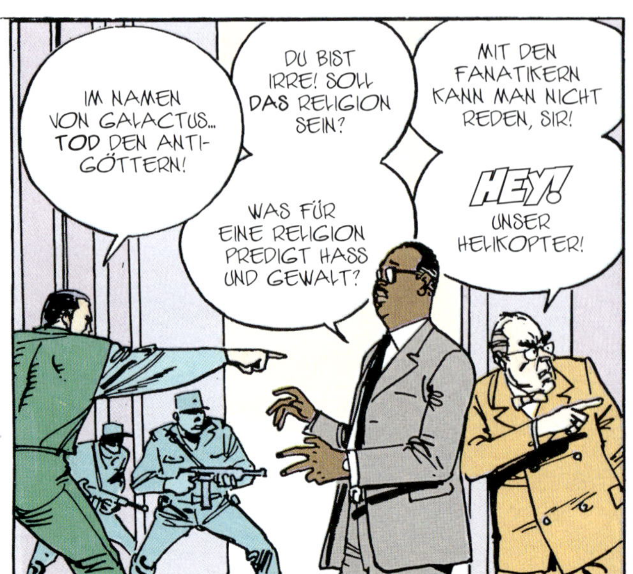
IM NAMEN VON GALACTUS... TOD DEN ANTI-GÖTTERN!
DU BIST IRRE! SOLL DAS RELIGION SEIN?
WAS FÜR EINE RELIGION PREDIGT HASS UND GEWALT?
MIT DEN FANATIKERN KANN MAN NICHT REDEN, SIR!
HEY!
UNSER HELIKOPTER!

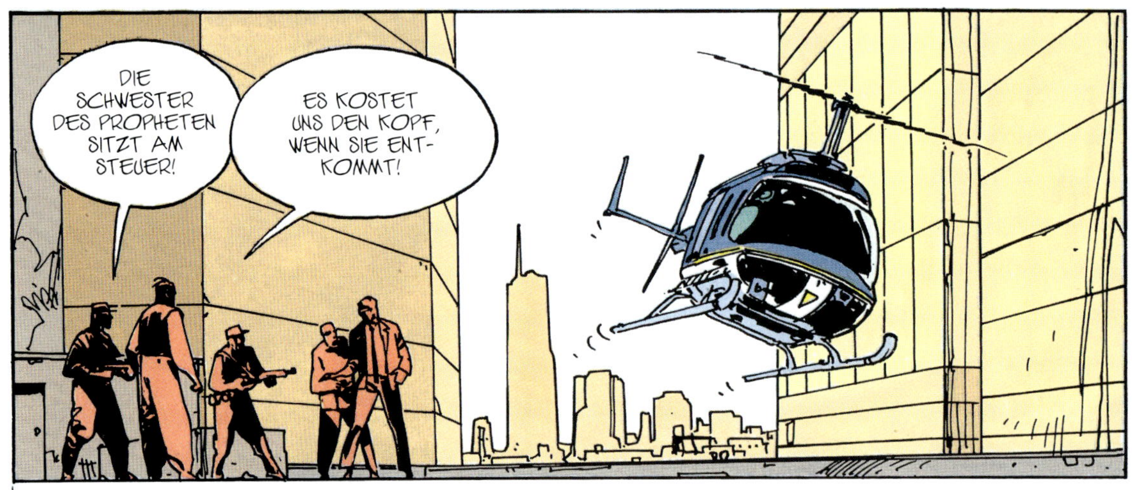
DIE SCHWESTER DES PROPHETEN SITZT AM STEUER!
ES KOSTET UNS DEN KOPF, WENN SIE ENT-KOMMT!

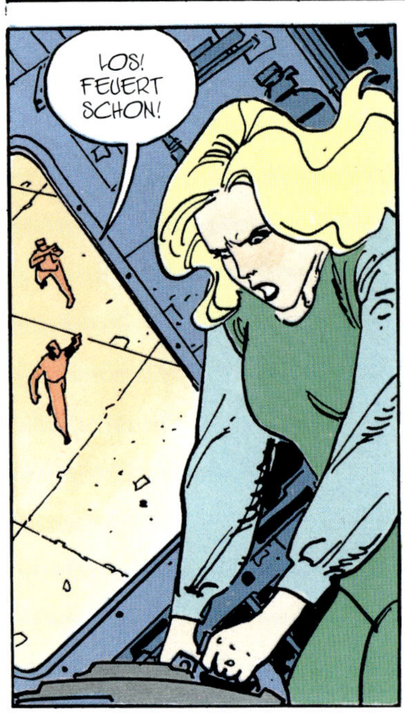
LOS! FEUERT SCHON!

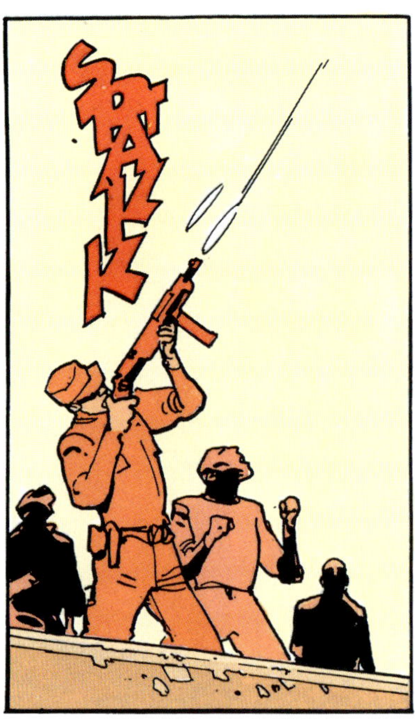
SPAKK

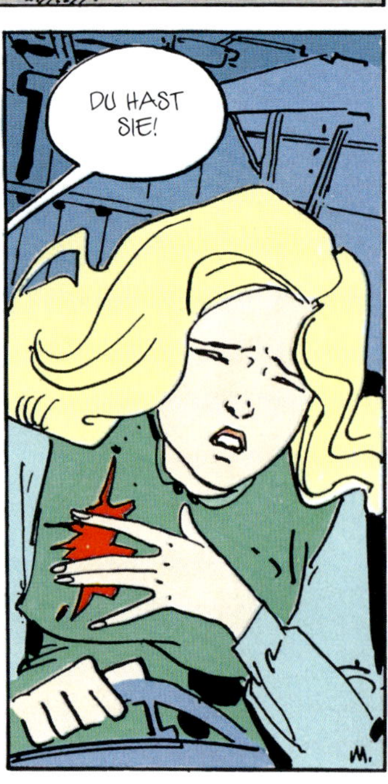
DU HAST SIE!

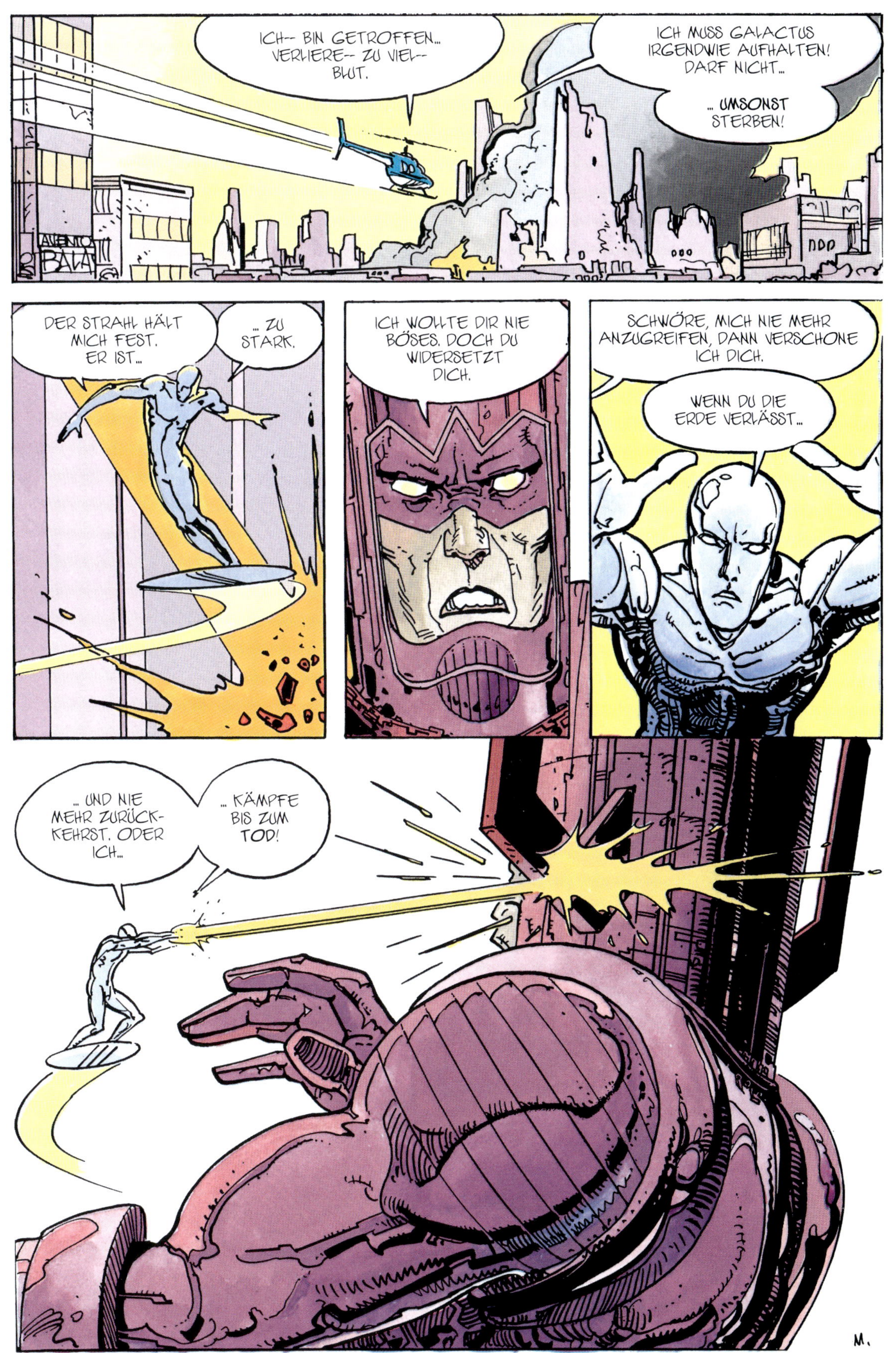
ICH-- BIN GETROFFEN... VERLIERE-- ZU VIEL-- BLUT.
ICH MUSS GALACTUS IRGENDWIE AUFHALTEN! DARF NICHT...
... UMSONST STERBEN!
DER STRAHL HÄLT MICH FEST. ER IST...
... ZU STARK.
ICH WOLLTE DIR NIE BÖSES. DOCH DU WIDERSETZT DICH.
SCHWÖRE, MICH NIE MEHR ANZUGREIFEN, DANN VERSCHONE ICH DICH.
WENN DU DIE ERDE VERLÄSST...
... UND NIE MEHR ZURÜCKKEHRST. ODER ICH...
... KÄMPFE BIS ZUM TOD!
M.

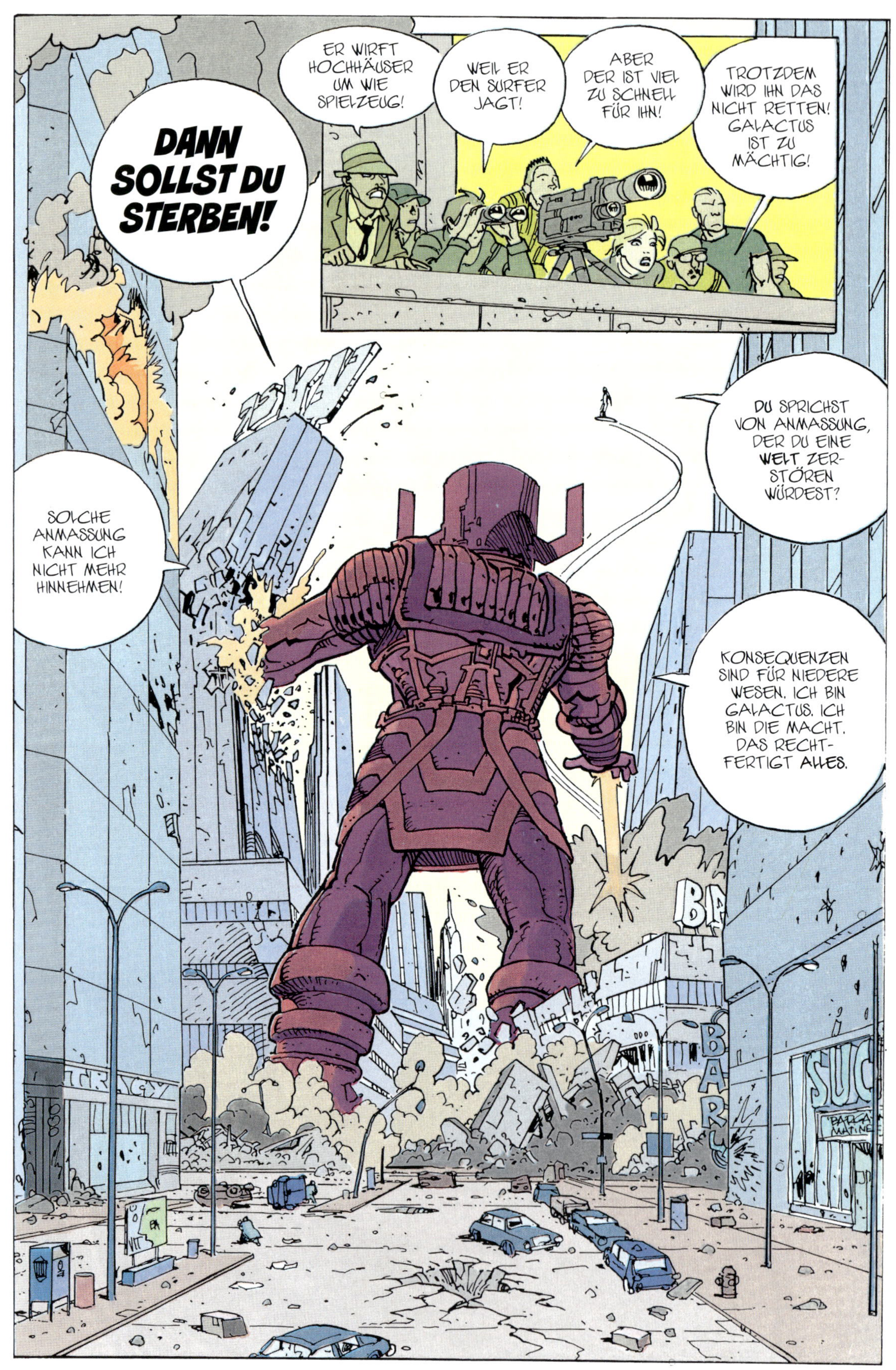
Er wirft Hochhäuser um wie Spielzeug!
Weil er den Surfer jagt!
Aber der ist viel zu schnell für ihn!
Trotzdem wird ihn das nicht retten! Galactus ist zu mächtig!
DANN SOLLST DU STERBEN!
Solche Anmassung kann ich nicht mehr hinnehmen!
Du sprichst von Anmassung, der du eine Welt zerstören würdest?
Konsequenzen sind für niedere Wesen. Ich bin Galactus. Ich bin die Macht. Das rechtfertigt alles.
TRACY
BAR
SUC
BARGA
MATINE

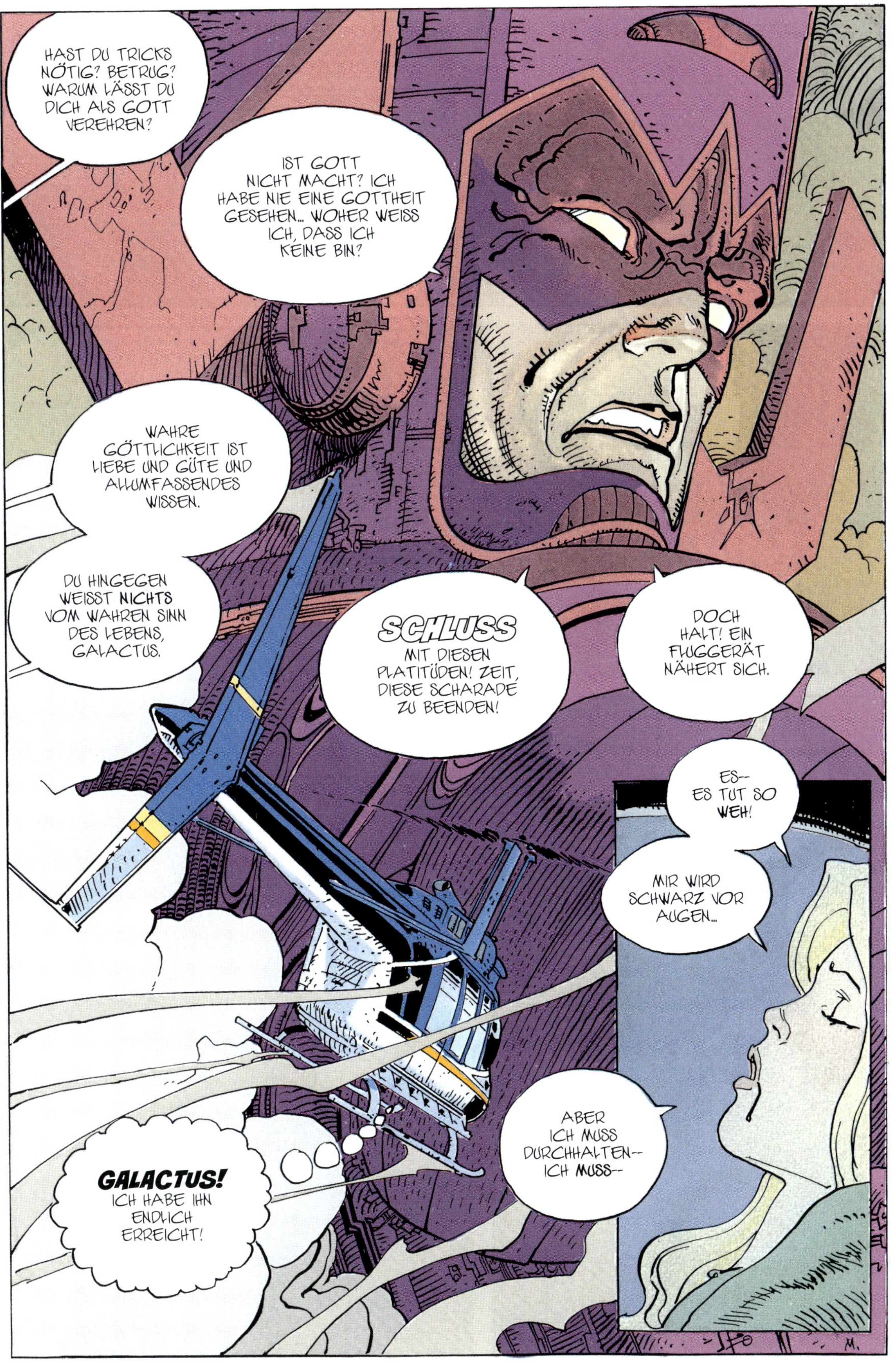
HAST DU TRICKS NÖTIG? BETRUG? WARUM LÄSST DU DICH ALS GOTT VEREHREN?
IST GOTT NICHT MACHT? ICH HABE NIE EINE GOTTHEIT GESEHEN... WOHER WEISS ICH, DASS ICH KEINE BIN?
WAHRE GÖTTLICHKEIT IST LIEBE UND GÜTE UND ALLUMFASSENDES WISSEN.
DU HINGEGEN WEISST NICHTS VOM WAHREN SINN DES LEBENS, GALACTUS.
SCHLUSS MIT DIESEN PLATITÜDEN! ZEIT, DIESE SCHARADE ZU BEENDEN!
DOCH HALT! EIN FLUGGERÄT NÄHERT SICH.
ES-- ES TUT SO WEH!
MIR WIRD SCHWARZ VOR AUGEN...
GALACTUS! ICH HABE IHN ENDLICH ERREICHT!
ABER ICH MUSS DURCHHALTEN-- ICH MUSS--

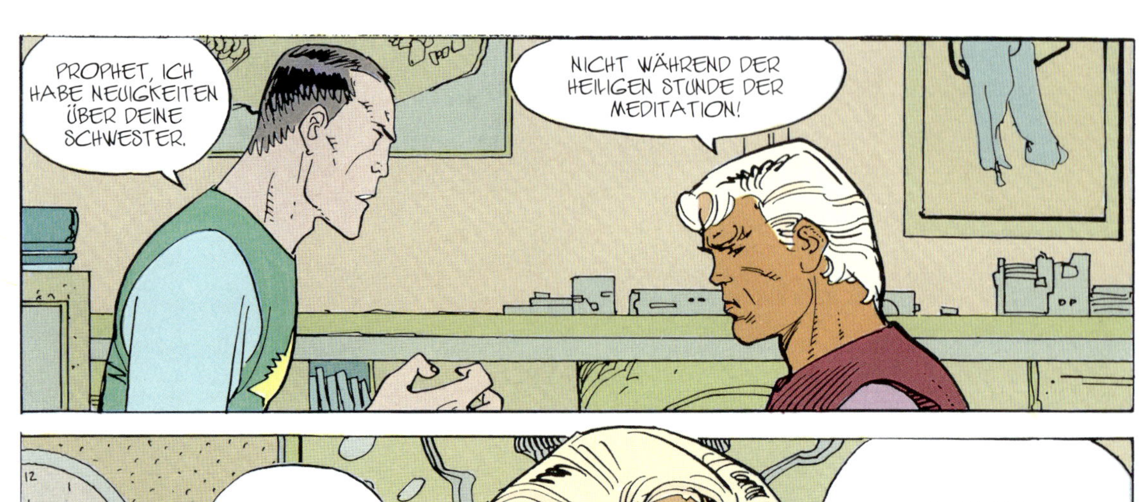
PROPHET, ICH HABE NEUIGKEITEN ÜBER DEINE SCHWESTER.
NICHT WÄHREND DER HEILIGEN STUNDE DER MEDITATION!

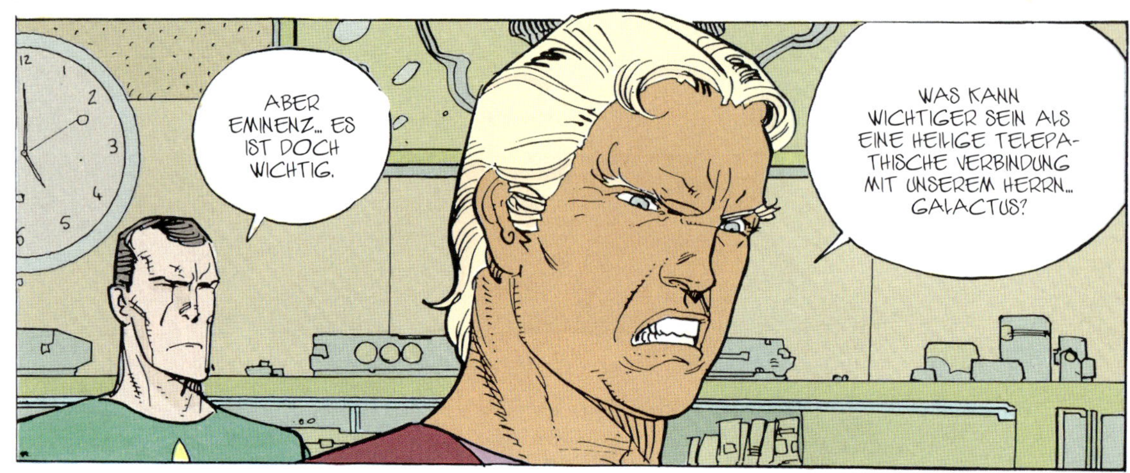
ABER EMINENZ… ES IST DOCH WICHTIG.
WAS KANN WICHTIGER SEIN ALS EINE HEILIGE TELEPATHISCHE VERBINDUNG MIT UNSEREM HERRN… GALACTUS?

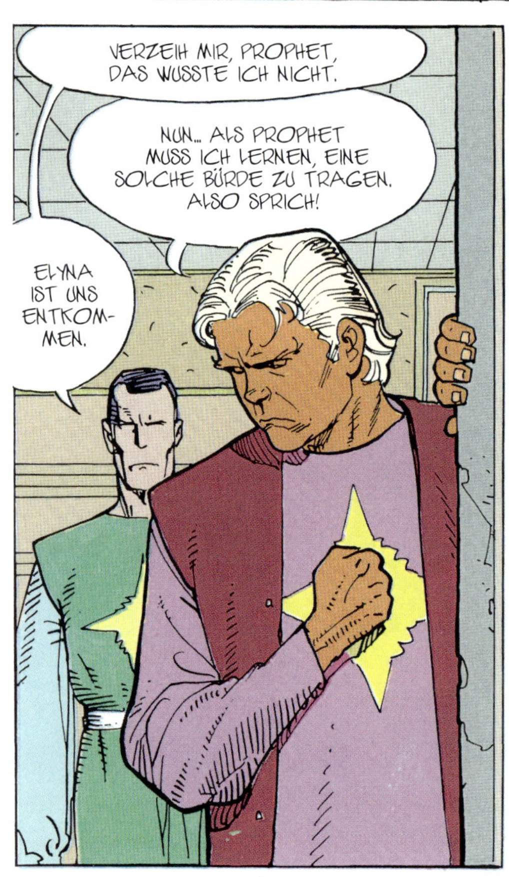
VERZEIH MIR, PROPHET, DAS WUSSTE ICH NICHT.
NUN… ALS PROPHET MUSS ICH LERNEN, EINE SOLCHE BÜRDE ZU TRAGEN. ALSO SPRICH!
ELYNA IST UNS ENTKOMMEN.

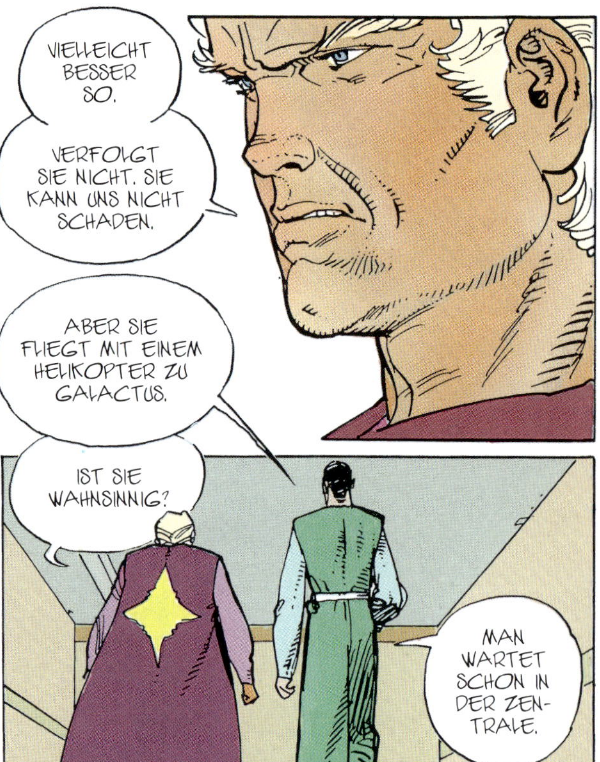
VIELLEICHT BESSER SO.
VERFOLGT SIE NICHT. SIE KANN UNS NICHT SCHADEN.
ABER SIE FLIEGT MIT EINEM HELIKOPTER ZU GALACTUS.
IST SIE WAHNSINNIG?
MAN WARTET SCHON IN DER ZENTRALE.

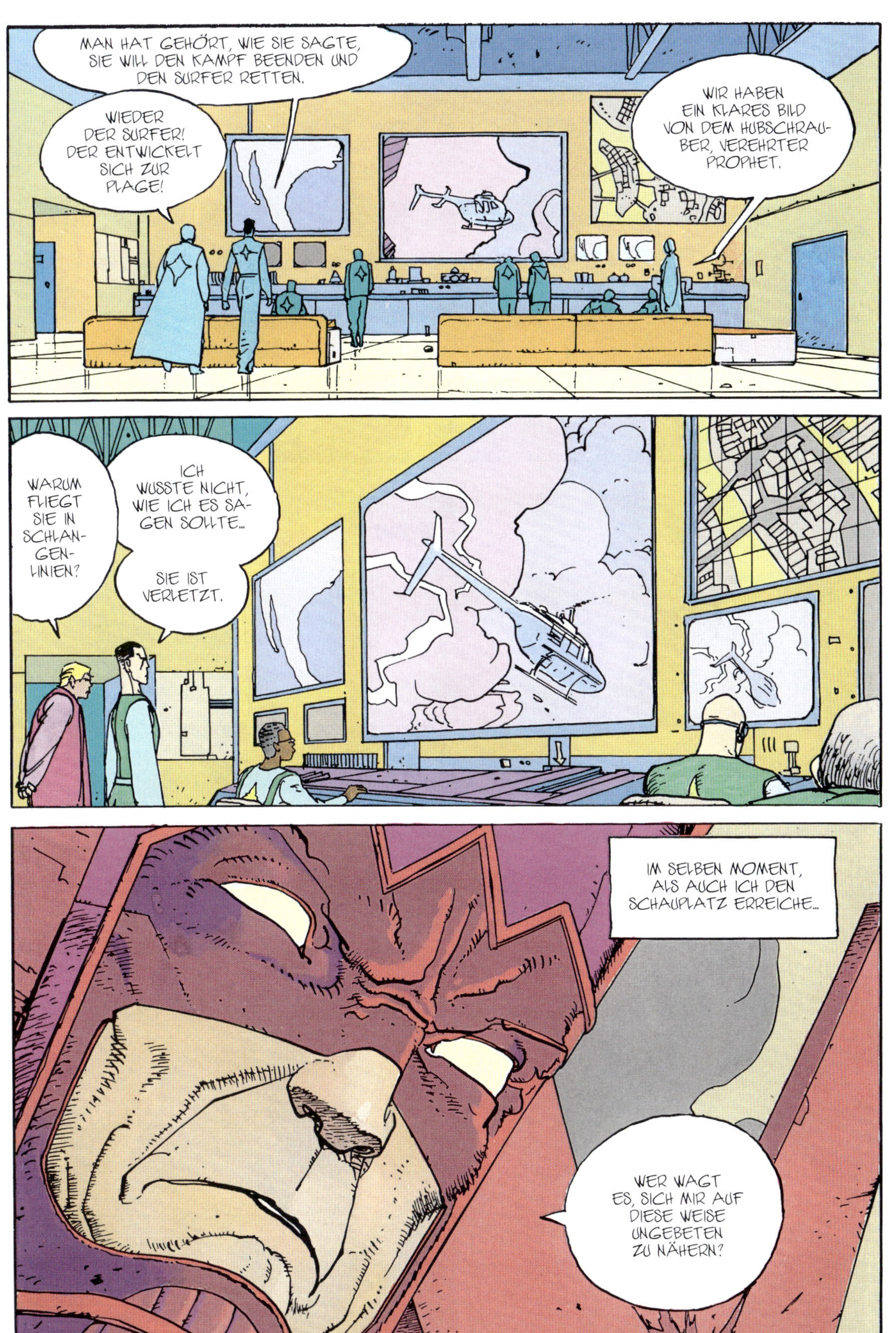
MAN HAT GEHÖRT, WIE SIE SAGTE, SIE WILL DEN KAMPF BEENDEN UND DEN SURFER RETTEN.
WIEDER DER SURFER! DER ENTWICKELT SICH ZUR PLAGE!
WIR HABEN EIN KLARES BILD VON DEM HUBSCHRAUBER, VEREHRTER PROPHET.
WARUM FLIEGT SIE IN SCHLANGENLINIEN?
ICH WUSSTE NICHT, WIE ICH ES SAGEN SOLLTE...
SIE IST VERLETZT.
IM SELBEN MOMENT, ALS AUCH ICH DEN SCHAUPLATZ ERREICHE...
WER WAGT ES, SICH MIR AUF DIESE WEISE UNGEBETEN ZU NÄHERN?
M.

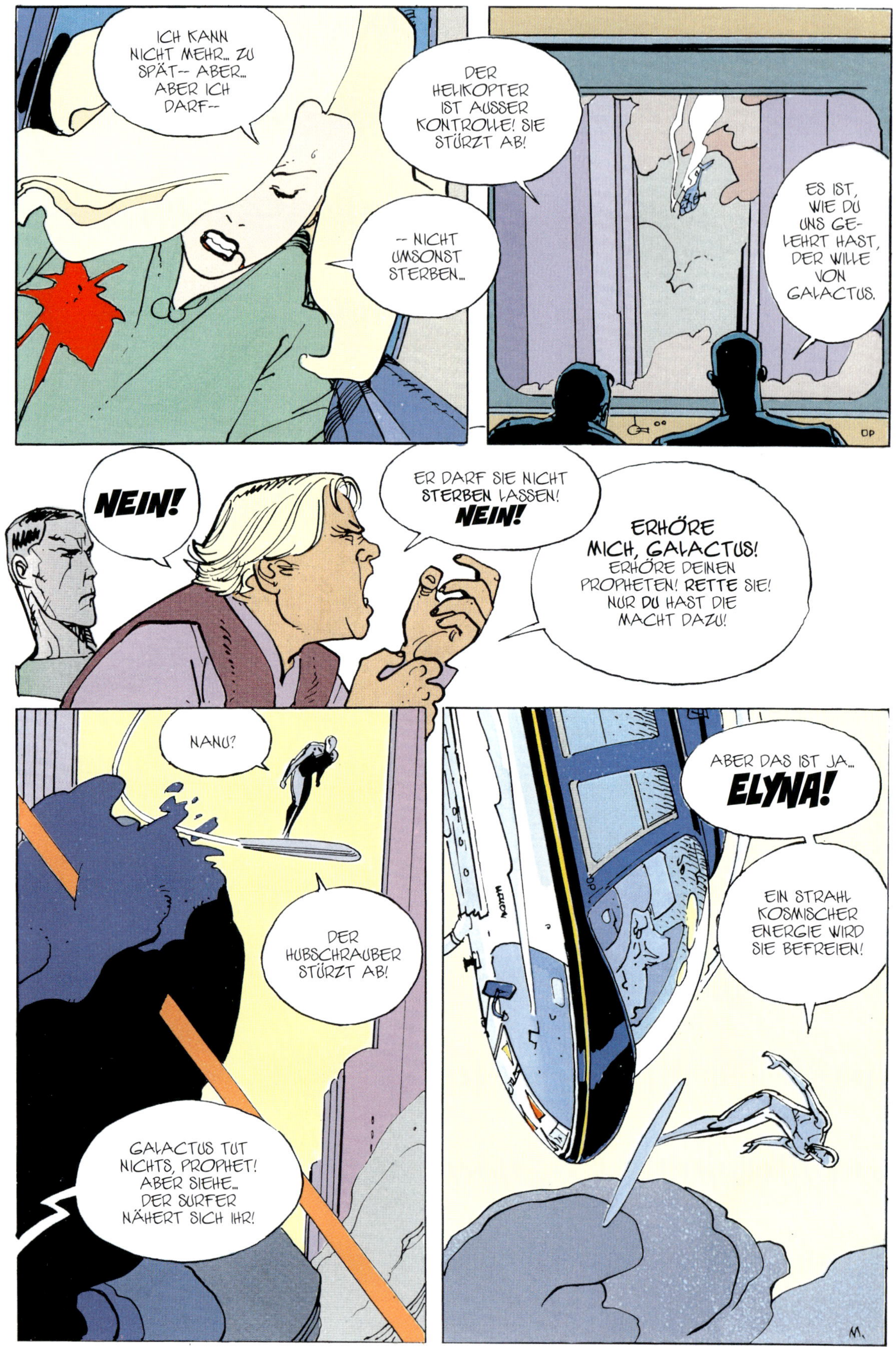

ICH KANN NICHT MEHR... ZU SPÄT-- ABER... ABER ICH DARF--
-- NICHT UMSONST STERBEN...
DER HELIKOPTER IST AUSSER KONTROLLE! SIE STÜRZT AB!
ES IST, WIE DU UNS GELEHRT HAST, DER WILLE VON GALACTUS.
NEIN!
ER DARF SIE NICHT STERBEN LASSEN! NEIN!
ERHÖRE MICH, GALACTUS! ERHÖRE DEINEN PROPHETEN! RETTE SIE! NUR DU HAST DIE MACHT DAZU!
NANU?
DER HUBSCHRAUBER STÜRZT AB!
GALACTUS TUT NICHTS, PROPHET! ABER SIEHE... DER SURFER NÄHERT SICH IHR!
ABER DAS IST JA... ELYNA!
EIN STRAHL KOSMISCHER ENERGIE WIRD SIE BEFREIEN!

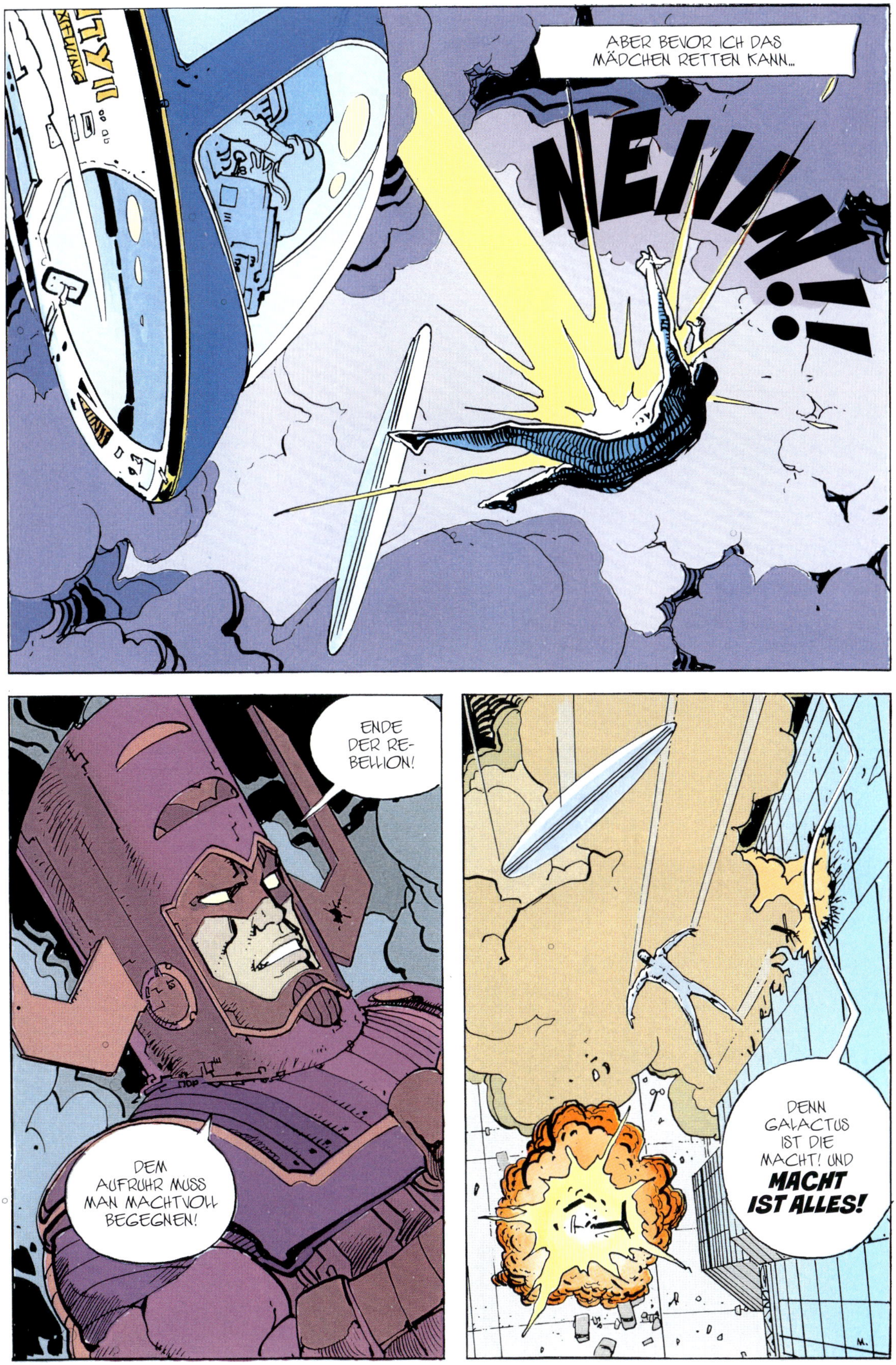

ABER BEVOR ICH DAS MÄDCHEN RETTEN KANN...

NEIIIN!!

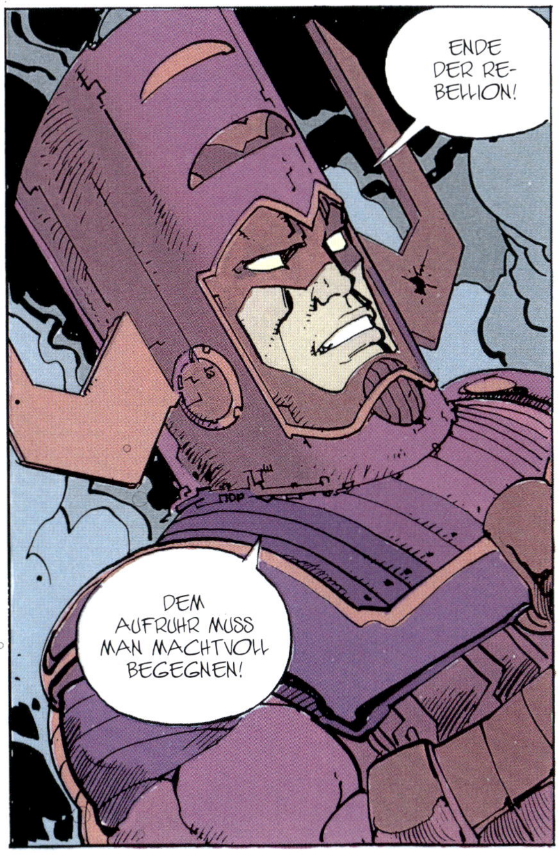

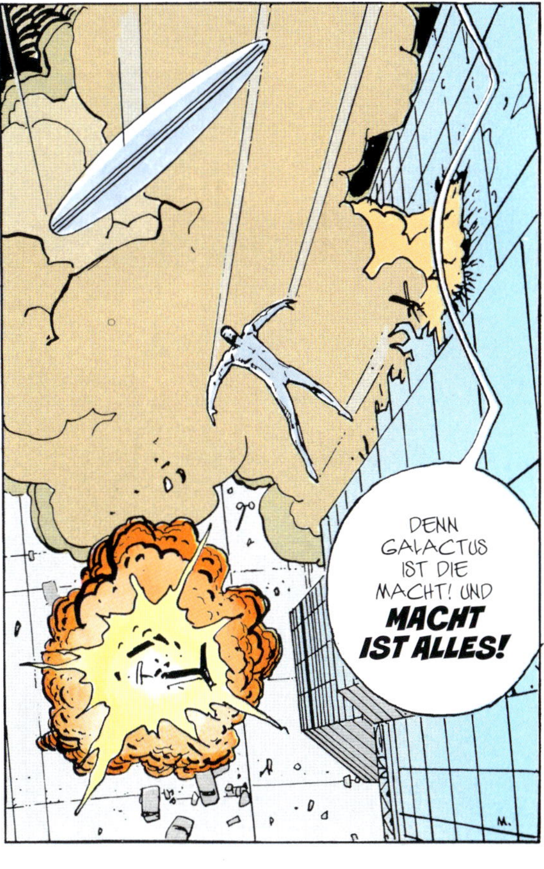

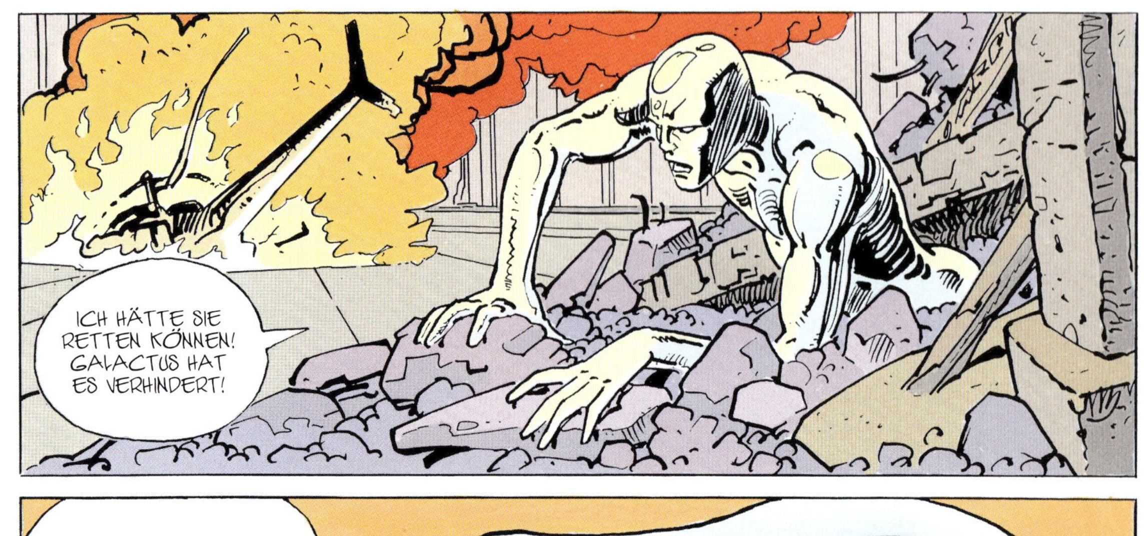
ICH HÄTTE SIE RETTEN KÖNNEN! GALACTUS HAT ES VERHINDERT!

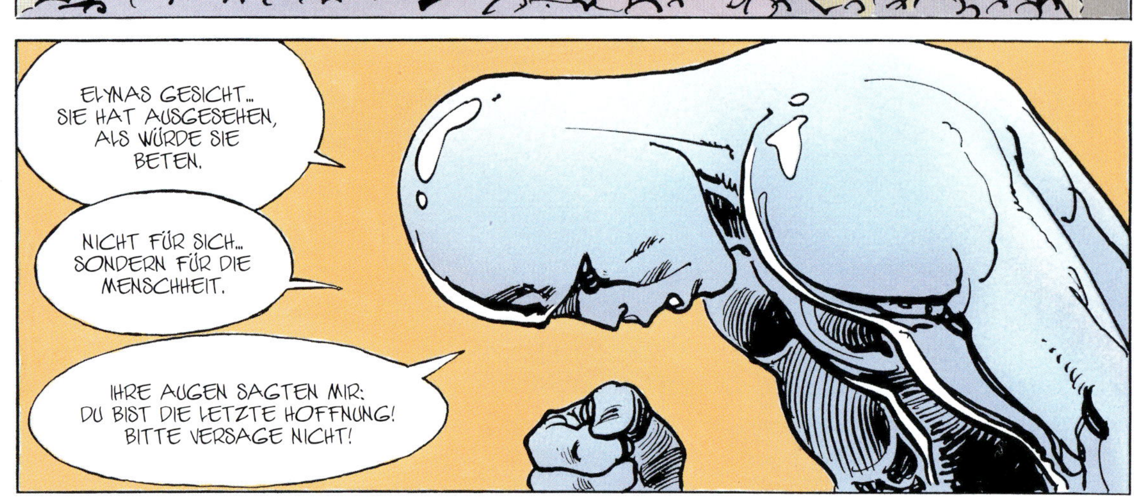
ELYNAS GESICHT... SIE HAT AUSGESEHEN, ALS WÜRDE SIE BETEN.
NICHT FÜR SICH... SONDERN FÜR DIE MENSCHHEIT.
IHRE AUGEN SAGTEN MIR: DU BIST DIE LETZTE HOFFNUNG! BITTE VERSAGE NICHT!

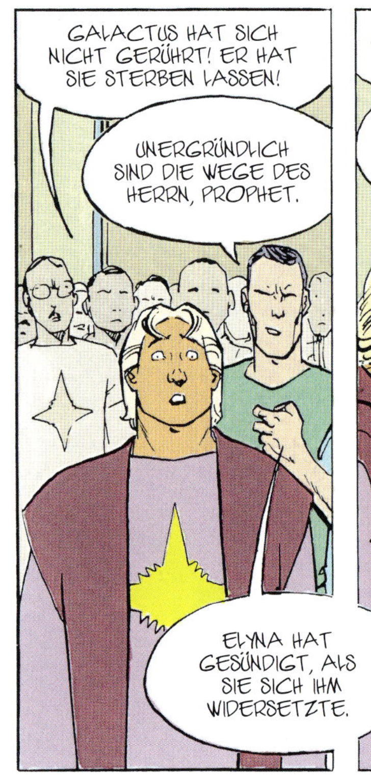
GALACTUS HAT SICH NICHT GERÜHRT! ER HAT SIE STERBEN LASSEN!
UNERGRÜNDLICH SIND DIE WEGE DES HERRN, PROPHET.
ELYNA HAT GESÜNDIGT, ALS SIE SICH IHM WIDERSETZTE.

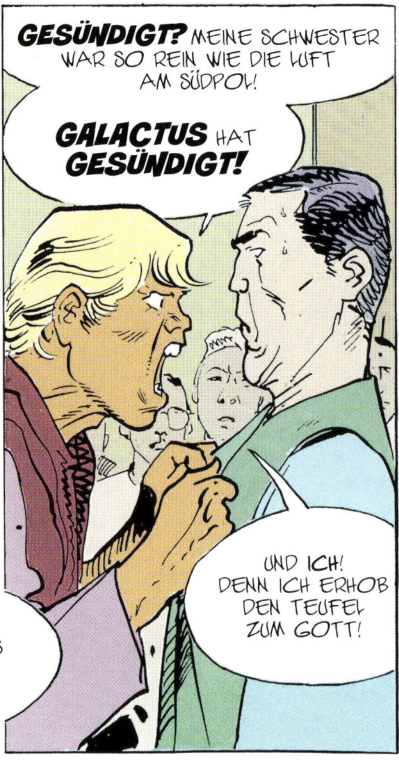
GESÜNDIGT? MEINE SCHWESTER WAR SO REIN WIE DIE LUFT AM SÜDPOL!
GALACTUS HAT GESÜNDIGT!
UND ICH! DENN ICH ERHOB DEN TEUFEL ZUM GOTT!

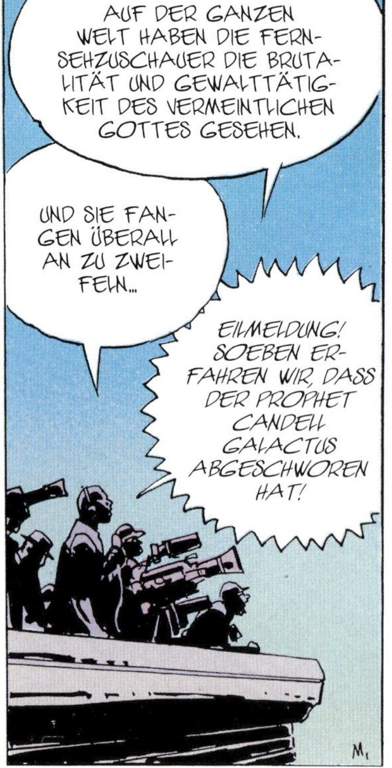
AUF DER GANZEN WELT HABEN DIE FERN-SEHZUSCHAUER DIE BRUTA-LITÄT UND GEWALTTÄTIG-KEIT DES VERMEINTLICHEN GOTTES GESEHEN.
UND SIE FAN-GEN ÜBERALL AN ZU ZWEI-FELN...
EILMELDUNG! SOEBEN ER-FAHREN WIR, DASS DER PROPHET CANDELL GALACTUS ABGESCHWOREN HAT!

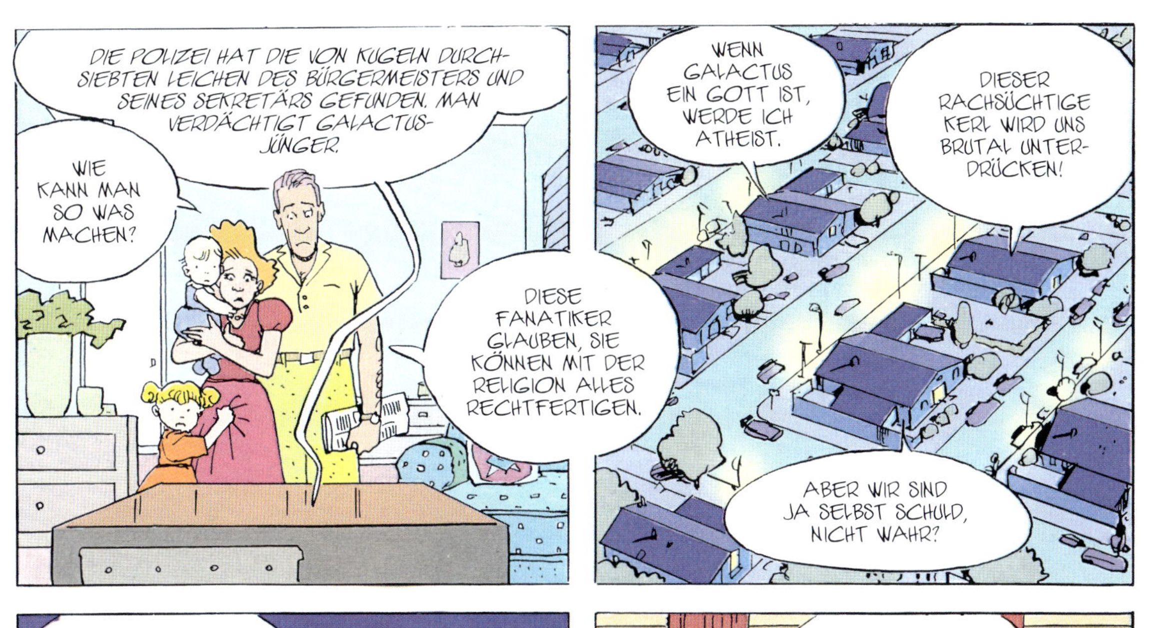
DIE POLIZEI HAT DIE VON KUGELN DURCHSIEBTEN LEICHEN DES BÜRGERMEISTERS UND SEINES SEKRETÄRS GEFUNDEN. MAN VERDÄCHTIGT GALACTUS-JÜNGER.
WIE KANN MAN SO WAS MACHEN?
DIESE FANATIKER GLAUBEN, SIE KÖNNEN MIT DER RELIGION ALLES RECHTFERTIGEN.
WENN GALACTUS EIN GOTT IST, WERDE ICH ATHEIST.
DIESER RACHSÜCHTIGE KERL WIRD UNS BRUTAL UNTERDRÜCKEN!
ABER WIR SIND JA SELBST SCHULD, NICHT WAHR?

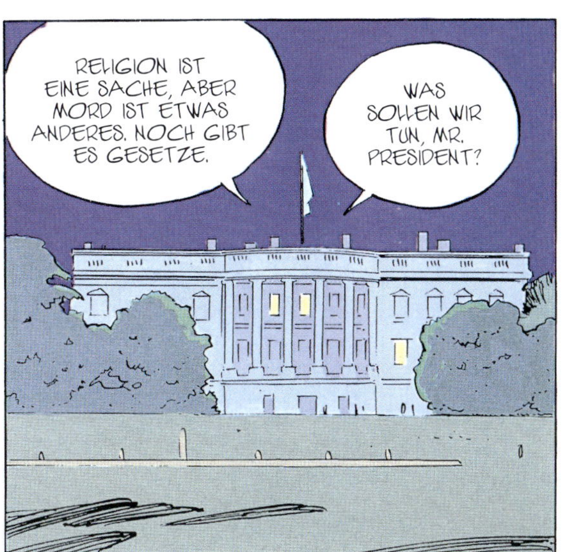
RELIGION IST EINE SACHE, ABER MORD IST ETWAS ANDERES. NOCH GIBT ES GESETZE.
WAS SOLLEN WIR TUN, MR. PRESIDENT?

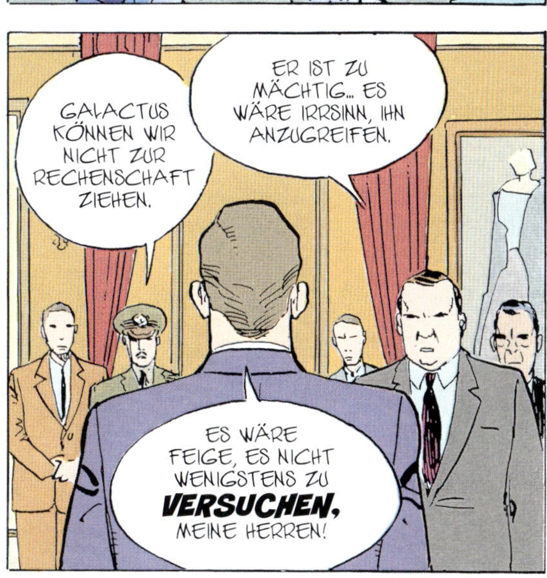
GALACTUS KÖNNEN WIR NICHT ZUR RECHENSCHAFT ZIEHEN.
ER IST ZU MÄCHTIG... ES WÄRE IRRSINN, IHN ANZUGREIFEN.
ES WÄRE FEIGE, ES NICHT WENIGSTENS ZU **VERSUCHEN,** MEINE HERREN!

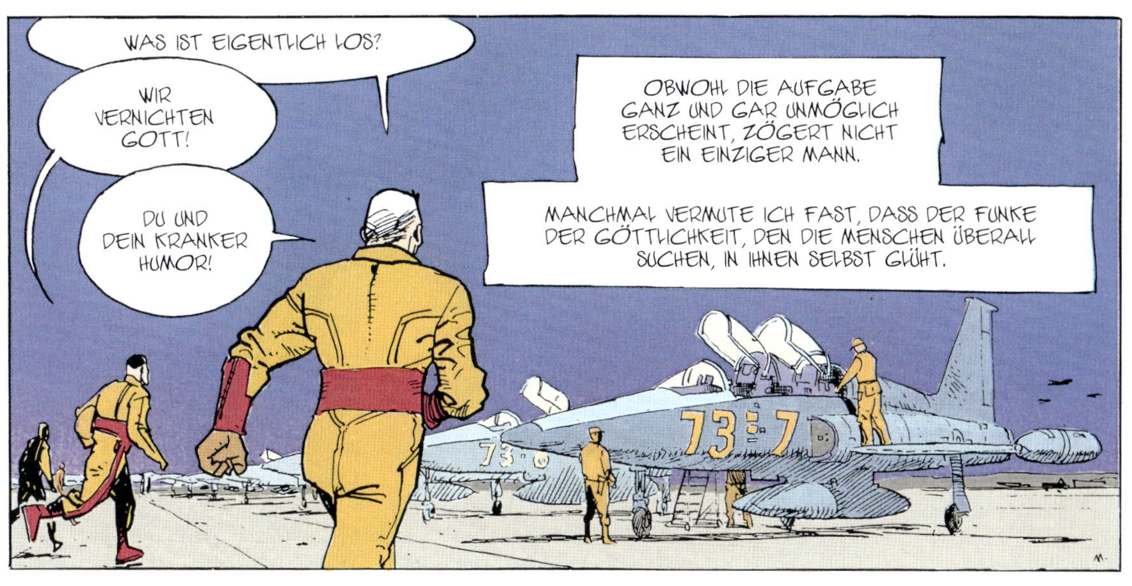
WAS IST EIGENTLICH LOS?
WIR VERNICHTEN GOTT!
DU UND DEIN KRANKER HUMOR!
OBWOHL DIE AUFGABE GANZ UND GAR UNMÖGLICH ERSCHEINT, ZÖGERT NICHT EIN EINZIGER MANN.
MANCHMAL VERMUTE ICH FAST, DASS DER FUNKE DER GÖTTLICHKEIT, DEN DIE MENSCHEN ÜBERALL SUCHEN, IN IHNEN SELBST GLÜHT.
73 7

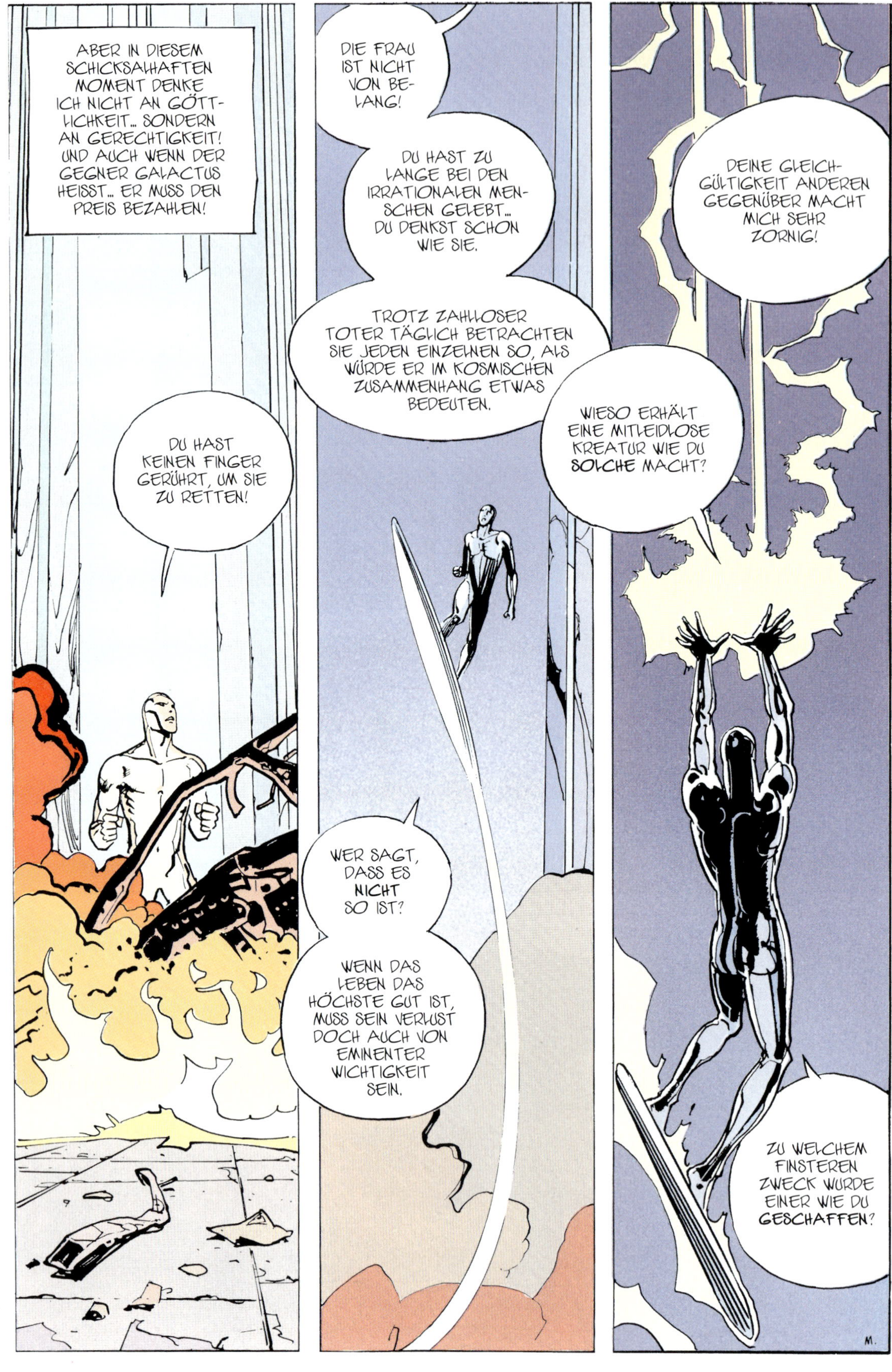
ABER IN DIESEM SCHICKSALHAFTEN MOMENT DENKE ICH NICHT AN GÖTTLICHKEIT... SONDERN AN GERECHTIGKEIT! UND AUCH WENN DER GEGNER GALACTUS HEISST... ER MUSS DEN PREIS BEZAHLEN!
DU HAST KEINEN FINGER GERÜHRT, UM SIE ZU RETTEN!
DIE FRAU IST NICHT VON BELANG!
DU HAST ZU LANGE BEI DEN IRRATIONALEN MENSCHEN GELEBT... DU DENKST SCHON WIE SIE.
TROTZ ZAHLLOSER TOTER TÄGLICH BETRACHTEN SIE JEDEN EINZELNEN SO, ALS WÜRDE ER IM KOSMISCHEN ZUSAMMENHANG ETWAS BEDEUTEN.
WER SAGT, DASS ES NICHT SO IST?
WENN DAS LEBEN DAS HÖCHSTE GUT IST, MUSS SEIN VERLUST DOCH AUCH VON EMINENTER WICHTIGKEIT SEIN.
WIESO ERHÄLT EINE MITLEIDLOSE KREATUR WIE DU SOLCHE MACHT?
DEINE GLEICHGÜLTIGKEIT ANDEREN GEGENÜBER MACHT MICH SEHR ZORNIG!
ZU WELCHEM FINSTEREN ZWECK WURDE EINER WIE DU GESCHAFFEN?
M.

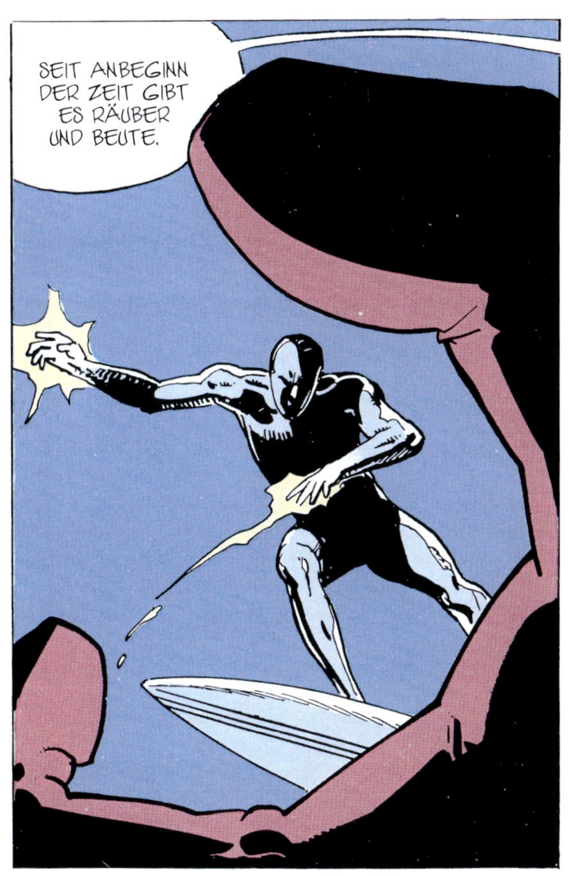

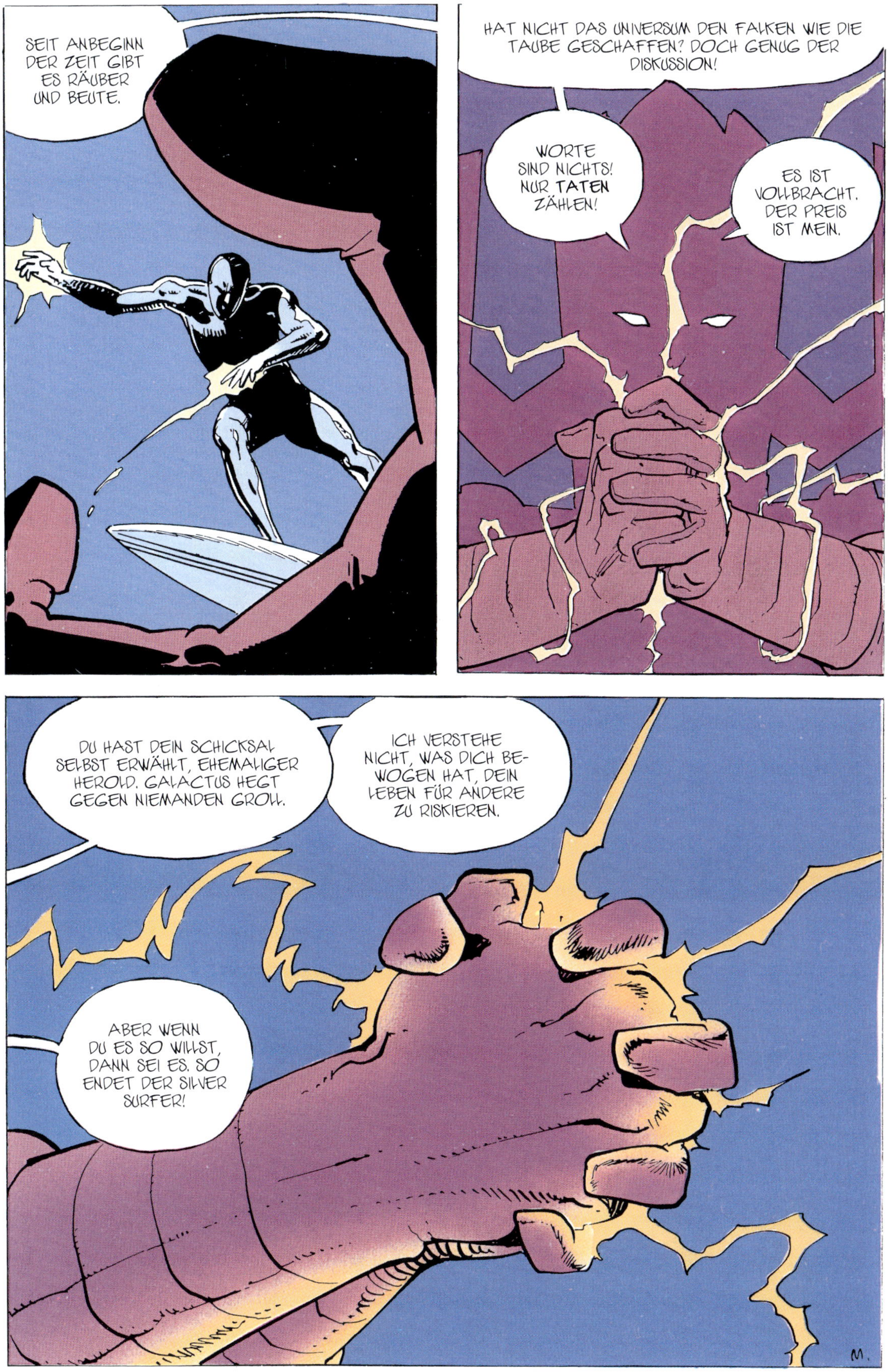

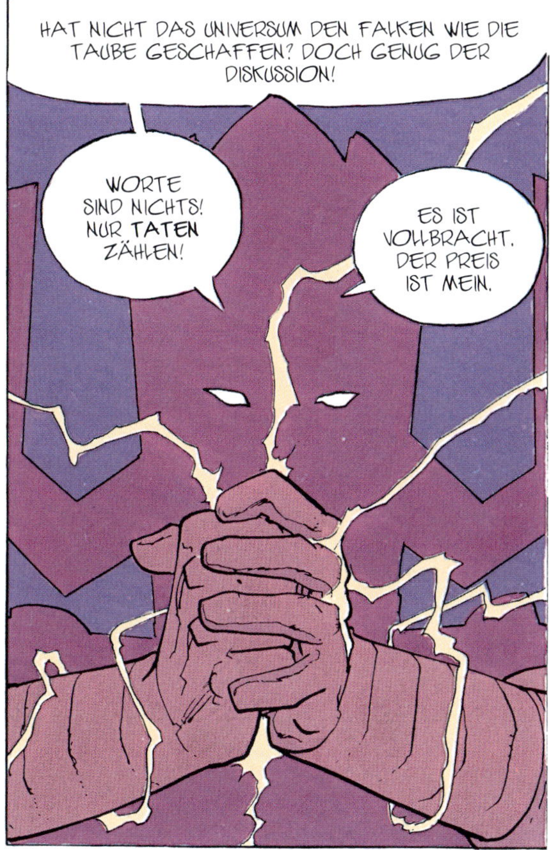

DU HAST DEIN SCHICKSAL SELBST ERWÄHLT, EHEMALIGER HEROLD. GALACTUS HEGT GEGEN NIEMANDEN GROLL.

ICH VERSTEHE NICHT, WAS DICH BEWOGEN HAT, DEIN LEBEN FÜR ANDERE ZU RISKIEREN.

ABER WENN DU ES SO WILLST, DANN SEI ES. SO ENDET DER SILVER SURFER!

M.

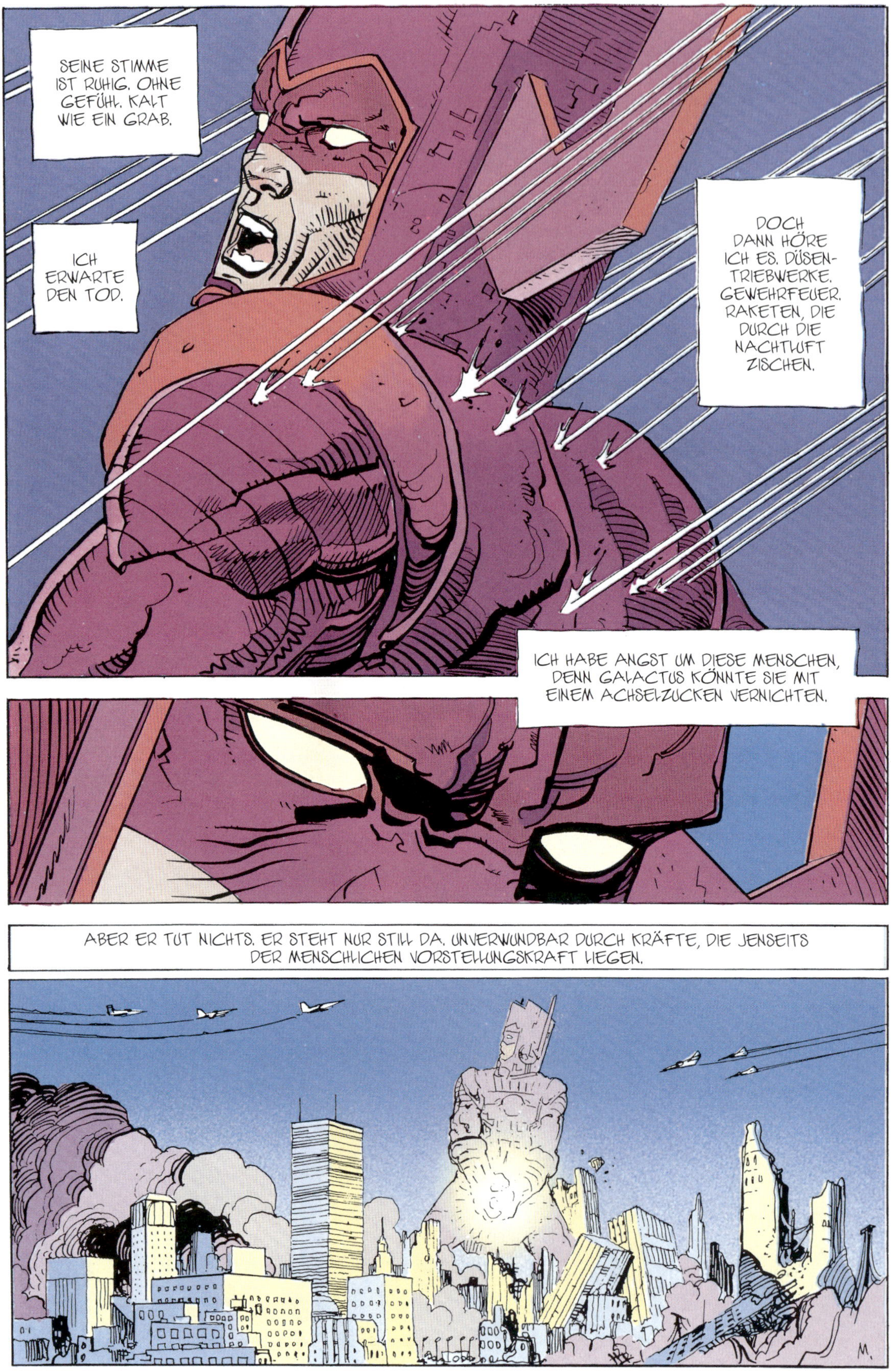

SEINE STIMME IST RUHIG. OHNE GEFÜHL. KALT WIE EIN GRAB.

ICH ERWARTE DEN TOD.

DOCH DANN HÖRE ICH ES. DÜSENTRIEBWERKE. GEWEHRFEUER. RAKETEN, DIE DURCH DIE NACHTLUFT ZISCHEN.

ICH HABE ANGST UM DIESE MENSCHEN, DENN GALACTUS KÖNNTE SIE MIT EINEM ACHSELZUCKEN VERNICHTEN.

ABER ER TUT NICHTS. ER STEHT NUR STILL DA. UNVERWUNDBAR DURCH KRÄFTE, DIE JENSEITS DER MENSCHLICHEN VORSTELLUNGSKRAFT LIEGEN.

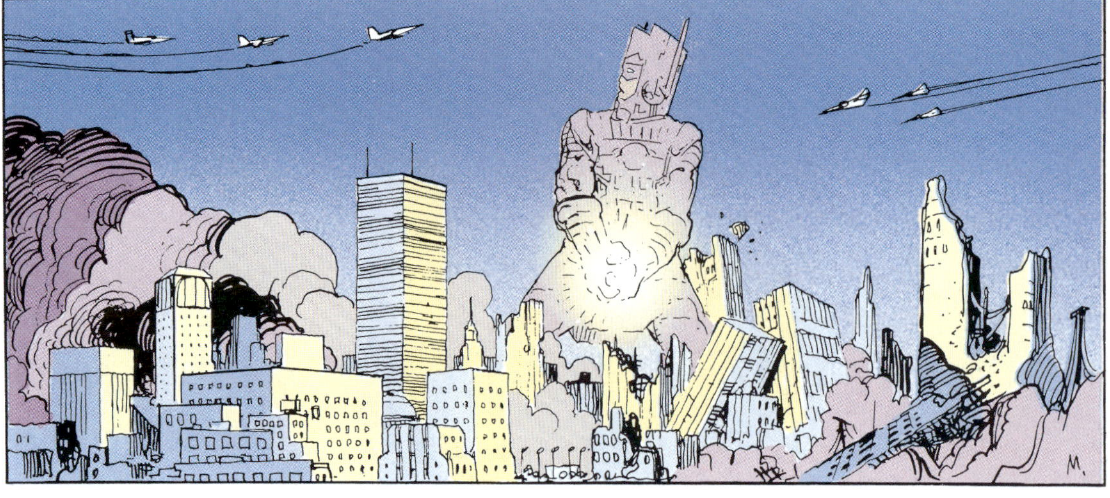

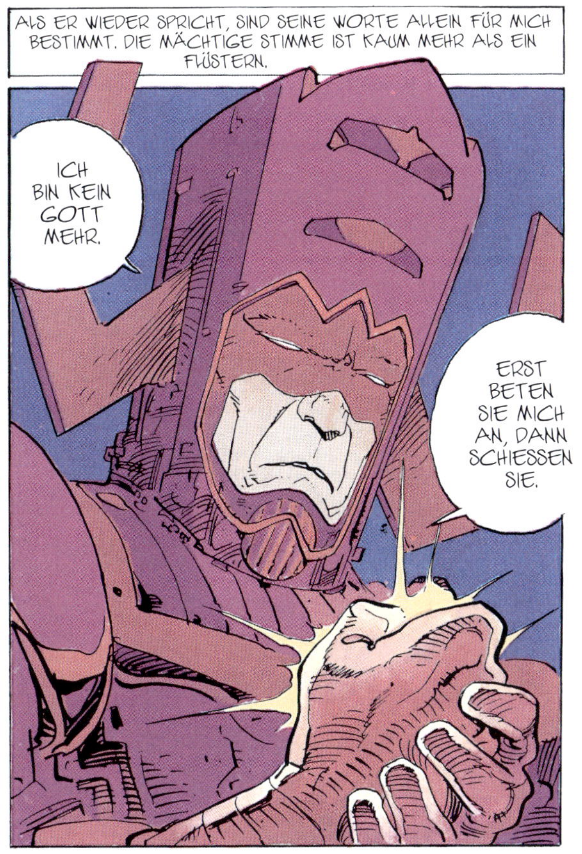

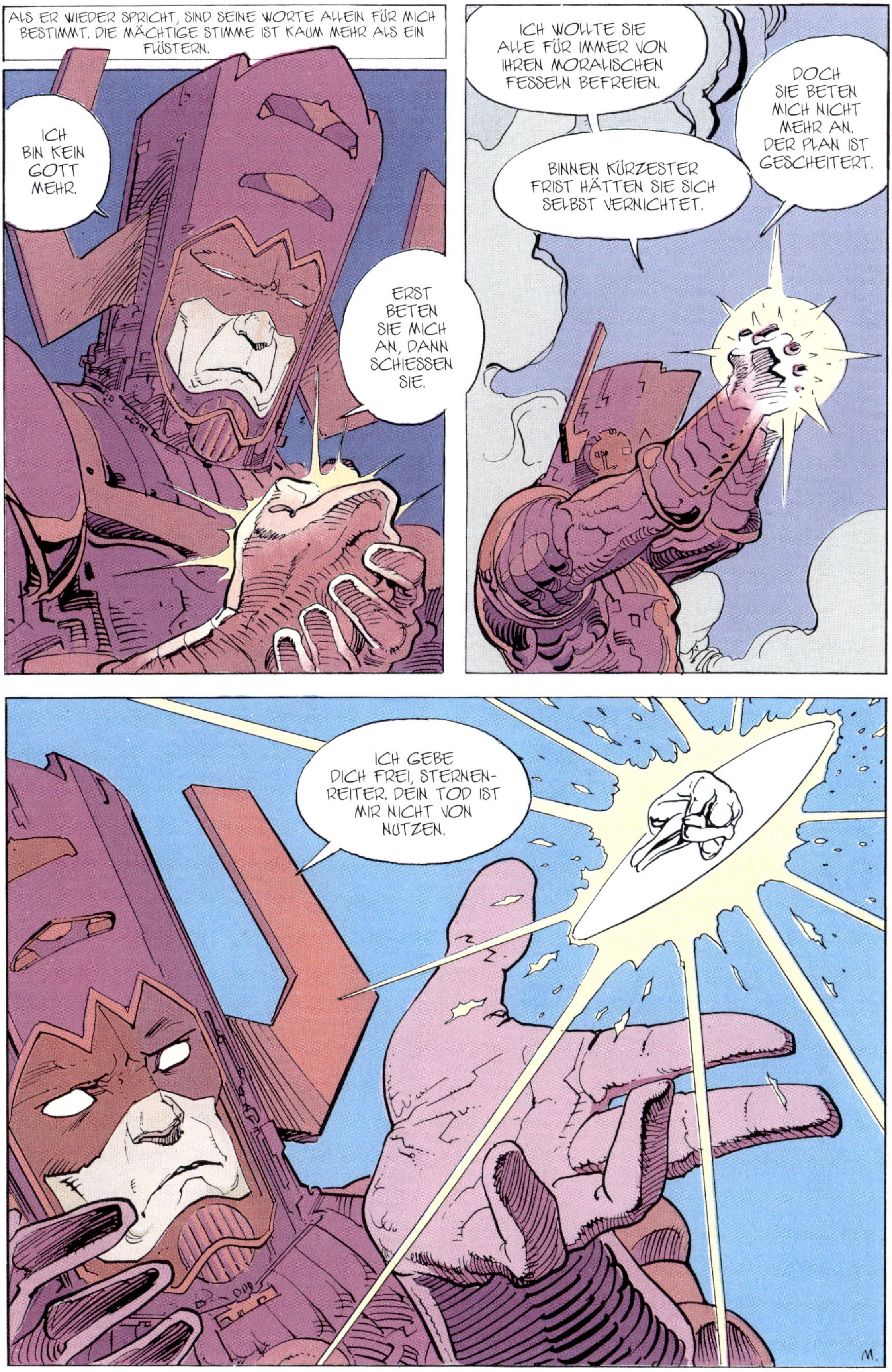

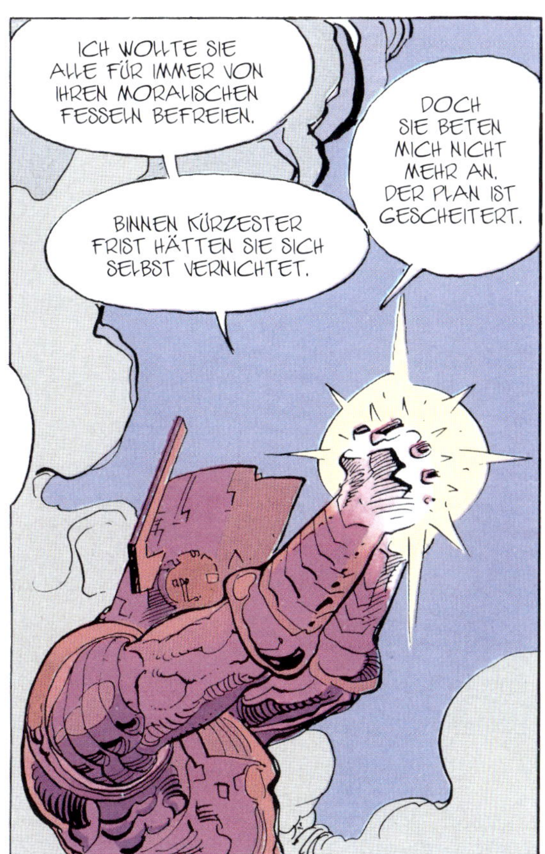

ICH GEBE DICH FREI, STERNEN-REITER. DEIN TOD IST MIR NICHT VON NUTZEN.

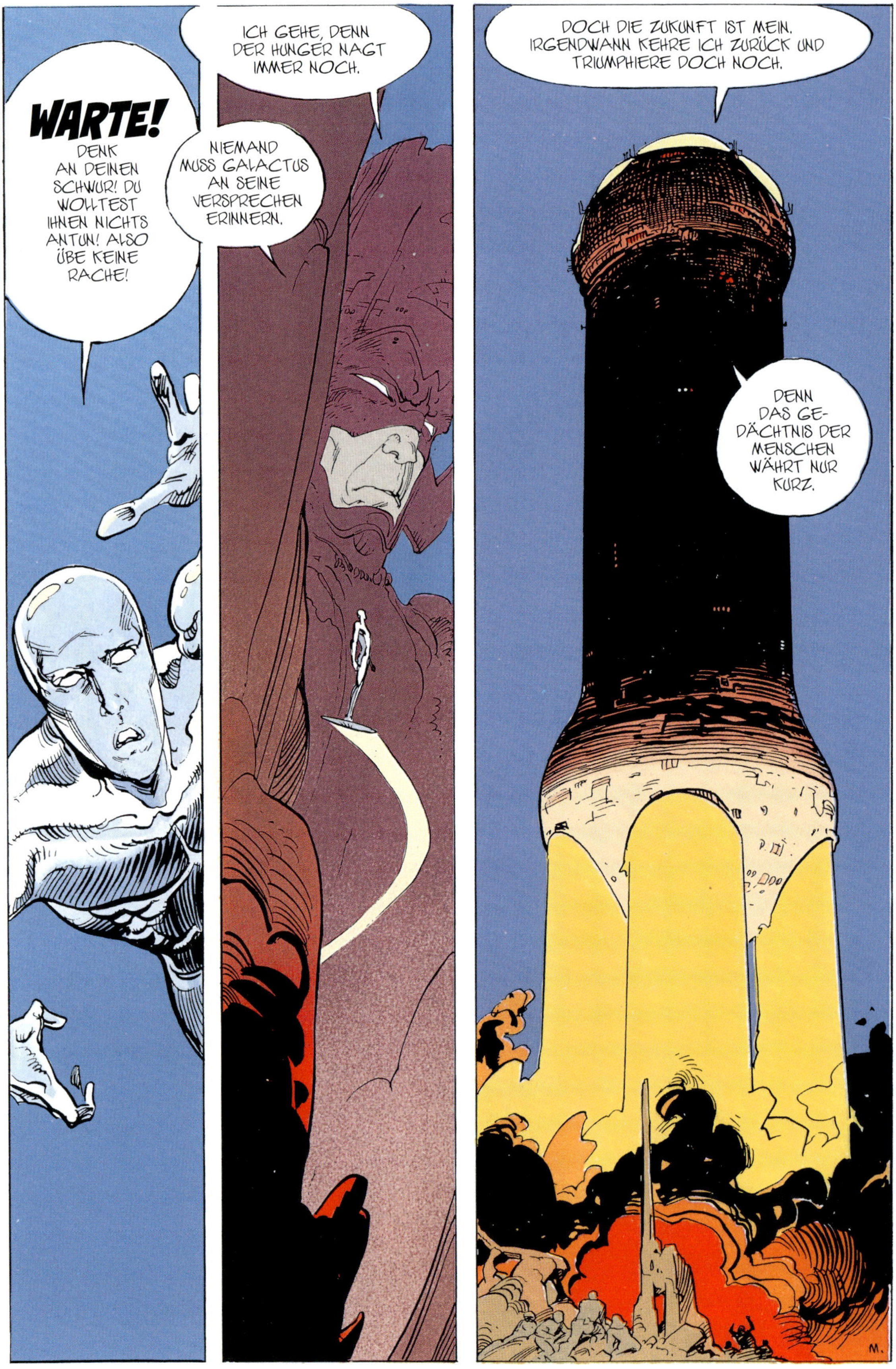

WARTE!
DENK AN DEINEN SCHWUR! DU WOLLTEST IHNEN NICHTS ANTUN! ALSO ÜBE KEINE RACHE!
ICH GEHE, DENN DER HUNGER NAGT IMMER NOCH.
NIEMAND MUSS GALACTUS AN SEINE VERSPRECHEN ERINNERN.
DOCH DIE ZUKUNFT IST MEIN. IRGENDWANN KEHRE ICH ZURÜCK UND TRIUMPHIERE DOCH NOCH.
DENN DAS GEDÄCHTNIS DER MENSCHEN WÄHRT NUR KURZ.
M.

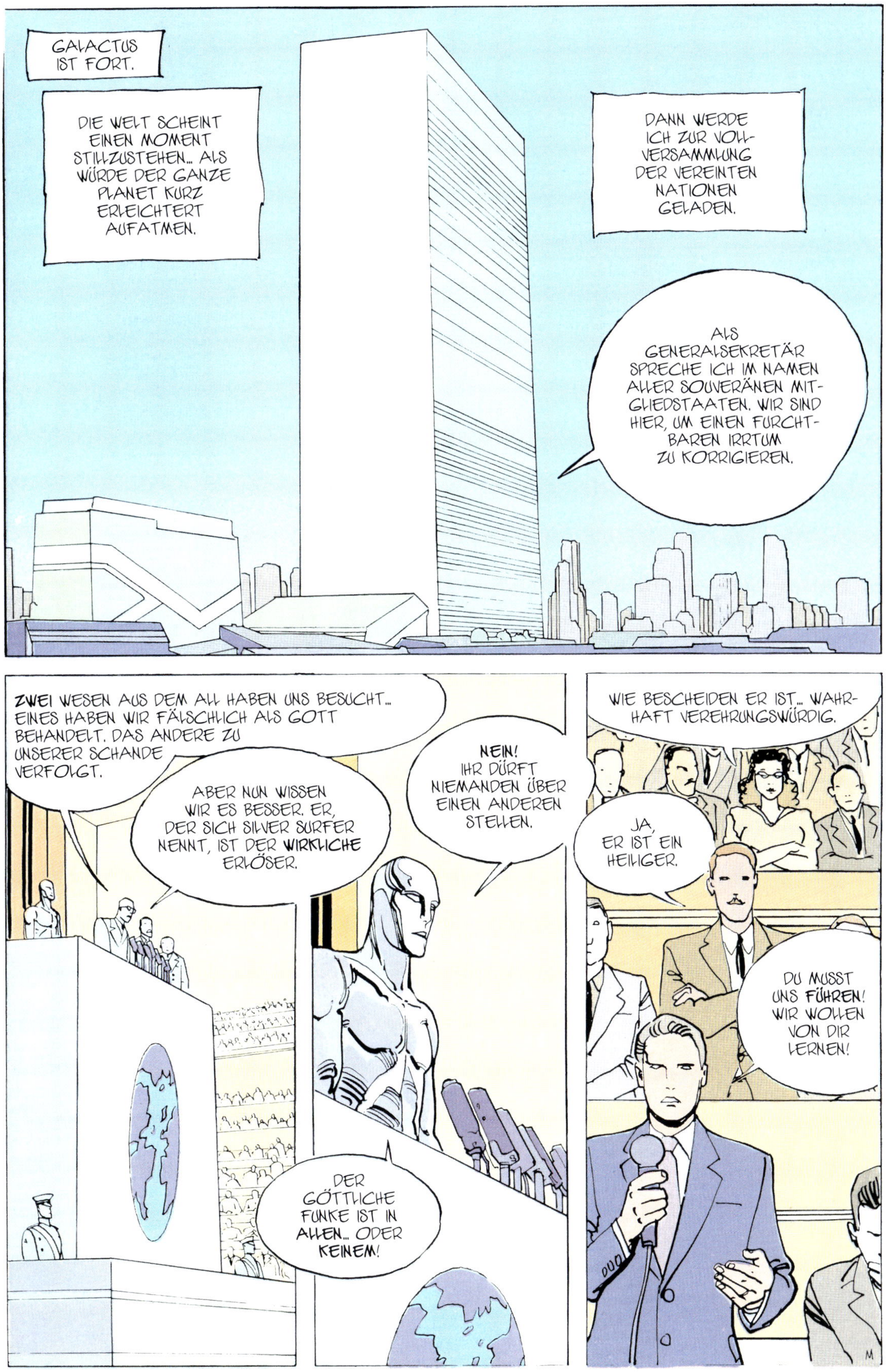

GALACTUS IST FORT.

DIE WELT SCHEINT EINEN MOMENT STILLZUSTEHEN... ALS WÜRDE DER GANZE PLANET KURZ ERLEICHTERT AUFATMEN.

DANN WERDE ICH ZUR VOLLVERSAMMLUNG DER VEREINTEN NATIONEN GELADEN.

ALS GENERALSEKRETÄR SPRECHE ICH IM NAMEN ALLER SOUVERÄNEN MITGLIEDSTAATEN. WIR SIND HIER, UM EINEN FURCHTBAREN IRRTUM ZU KORRIGIEREN.

ZWEI WESEN AUS DEM ALL HABEN UNS BESUCHT... EINES HABEN WIR FÄLSCHLICH ALS GOTT BEHANDELT. DAS ANDERE ZU UNSERER SCHANDE VERFOLGT.

ABER NUN WISSEN WIR ES BESSER. ER, DER SICH SILVER SURFER NENNT, IST DER **WIRKLICHE** ERLÖSER.

NEIN! IHR DÜRFT NIEMANDEN ÜBER EINEN ANDEREN STELLEN.

DER GÖTTLICHE FUNKE IST IN **ALLEN**... ODER **KEINEM**!

WIE BESCHEIDEN ER IST... WAHRHAFT VEREHRUNGSWÜRDIG.

JA, ER IST EIN HEILIGER.

DU MUSST UNS **FÜHREN**! WIR WOLLEN VON DIR LERNEN!

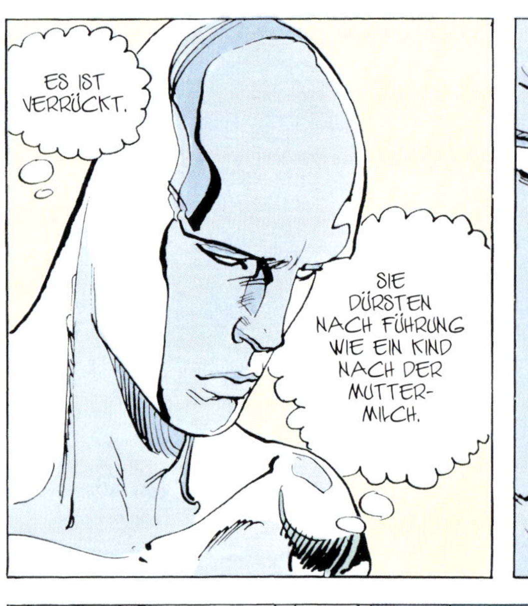

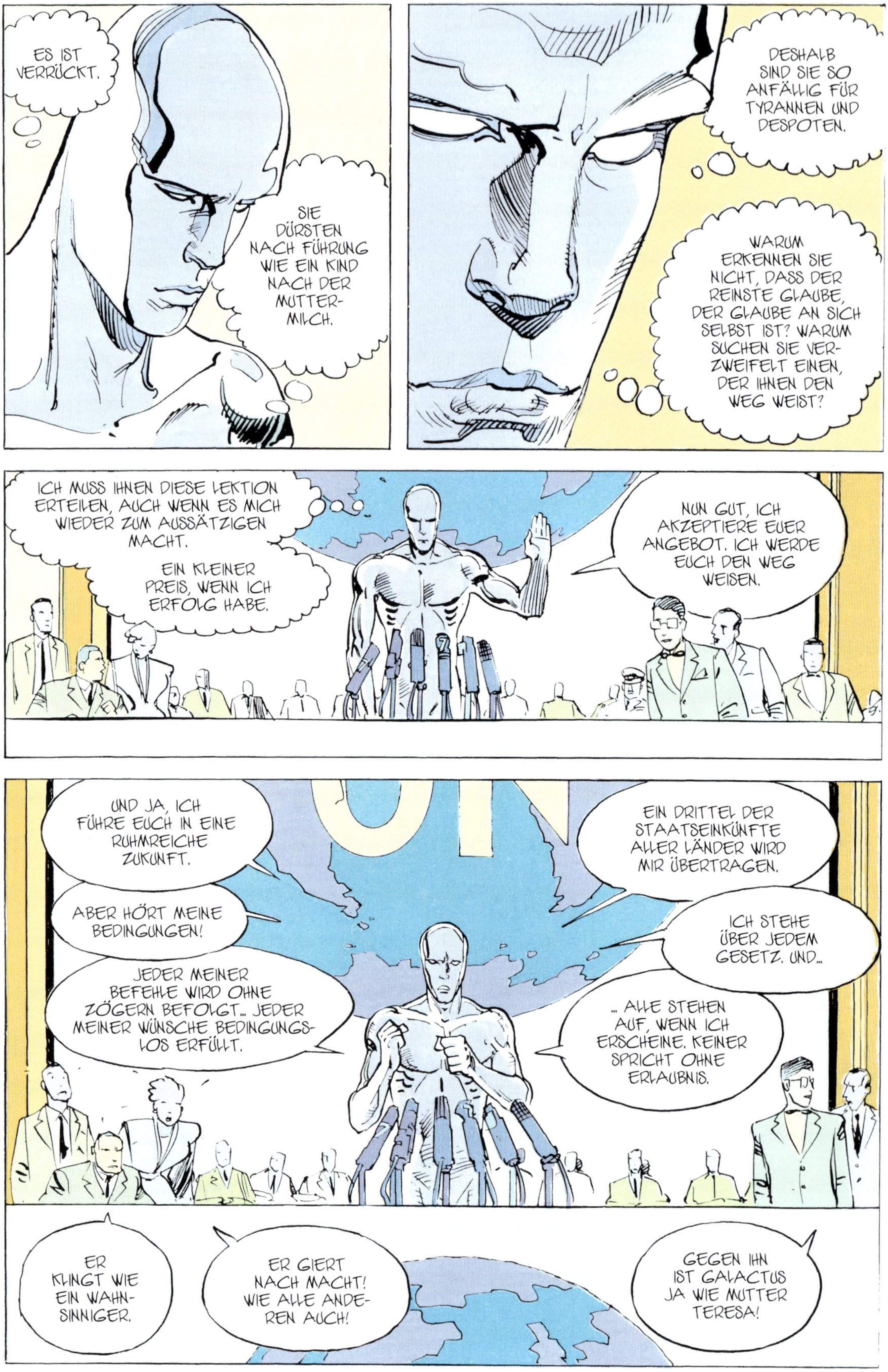

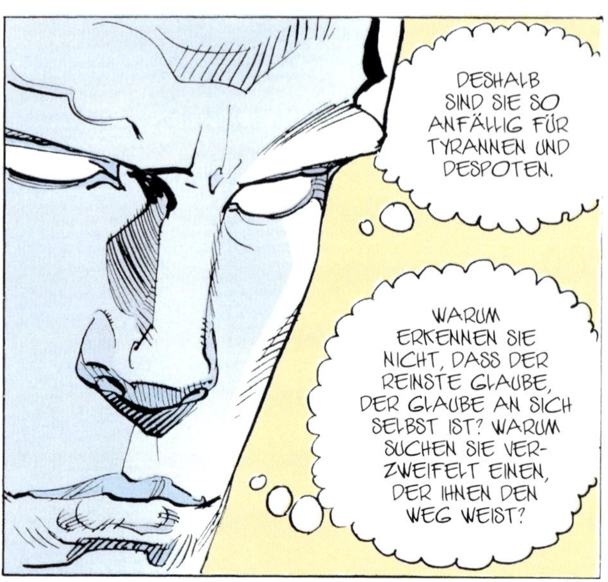

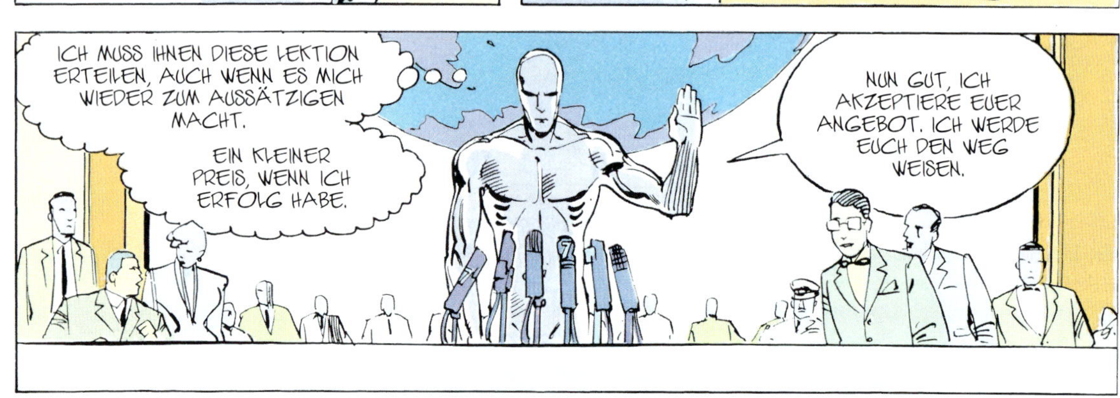

UND JA, ICH FÜHRE EUCH IN EINE RUHMREICHE ZUKUNFT.
ABER HÖRT MEINE BEDINGUNGEN!
JEDER MEINER BEFEHLE WIRD OHNE ZÖGERN BEFOLGT... JEDER MEINER WÜNSCHE BEDINGUNGS-LOS ERFÜLLT.
EIN DRITTEL DER STAATSEINKÜNFTE ALLER LÄNDER WIRD MIR ÜBERTRAGEN.
ICH STEHE ÜBER JEDEM GESETZ, UND...
... ALLE STEHEN AUF, WENN ICH ERSCHEINE. KEINER SPRICHT OHNE ERLAUBNIS.
ON
ER KLINGT WIE EIN WAHN-SINNIGER.
ER GIERT NACH MACHT! WIE ALLE ANDE-REN AUCH!
GEGEN IHN IST GALACTUS JA WIE MUTTER TERESA!

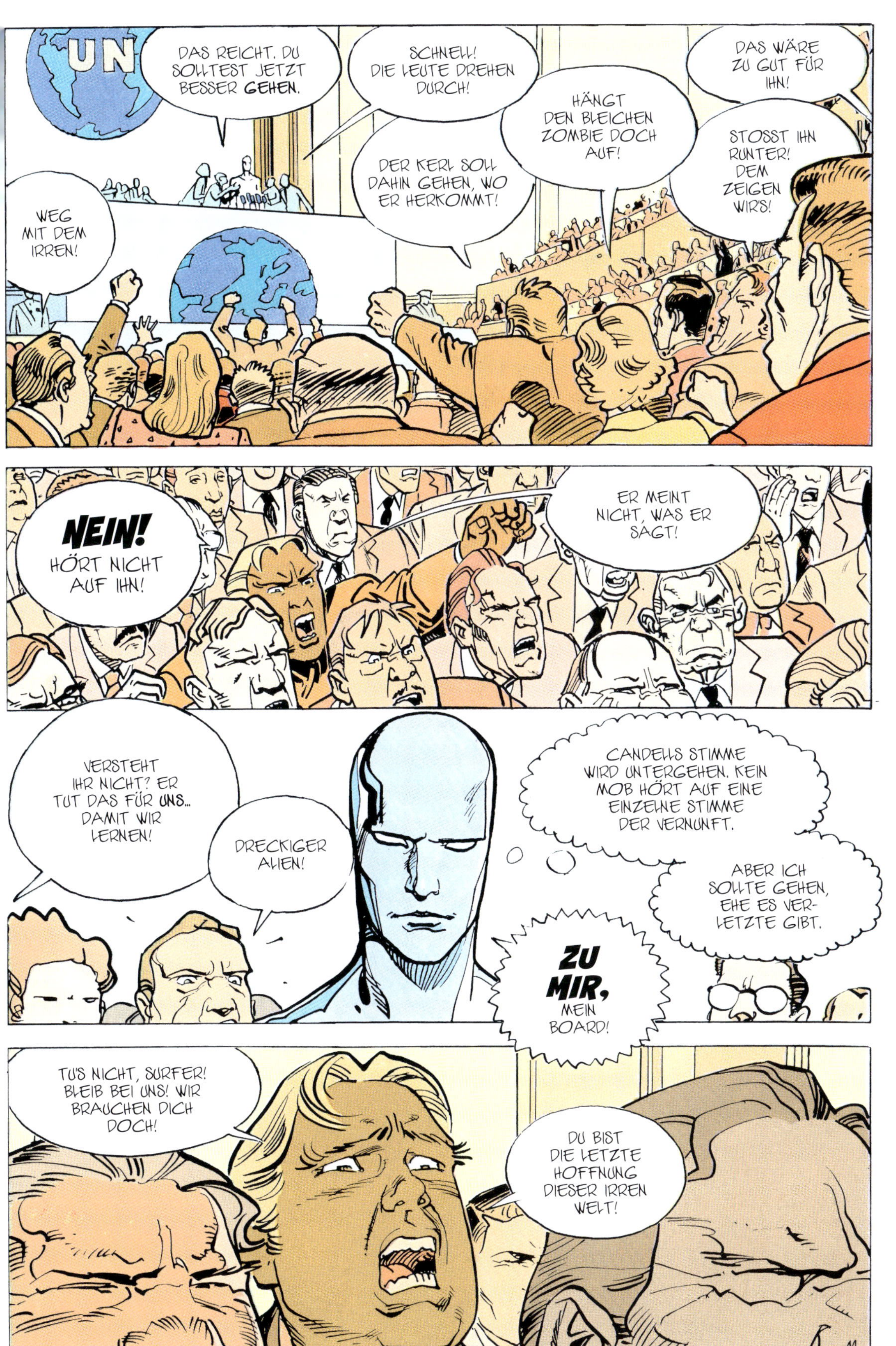
UN
DAS REICHT. DU SOLLTEST JETZT BESSER GEHEN.
SCHNELL! DIE LEUTE DREHEN DURCH!
DAS WÄRE ZU GUT FÜR IHN!
HÄNGT DEN BLEICHEN ZOMBIE DOCH AUF!
STOSST IHN RUNTER! DEM ZEIGEN WIR'S!
DER KERL SOLL DAHIN GEHEN, WO ER HERKOMMT!
WEG MIT DEM IRREN!
NEIN! HÖRT NICHT AUF IHN!
ER MEINT NICHT, WAS ER SAGT!
VERSTEHT IHR NICHT? ER TUT DAS FÜR UNS... DAMIT WIR LERNEN!
DRECKIGER ALIEN!
CANDELLS STIMME WIRD UNTERGEHEN. KEIN MOB HÖRT AUF EINE EINZELNE STIMME DER VERNUNFT.
ABER ICH SOLLTE GEHEN, EHE ES VERLETZTE GIBT.
ZU MIR, MEIN BOARD!
TU'S NICHT, SURFER! BLEIB BEI UNS! WIR BRAUCHEN DICH DOCH!
DU BIST DIE LETZTE HOFFNUNG DIESER IRREN WELT!
M.

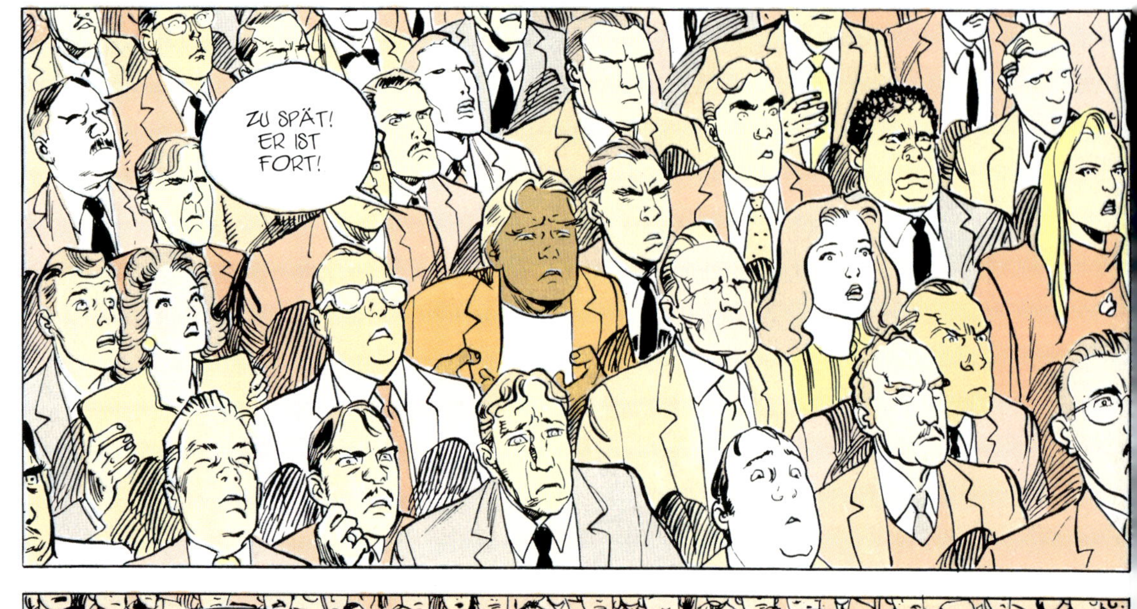
ZU SPÄT! ER IST FORT!

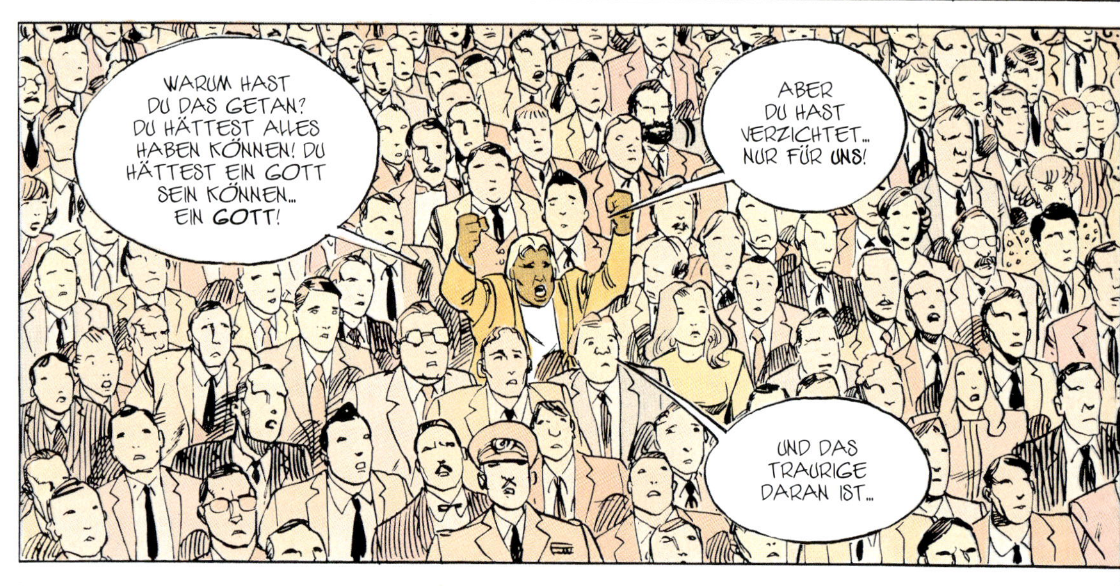
WARUM HAST DU DAS GETAN? DU HÄTTEST ALLES HABEN KÖNNEN! DU HÄTTEST EIN GOTT SEIN KÖNNEN... EIN **GOTT**!
ABER DU HAST VERZICHTET... NUR FÜR **UNS**!
UND DAS TRAURIGE DARAN IST...

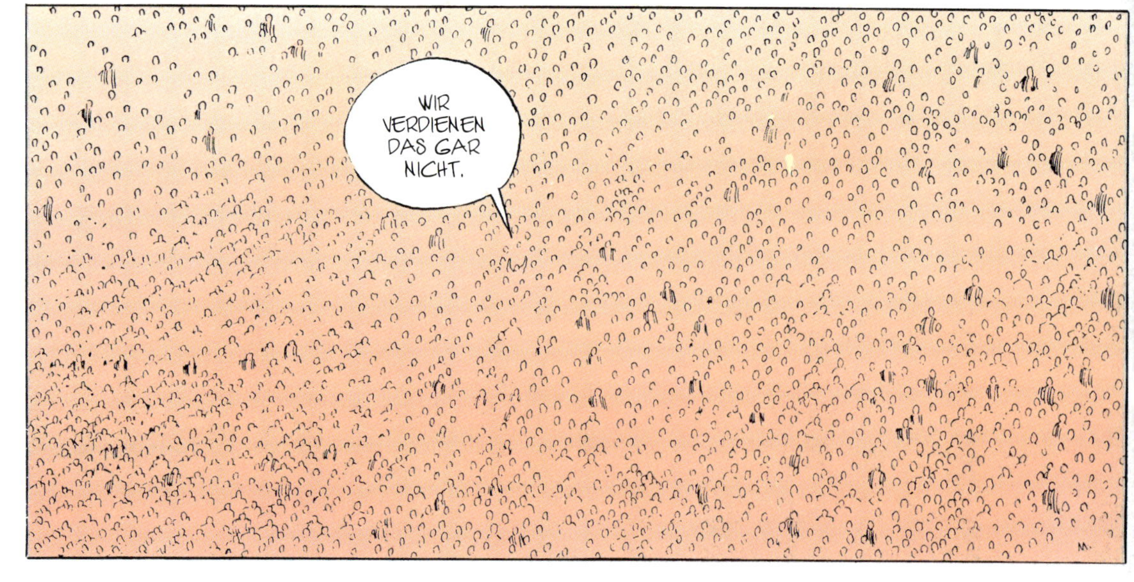
WIR VERDIENEN DAS GAR NICHT.

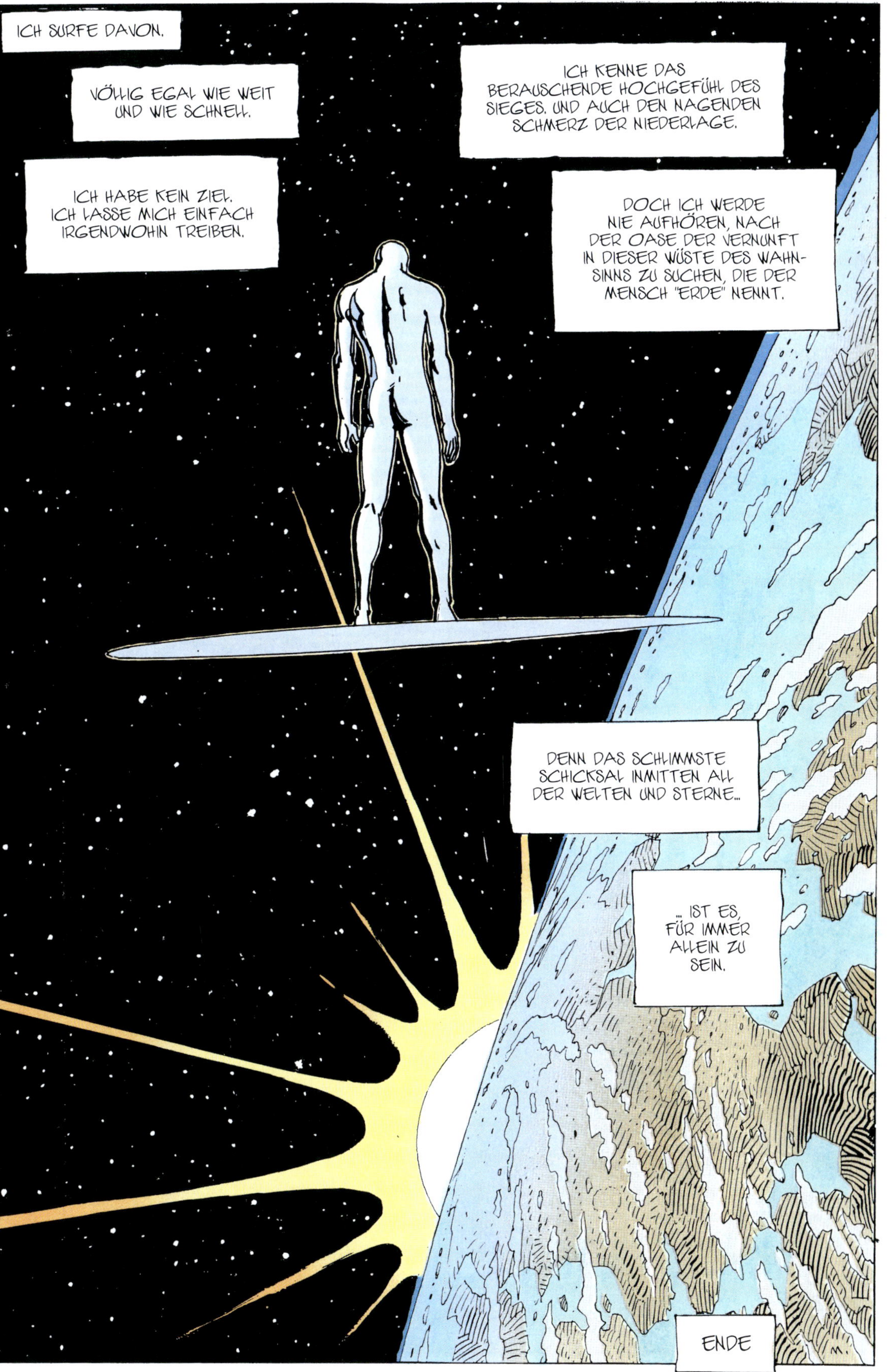
ICH SURFE DAVON.
VÖLLIG EGAL WIE WEIT UND WIE SCHNELL.
ICH HABE KEIN ZIEL. ICH LASSE MICH EINFACH IRGENDWOHIN TREIBEN.
ICH KENNE DAS BERAUSCHENDE HOCHGEFÜHL DES SIEGES. UND AUCH DEN NAGENDEN SCHMERZ DER NIEDERLAGE.
DOCH ICH WERDE NIE AUFHÖREN, NACH DER OASE DER VERNUNFT IN DIESER WÜSTE DES WAHNSINNS ZU SUCHEN, DIE DER MENSCH "ERDE" NENNT.
DENN DAS SCHLIMMSTE SCHICKSAL INMITTEN ALL DER WELTEN UND STERNE...
... IST ES, FÜR IMMER ALLEIN ZU SEIN.
ENDE

DAS MAKING-OF VON *SILVER SURFER*
VON MOEBIUS

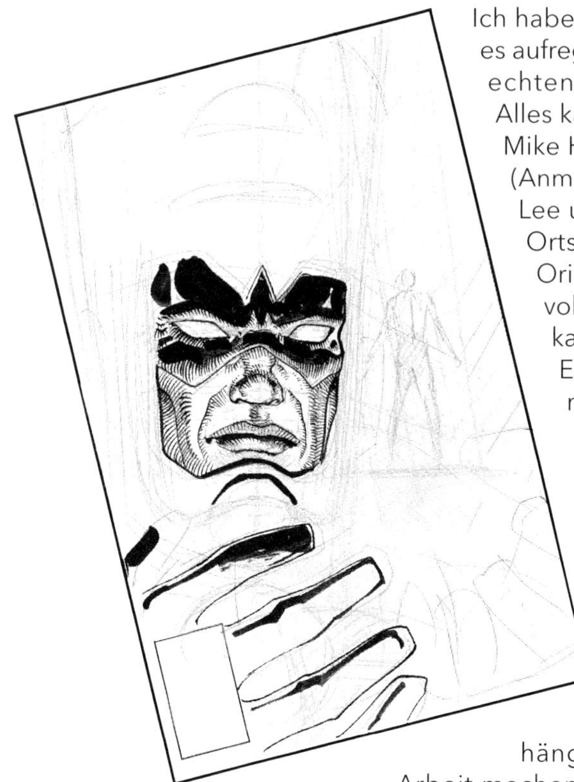

Ich habe dem Projekt *Silver Surfer* zugestimmt, weil es aufregend klang, und weil ich schon immer einen echten amerikanischen Comic machen wollte. Alles kam in die Gänge, als ich 1987 Stan Lee und Mike Hobson auf der San Diego Comic-Con traf. (Anm. d. Red.: Zu diesem Treffen gibt es von Stan Lee und Moebius unterschiedliche Jahres- und Ortsangaben, wir haben uns dabei immer ans Original gehalten.) Dort sagte ich zu. Stan ist so voller kreativer Energie, dass man ihm so etwas kaum abschlagen kann.

Es war eine typische Verleger-Entscheidung nach dem Motto „Lasst uns Stan Lee mit Moebius auf den Silver Surfer ansetzen". Und es klingt nach verdammt viel Spaß. Wir waren alle von der Idee begeistert, aber damals hatte ich noch keine Ahnung, wie schwierig die Sache werden würde. So etwas passiert, wenn ein Zeichner anfängt zu denken wie ein Verleger. Ein Verleger muss sich nicht um diese Probleme kümmern, denn er ist nicht derjenige, an dem am Ende die Arbeit hängen bleibt. In diesem Fall musste ich die Arbeit machen, und ich zog sie durch, aber es war eine schmerzhafte Erfahrung.

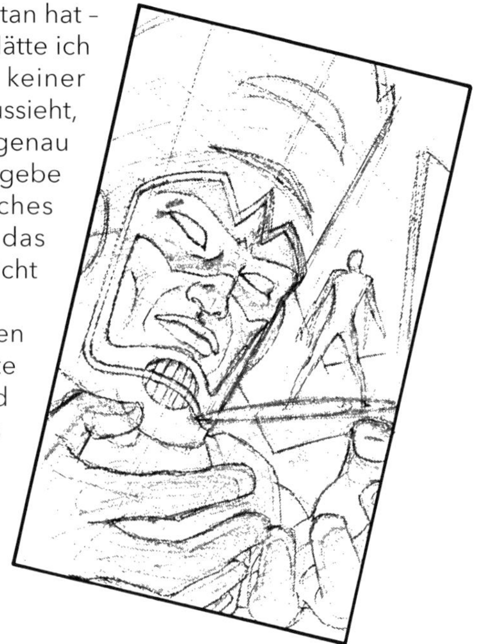

Es ist nie leicht, etwas zu tun, das man noch nie getan hat – und sich dann auch noch dabei treu zu bleiben. Hätte ich das schnell und einfach „durchgezogen", hätte keiner erkannt, dass es ein „Moebius" ist. So wie es jetzt aussieht, kann jedoch niemand Zweifel daran haben. Und genau deshalb war es auch so schwierig. Andererseits begebe ich mich gern in Gefahr, scheue kein künstlerisches Risiko und stelle mich dem Unbekannten. Wer das nicht mehr tut, entwickelt sich auch als Künstler nicht mehr weiter.

Der Silver Surfer gehört sicherlich zu den härtesten Aufgaben, die ich je übernommen habe. Ich hatte mich buchstäblich in die Ecke drängen lassen und musste nun sehen, wie ich da wieder rauskam. Als ich anfing, hatte ich Angst. Ich fragte mich, was ich tun sollte. Ich hatte zunächst keine Ahnung, wie ich die Geschichte zeichnen sollte. Ich sagte mir immer wieder: „Du musst in einem Monat anfangen" ... dann waren es ein paar Tage, dann ein paar Stunden ... dann jetzt! Was sollte ich tun? Ich saß vor diesem weißen Blatt ... und ich MUSSTE etwas tun.

Als ich in den Siebzigern für *Métal hurlant* arbeitete, wurde ich einmal Zeuge, wie Philippe Druillet eine Geschichte in einer Art und Weise zeichnete, die mich sofort faszinierte. Der Comic hieß *Vuzz*. Heutzutage ist Philippe berühmt für seine detailliert ausgearbeiteten Hintergründe, seine feine Architektur voller verzwickter Feinheiten. *Vuzz* hingegen war sehr einfach gehalten. Er zeichnete ganz spontan auf ein Blatt Papier. Fast wie ein Storyboard-Zeichner beim Film. Ich fand es ganz wunderbar und war so beeindruckt, dass ich das Gefühl nie mehr vergaß.

Als ich mit dem Silver Surfer anfing, erinnerte ich mich an Philippes *Vuzz* und an die Spontaneität, mit der er zu Werke gegangen war. Das half mir für den Einstieg. Man kann sogar mit einigen Bildern aus dem Surfer und aus *Vuzz* sehr schön ihre Gemeinsamkeiten zeigen.

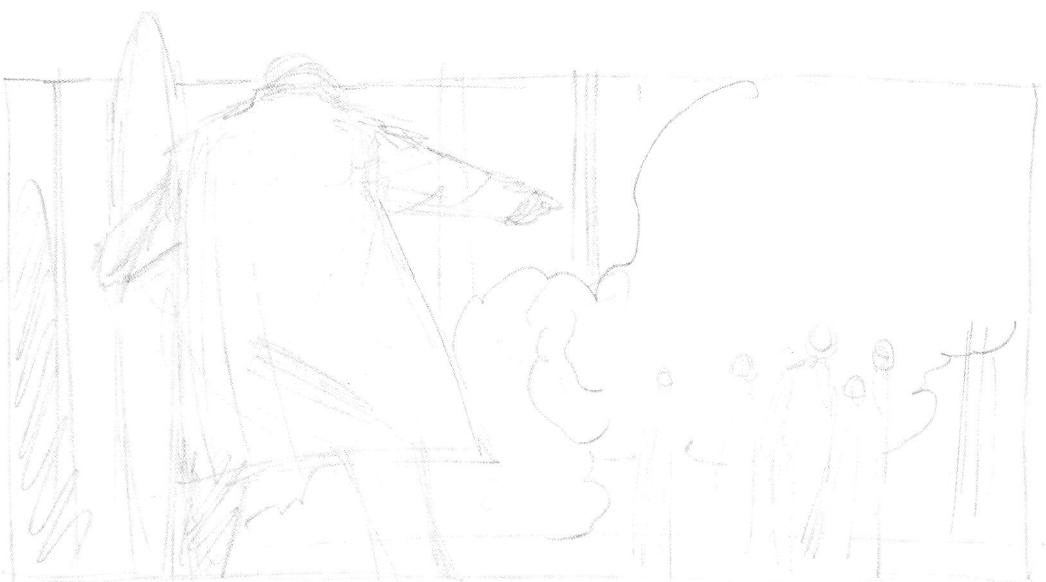

DIE GESCHICHTE

Das war das erste Mal in meinem Leben, dass ich nach der sogenannten Marvel-Methode arbeitete. Stan gab mir die einigermaßen detaillierte Handlung für etwa sechs Seiten, aber ohne Skizzen oder Dialoge. So etwas war ich nicht gewohnt. Wenn ich mit Jean-Michel Charlier einen *Blueberry* mache, bekomme ich ein komplettes Skript – auch wenn ich mich nicht immer sklavisch danach richte. Jodorowsky und ich erarbeiten eine Story gemeinsam, zugegeben, auf eine einzigartige Art und Weise, aber auch mit ihm habe ich klare Vorstellungen der visuellen Elemente, wenn ich zu zeichnen beginne. Das war beim *Silver Surfer* nicht der Fall.

Ich liebte diese Arbeitsmethode auf Anhieb, und ich glaube, ich werde Jean-Michel vorschlagen, dass wir unseren nächsten *Blueberry* auf ähnliche Art versuchen. Eigentlich ist es genauso, wenn ich meine eigenen Storys schreibe, nur dass ich hier die Story nicht im Kopf hatte, sondern Stans Plot vor mir auf dem Schreibtisch lag. Am meisten Spaß gemacht hat mir das Entwerfen der Seiten in meinem Skizzenbuch. Es war, als würde ich Storyboards zeichnen. Ich konnte sehen, wie die Geschichte Stück für Stück vor meinen Augen auf dem Papier entstand. Am Ende landete ich bei 46 Seiten ohne die Splashpages, was zeigt, wie gut Stan ist. Ich musste wirklich nichts aufblasen oder kürzen. Stan war auch nicht sonderlich überrascht von meiner Einteilung, was mir zeigte, dass sie die logische Folge der Informationen war, die er mir gegeben hatte.

Ich finde die Geschichte wunderbar. Sie ist voller persönlicher und philosophischer Erwägungen, die ich für sehr, sehr interessant halte. Offensichtlich kommt sie direkt aus Stans Herzen. Sie ist nicht nett und oberflächlich wie so viele Superheldengeschichten. Eigentlich ist es sogar eine eher traurige und düstere Geschichte. Und doch erscheint sie gleichzeitig in einem ganz anderen Licht.

Als Stan mir dann die Dialoge gab, war ich mehr als beeindruckt, wie er die verschiedenen Figuren mit Leben erfüllte, wie er sie sprechen ließ, jede mit ihrer eigenen Stimme. Selbst meine Durchschnittstypen ließ er genau das dumme Zeug sagen, nach dem sie aussahen. Ich erkannte auch, dass er manchmal ein kleines Problem mit meinen Entwürfen hatte, und wie clever er dann damit umging.

Seine Sprache ist sehr poetisch, wunderschön, im besten Sinne des Wortes, fast theatralisch. Die Geschichte spiegelt seine ganz persönliche Vision dieser Welt wider – auf den ersten Blick eher pessimistisch, dann aber doch durchzogen von Idealismus und Hoffnung. Ich denke, dass viele der behandelten Themen – Einsamkeit, die Angst, missverstanden zu werden, der Kampf für die Wahrheit – tief in Stans persönlicher Biografie verankert sind.

Manche hätten sicher einen actiongeladeneren Comic vorgezogen, aber ich persönlich mag Comics mit einem philosophischen Aspekt lieber. Ich finde, Stans Story ist sehr modern, sehr politisch und in vieler Hinsicht dem ähnlich, was junge Künstler heute versuchen.

Nachdem ich die Seiten der Geschichte eingeteilt hatte, machte ich einige grobe Vorzeichnungen. Für *Blueberry* gehe ich in den Skizzen schon sehr viel mehr ins Detail, aber hier wollte ich meine Spontaneität bewahren. Also führte ich nur Umrisse und Positionen grob aus und arbeitete danach direkt mit der Tusche weiter. In meinen früheren Skizzen war ich extrem auf jede Einzelheit bedacht, aber je älter ich werde, desto mehr Wert lege ich auf Spontaneität und die lässt sich nur durch sehr grobe Vorzeichnungen erhalten.

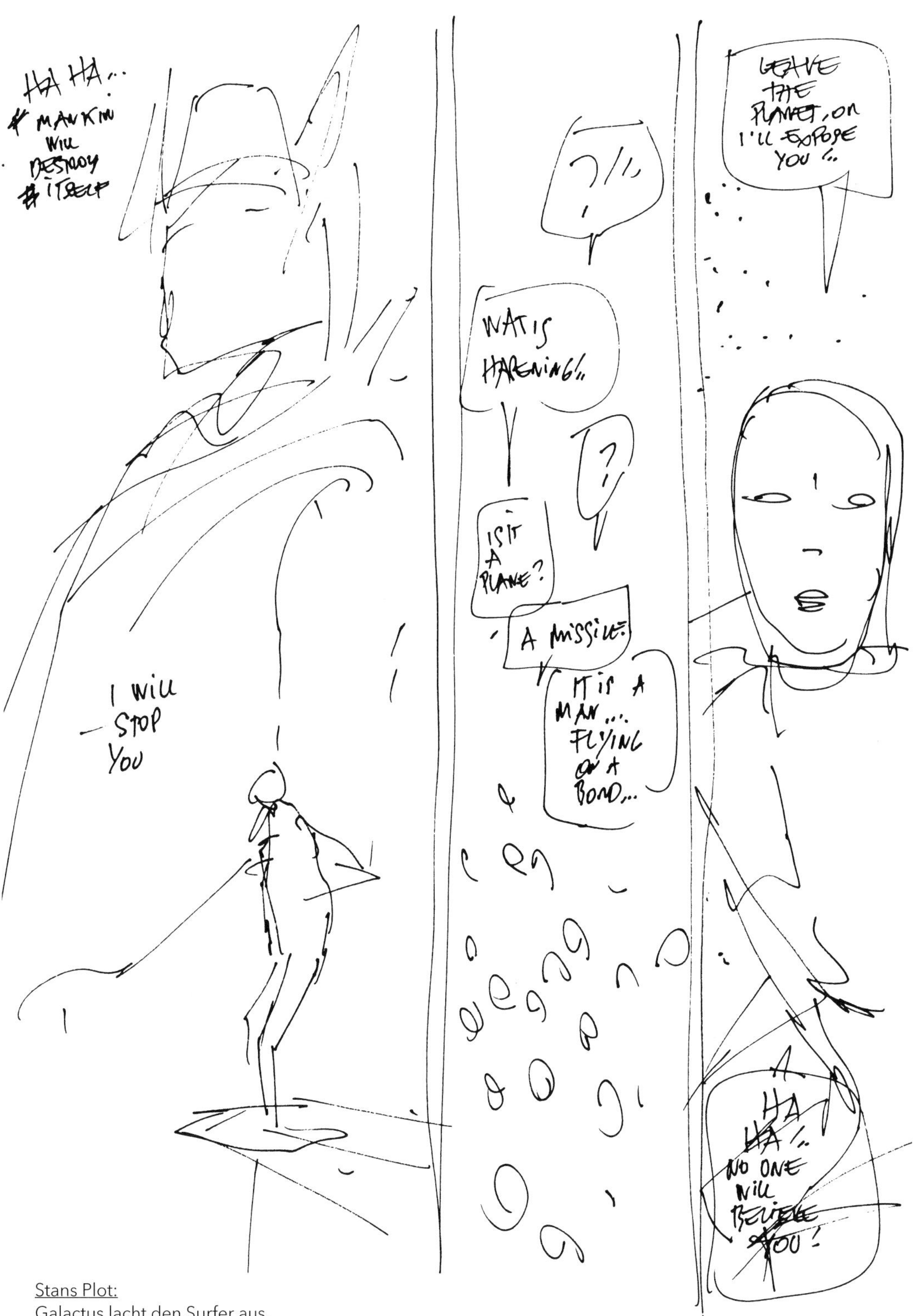

Stans Plot:
Galactus lacht den Surfer aus.
Galactus kennt den Wahnsinn der Menschen inzwischen gut genug.
Er weiß, keiner wird dem Surfer glauben.

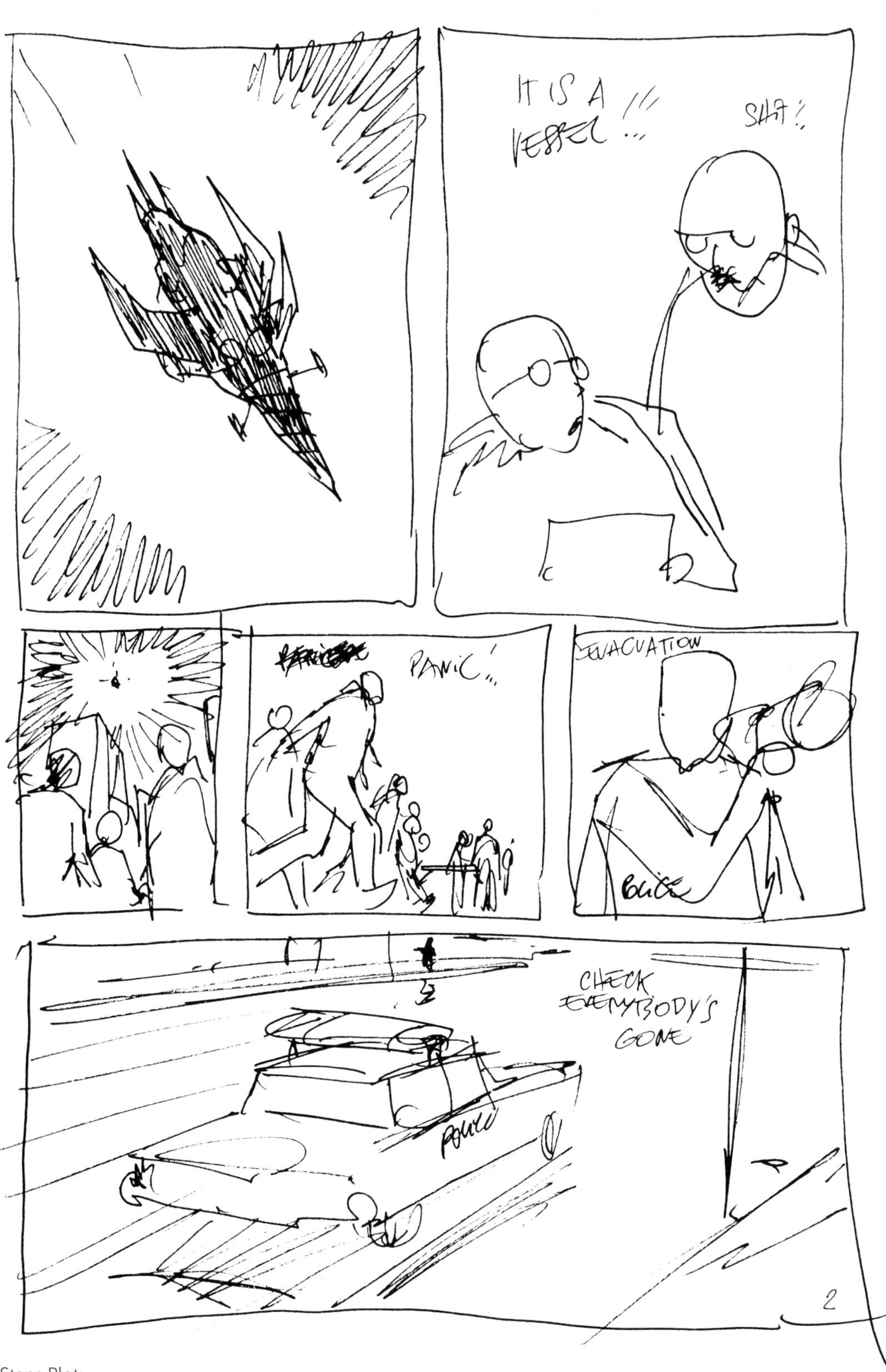

Stans Plot:
Wissenschaftler entdecken, dass es kein Komet sein kann!
Es ist ein riesiges Raumschiff.
Angst und Schrecken breiten sich auf der ganzen Erde aus.

DIE FIGUREN

Mein Stil ist nicht sehr einheitlich innerhalb dieser Geschichte. Aber das ist nichts Besonderes für mich. Man kann es auch in *Der Incal* und in den *Blueberry*-Alben sehen. Mein Zeichenstil hängt von der Stimmung ab, in der ich mich befinde. In diesem Fall kam noch ein weiteres Problem verschärfend hinzu: Ich hatte lange Angst, weil ich nicht recht wusste, wie ich den Surfer und bis zu einem gewissen Maß auch Galactus zeichnen sollte. Erst in der zweiten Hälfte des Comics fühlte ich mich sicherer und empfand so etwas wie Kontrolle über die Figuren.

Die Figur des Galactus hätte ich, wenn es nicht schon eine relativ klare Festlegung seines Äußeren durch frühere Comics gegeben hätte, ganz anders angelegt. Ich hätte ihn als Wesen aus reiner, materialisierter Energie gezeichnet, mit einem mineralischen oder bronzeartigen Aspekt. Der Hauptgrund, warum ich Seite 8 noch einmal neu gestaltete, war, ebendiese Idee zu betonen. Galactus materialisiert aus reiner Energie, dann nimmt er die vertraute Gestalt an, die, wie man im letzten Panel sieht, noch nicht hundertprozentig stabil ist. Für mich ist Galactus ein Konzept, eine Idee, die nur menschliche Gestalt annimmt, um mit den Menschen zu sprechen.

Schon vorhandene Erscheinungsformen einer Hauptfigur zu verarbeiten ist einerseits sehr interessant, andererseits aber auch eine echte Herausforderung. Der Leser musste die Gestalt, mit der er ja schon vertraut war, auf Anhieb erkennen können, aber ich wollte auch etwas Eigenes zur Entwicklung der Figur beitragen. So legte ich besonderen Wert darauf, das Monumentale an Galactus zu betonen, das ich bei dieser Figur für wesentlich halte. Und wenn ich monumental sage, meine ich nicht nur seine schiere Größe. Galactus könnte klein gezeichnet werden und würde doch wie ein wahrer Gigant aussehen.

Ich habe Galactus' Proportionen während der Geschichte modifiziert, um diesem dramatischen Ansatz gerecht zu werden. Auf Seite 9 hat er die Stadt zu seinen Füßen, und der Silver Surfer wäre vielleicht gerade mal so groß wie sein Fingernagel. Doch später, als er den Surfer mit beiden Händen ergreift, hat dieser eher die Größe einer Maus. Die Veränderungen seiner Proportionen stören mich nicht weiter. Für mich sind sie Teil der mythischen Natur dieser Figur.

Mein Silver Surfer hingegen spottet der Schwerkraft. Er fliegt ... er schwebt. Da streifen wir die heikle Zone zwischen dem, was bewusste Entscheidung, und dem, was nur Ergebnis des Unterbewusstseins ist. Zu Anfang der Geschichte hatte ich Angst davor, den Surfer zeichnen zu müssen. Am Ende war er es, den ich am liebsten zeichnete, der mir das meiste Vergnügen bereitete.

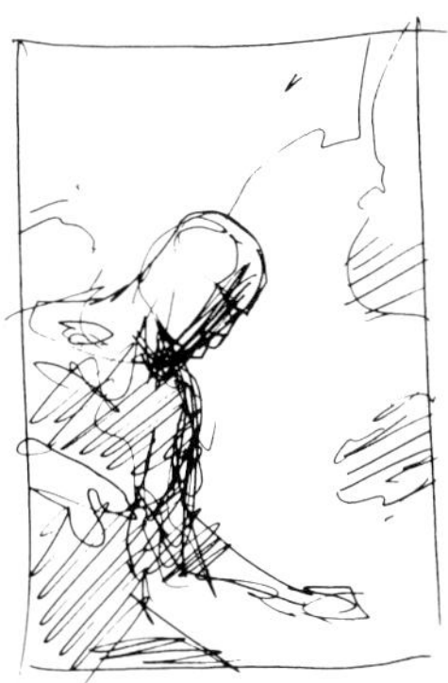

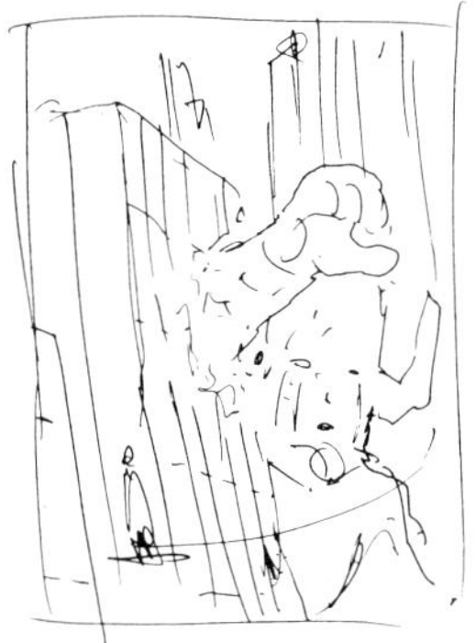

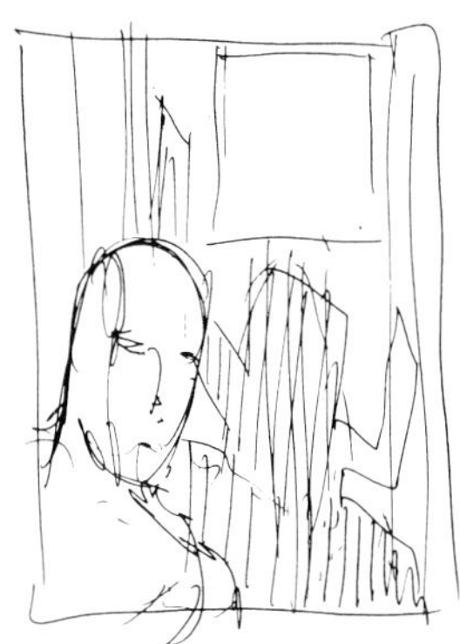

Die Idee, den Surfer zeichnen zu müssen, machte mich deshalb anfangs nervös, weil er nicht meine eigene Figur, meine Erfindung war, sondern von Meistern wie Jack Kirby und John Buscema bereits formal ausgearbeitet worden war. Sie hatten ihn athletisch, kraftvoll, fast wie einen Krieger gezeichnet. Ich wollte diesen Aspekt übernehmen, aber ohne sie zu kopieren.

Das versetzte mich in jene „Alarmstimmung". Ich wusste, ich musste es irgendwie tun, also musste ich eine Lösung finden. Und sie ergab sich wie von selbst. Mein Surfer wirkt nobel, fast anmutig. Ich sehe ihn elegant und entspannt. Er ist so mächtig, dass er alles, was er tut, ohne äußere Anzeichen von Anstrengung erledigt, voller Grazie. Selbst wenn er verwundet oder verzweifelt ist. Mein Surfer würde Tai-Chi machen – wie ich selbst! Das beweist zumindest, dass „Moebius" keine Kunstfigur, kein losgelöster Überbau, sondern ein wahres Spiegelbild meiner selbst ist. Der Versuch, mein Bestes zu geben, führte zu Moebius. Sicher werden manche meinen Surfer nicht mögen, aber das ist okay. Solange sie mir nicht vorwerfen, es versucht zu haben. Ich denke, man darf keinem Künstler vorwerfen, dass er bestimmte Dinge erhält oder verwirft, um sich und seine Gefühle einbringen zu können. Niemand sollte einem Künstler sagen, was er zeichnen soll und was nicht. Das ist vollkommen inakzeptabel! Ich zum Beispiel hätte nichts dagegen, wenn jemand einen völlig anderen *Blueberry* zeichnen würde. Ich fände es eher interessant, denke ich. Ich habe Colin Wilson die Serie *Young Blueberry* aus genau diesem Grund überlassen. Ich wusste von Anfang an, dass er ziemlich schnell seinen eigenen Weg finden und seinen Blueberry schaffen würde, statt meinen zu kopieren.

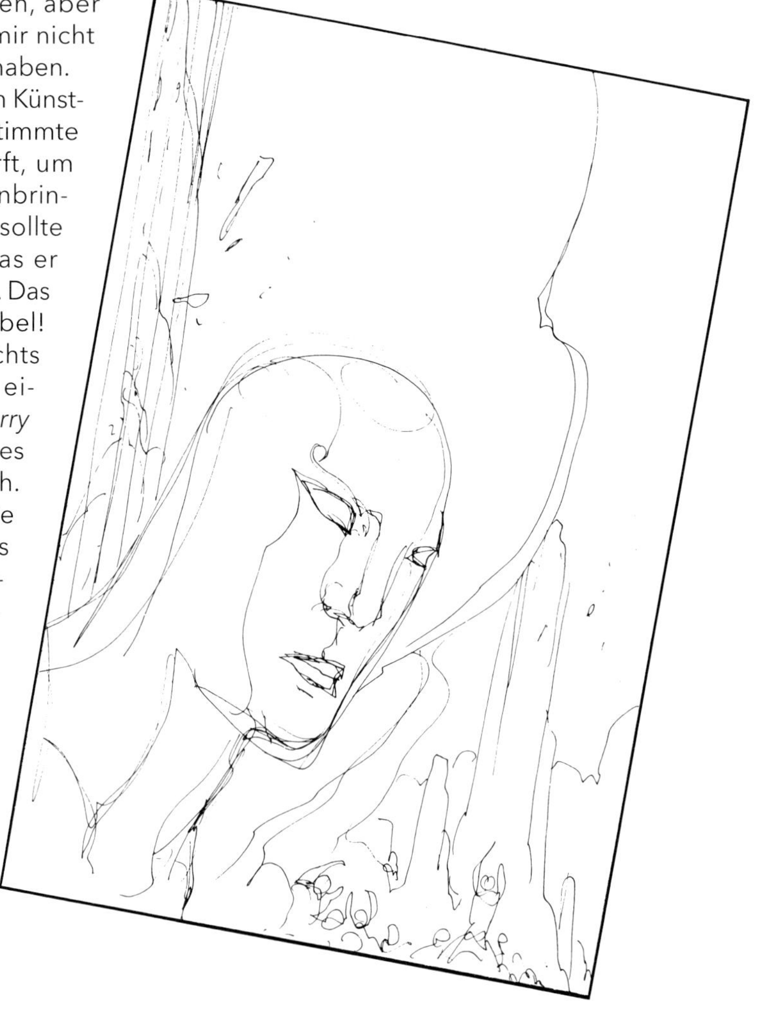

DIE NEU GEZEICHNETEN SEITEN

Die Seiten, die ich neu zeichnen musste, waren nicht schlecht, sie waren nur falsch konzipiert. Es blieb mir also keine Wahl, als sie noch einmal zu zeichnen. Seltsamerweise passiert mir das nie, wenn ich Moebius-Geschichten mache, oder bei *Blueberry*. Ein weiteres Zeichen dafür, wie schwer diese Aufgabe für mich war.

Meine Originalseite 2 zum Beispiel war geprägt davon, dass ich damals Furcht und Schrecken darstellen wollte. Ich war der Gefahr ausgesetzt, mich fast neurotisch in unwichtigen Details zu ergehen, was wahrscheinlich nur meine eigenen Angstgefühle überdecken sollte. Die Details und die „Nahaufnahme" des Gesichts des Astronomen waren völlig überzogen melodramatisch, wenn man bedenkt, dass er nur eine kleine Randfigur ist. Solche Detailarbeiten müssen den Hauptpersonen wie Galactus und dem Surfer vorbehalten bleiben. Ich hatte zu früh zu viel gewollt.

Details sind gefährlich, weil zu viele davon eine schlechte Sache sind. Als wollte man eine Seite füllen, nur weil sie eben da ist. Oder als würde man denken, dass eine Unmenge an Details ein Qualitätskriterium wären. Aber das ist falsch. Details müssen sich in einen natürlichen Rhythmus für das Auge einfügen, so natürlich wie das Atmen für den Menschen. Details müssen dem Fluss der Geschichte folgen und deren starke Momente betonen. Details sind wie die Begleitmusik durch ein Orchester. Man hat die Soloinstrumente und dann hat man noch die Streicher und die Bläser. Und man muss als Dirigent alle aufeinander abstimmen, um die Stimmung des Lesers zu kontrollieren, während er der Story folgt.

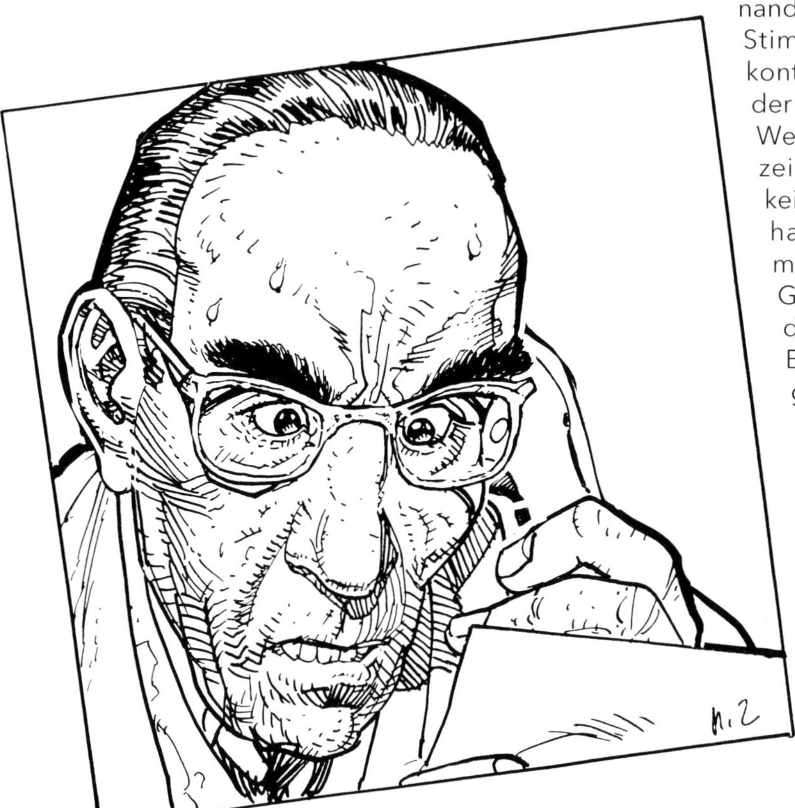

Wenn ich eine Seite neu zeichnete, dann weil ich kein gutes Gefühl bei ihr hatte. Irgendwas hatte mich gestört. Und mein Gefühl führte mich zu dem Problem. Zum Beispiel auf der Originalseite 14. Da war der Blick auf das Dach nicht so klar, wie er hätte sein sollen.

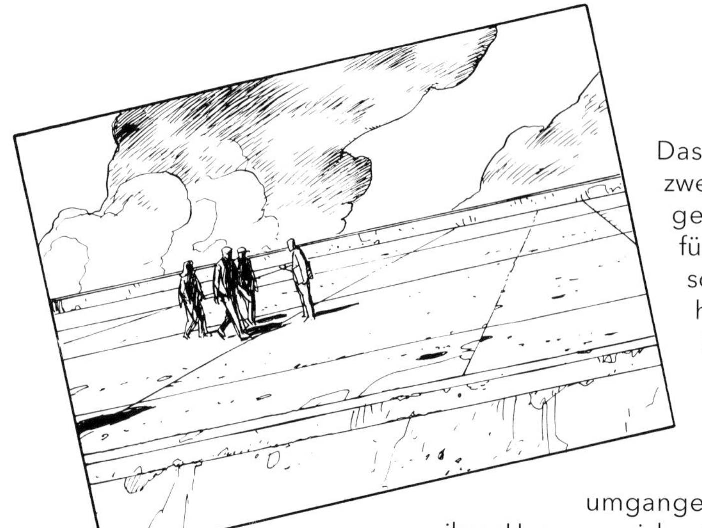

Das Gesicht von Candell in Panel zwei passte nicht recht. Außerdem gefiel mir Elynas Haar in Panel fünf nicht. Es ist mir immer schon schwergefallen, Frauenhaare gut hinzubekommen. Sie haben sehr komplexe Schwünge. Manara kommt meist perfekt damit klar, während ich fast immer das Gefühl habe, ich verpfusche es. Also habe ich das Problem umgangen, indem ich nur die Umrisse ihrer Haare gezeichnet habe. Andererseits glaube ich, dass der Surfer in seinem Mantel in Panel drei im Original besser getroffen war. Er wirkte schwergewichtiger, mysteriöser, bedrohlicher. Ich habe versucht, diesen Eindruck auf der neuen Seite wieder zu erzeugen, konnte es aber nicht. Erst vor Kurzem ist mir mein Fehler aufgefallen. Ich hätte die Proportionen seiner Beine in Relation zum Rest seines Körpers verändern müssen. Dann wäre er im Auge des Betrachters dem Original wieder näher gekommen. Es ist faszinierend, wie man so einen Eindruck nur durch eine Silhouette schaffen kann.

Seite 26 habe ich neu gezeichnet, weil sie mir nicht zum Rest der Geschichte zu passen schien. Sie war einfach zu düster, zu „undynamisch". Ich hatte auch einige frühere Seiten in dem Stil gemacht. Ich wusste nicht, wie ich weitermachen würde, also habe ich viel zu viel getuscht. Außerdem war die Feder am Ende, was den Eindruck noch verstärkte. Alles wirkte drückend, schwermütig, finster, aber nicht uninteressant. Kaum nahm ich eine andere Feder, hellte sich plötzlich alles auf. Die Linien wurden feiner, eleganter. Das ist einer der Gründe, warum ich so gern mit Feder und Pinsel arbeite. Sie verändern sich ständig. Es ist fast, als würde man mit etwas Lebendigem arbeiten.

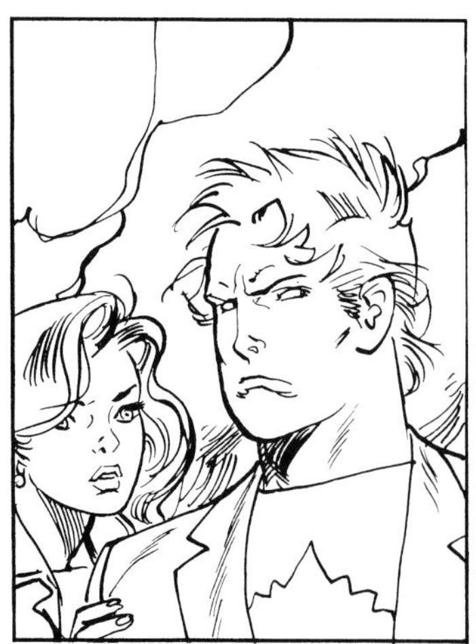

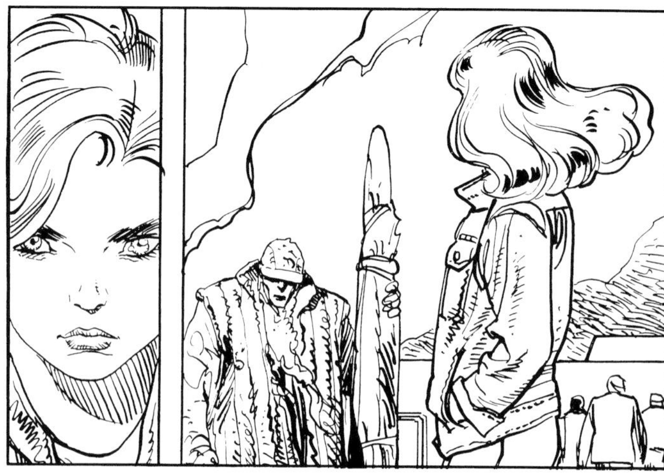

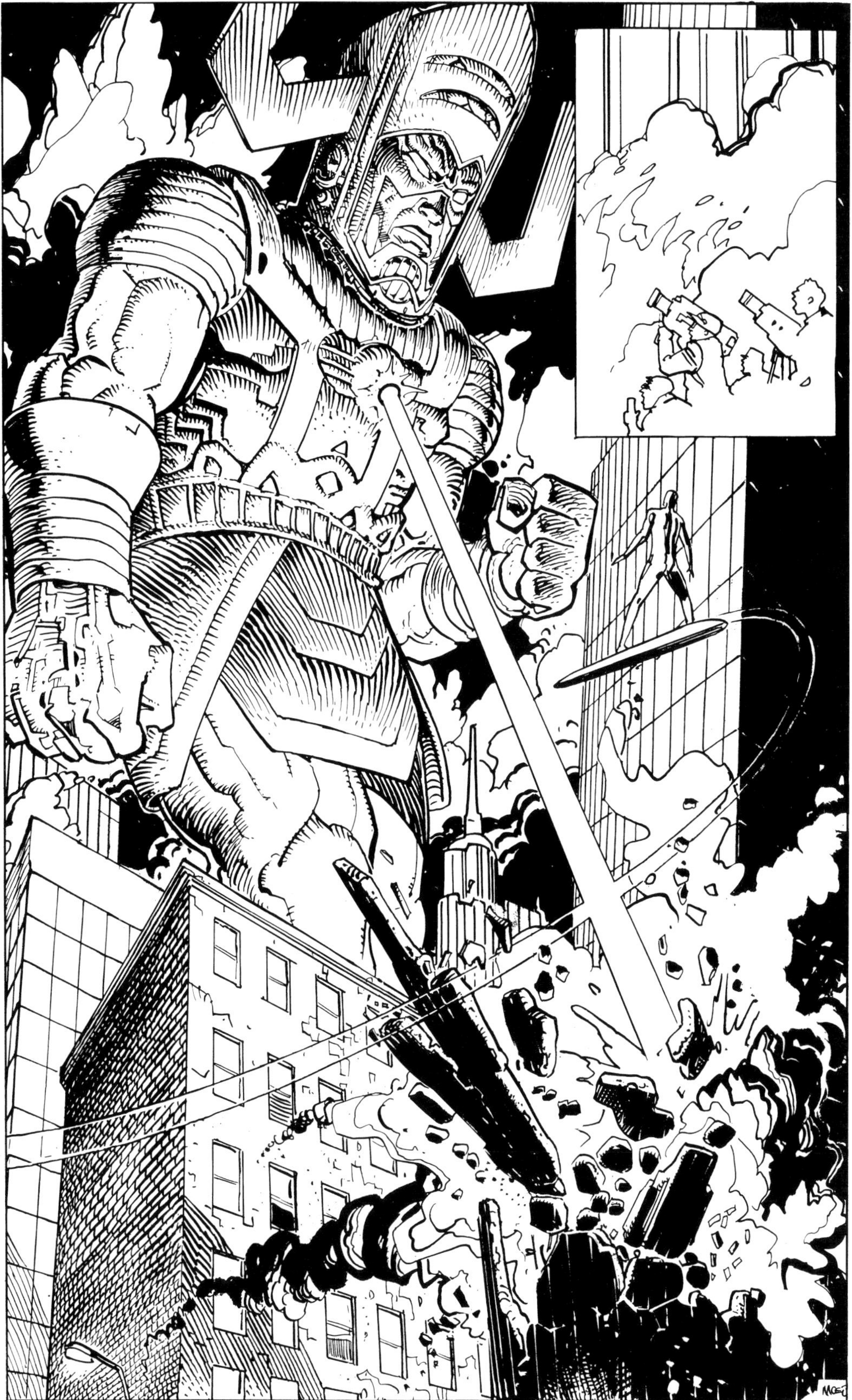

DIE FARBEN

Einer der Gründe, dieses Projekt anzunehmen, war, mit der begrenzten Farbpalette des Zeitungsdrucks zu experimentieren. Ich hatte die Reproduktion meiner Graphic Novels in *Marvel Age* gesehen, und ich fand, sie unterschieden sich gewaltig, entwickelten aber ihre eigene Schönheit. Ich hatte immer die sanften und doch grellbunten Comic-Farben geliebt. Es mag Nostalgie sein, aber ich fand es immer schön. Es ist wie ein anderes Medium.

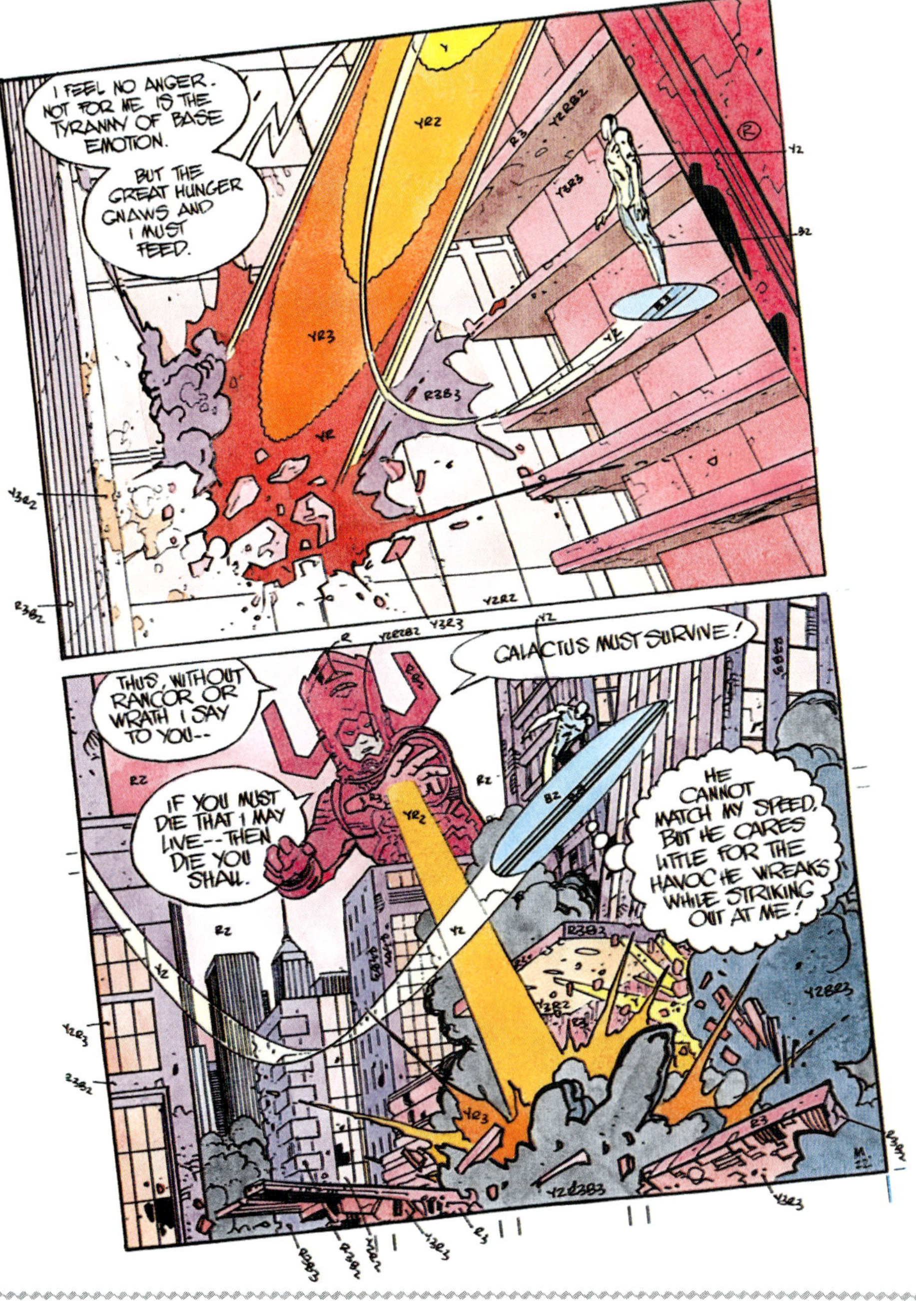

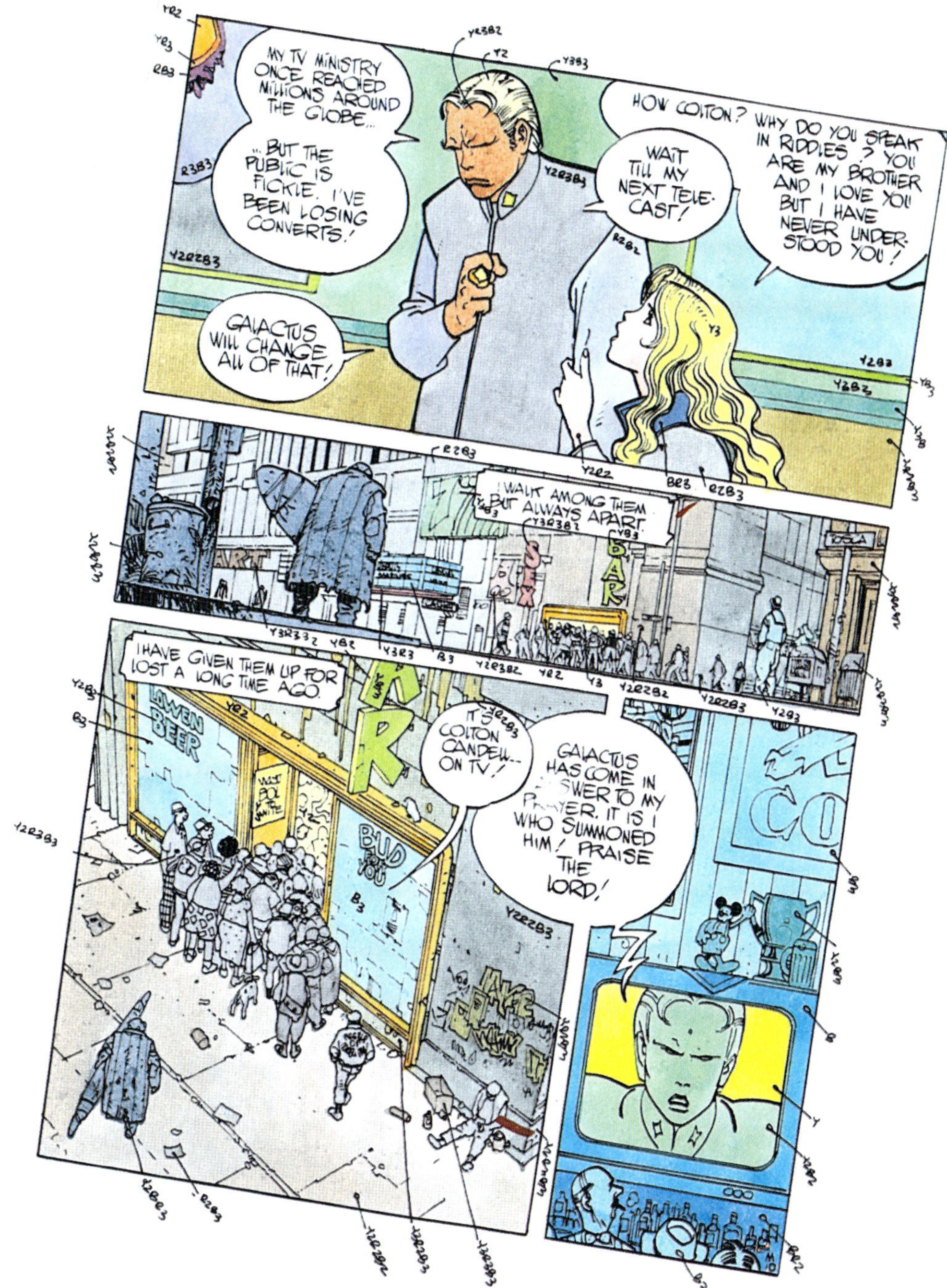

Den Silver Surfer so zu kolorieren war eine gewaltige Herausforderung. Ich hatte nicht vollständig verstanden, wie begrenzt die Farbpalette ist. Seither ist meine Hochachtung vor den amerikanischen Koloristen erheblich gestiegen, die es schaffen, „ganze Sätze mit so wenigen Worten auszudrücken". Wäre ich in New York gewesen, um die verschiedenen Farben selbst auszusuchen, würde manches vielleicht anders aussehen. Aber ich wusste von Anfang an, dass dies einer der schwierigsten Aspekte der ganzen Arbeit sein würde, und deshalb habe ich keinerlei Recht, mich in irgendeiner Weise zu beschweren. Man muss lernen, mit den Konsequenzen seiner Handlungen zu leben.

DAS LETTERING

Für mich ist das Lettering eine Form der Grafologie. Es spiegelt deinen eigenen Stil und deine Persönlichkeit wider. Eine Comic-Seite ohne Text hat schon einen eigenen Charakter. Aber sobald man die Blasen hinzufügt, sieht sie plötzlich völlig anders aus. Zunächst war ich recht enttäuscht darüber, wie meine Seiten des *Silver Surfer* aussahen. Ohne die Blasen waren sie zu langweilig, zu eintönig. Doch als sie gelettert waren, hatte sich das komplett verändert. Sie erhielten eine neue Dynamik, jetzt waren sie endgültig fertiggestellt. Das hatte erst das Lettering bewirkt.
Deshalb verstehe ich auch nicht ganz, wie ein Zeichner etwas so Wichtiges einem anderen überlassen kann – sei er auch noch so gut. Der Letterer mag ein Profi sein, aber er ist wahrscheinlich niemand, der nach Hunderten von Heften das Lettern noch als Kunstform begreift. Viel eher dürfte es einfach ein „Job" werden. Für mich ist es unvorstellbar, dass ein anderer das Erscheinungsbild so mitbestimmen soll.
Wenn ein Zeichner wirklich unleserlich schreibt, dann sollte er das Lettering erlernen. Ich selbst habe es von Jijé gelernt, der wiederum von den amerikanischen Könnern, wie Caniff, beeinflusst wurde. Ich gebe mein Bestes. Meine Lettern leben. Sie tanzen auf dem Papier. Sie sind Ausdruck meiner Persönlichkeit. Für mich gibt es nur eine Regel: Innerhalb einer Geschichte sollten die Buchstaben nicht variieren, das heißt, alle „S" sollten gleich aussehen usw. Im vorliegenden Band ist mein Lettering nicht immer so gut, wie ich es gerne gehabt hätte. An manchen Tagen war ich unkonzentriert oder müde. Außerdem ist es immer schwieriger, in einer Sprache zu lettern, die nicht die Muttersprache ist. Und das eine oder andere Mal habe ich mich vielleicht auch etwas zu sehr beeilt. Aber trotz all dieser Probleme ist mir mein eigenes Lettering lieber, als meinen Stil durch einen anderen Letterer beeinflussen zu lassen. Ich verstehe wirklich nicht, wie ein Zeichner das zulassen kann.
Bessere Lesbarkeit als Ausrede lasse ich nicht gelten. Man sollte das „Fremdlettering" wirklich abschaffen. Der Leser gewöhnt sich an jeden Lettering-Stil. Comics auf der ganzen Welt beweisen das jeden Tag. Und Underground-Comics haben es schon vor langer Zeit bewiesen. So manches Lettering damals war fürchterlich, kaum lesbar, aber die Leser haben mitgezogen und es verstanden. Wir haben in Europa diese Haltung – alles muss immer supersauber und lesbar sein – in den Siebzigern weitgehend aufgegeben. Jetzt lettert jeder Zeichner selbst, was die Sache wesentlich kohärenter macht. Ich finde, es sieht deutlich besser aus.

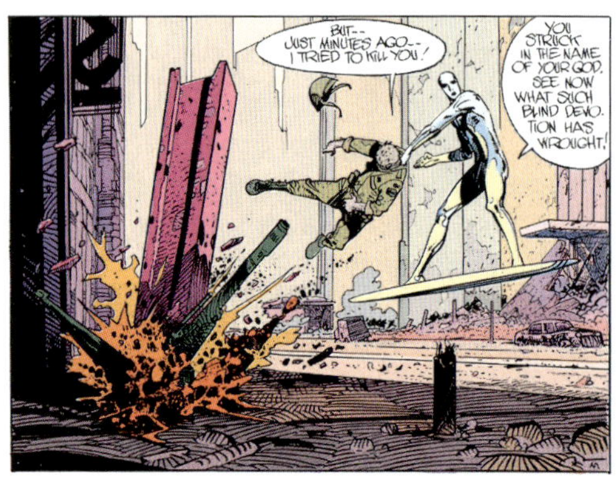

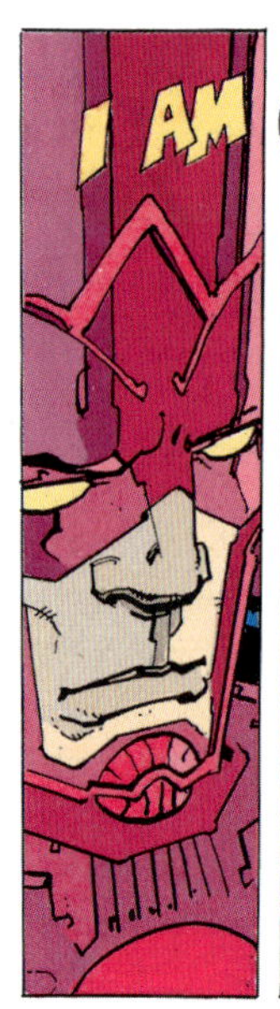

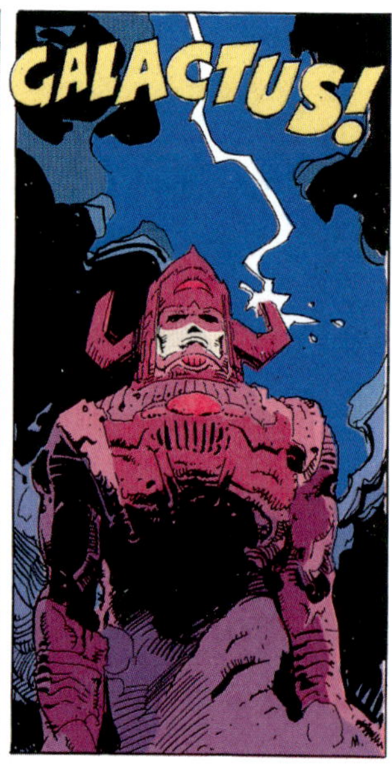

ABSCHLUSSBEMERKUNGEN

Vom akademischen Standpunkt aus könnten manche vielleicht sagen, mein *Silver Surfer* sei „besser" als der der amerikanischen Zeichner. Aber das wäre meiner Meinung nach zu kurz gedacht und schlicht falsch.

Vom historischen Blickwinkel her gibt es keinen Hinweis darauf, warum meine Arbeit, die vielleicht interessant sein mag, aber doch sehr eigen ist, eher überdauern sollte als andere. Ich glaube, dass der ursprünglichere und direktere Stil derer, die Tag für Tag an Comics arbeiten – vielleicht ohne große kulturelle Bezüge, dafür aber voller Unschuld und Ehrlichkeit – größere Chancen hat, zu überdauern. Es ist ein wenig wie bei manchen alten Meistern, deren Bilder manchmal fast „naiv" wirken, die jedoch eine Kraft ausstrahlen, die sie zeitlos machen.

Außerdem habe ich ein wenig geschwindelt. Ich kam als Moebius, der große Star. Ich wurde nie ein Teil des Systems. Da hätte ich dann diesen Comic wie ein amerikanischer Zeichner machen müssen, mit einem Letterer, einem Tuscher und so weiter. Das wäre sicher interessant gewesen. Jetzt haben wir aber etwas völlig anderes. Mein *Silver Surfer* sieht aus wie ein amerikanischer Comic, er ist es aber nicht.

Die Amerikaner werden sagen, er sieht europäisch aus. Und ich bin sicher, in Frankreich wird man sagen, er sieht amerikanisch aus. Das rührt daher, dass ich nicht die typische „grafische Sprache" amerikanischer Comics benutzt habe. Es gibt bestimmte Wege, etwas darzustellen – den Himmel, Bäume, Gebäude, Kleidung –, es gibt Millionen solcher Sachen. Zeichner bilden nicht die Realität ab. Aber sie schaffen eine Art Symbolsprache für sie. Und diese entfaltet sich zu einem logischen, kohärenten System, das der Leser sofort erkennt, ohne einen Gedanken daran verschwenden zu müssen. Wie Franquin in Europa. Man sieht die großen Köpfe, die runden Nasen und akzeptiert sie, weil man mit seiner grafischen „Sprache" vertraut ist. Oder viel früher die Höhlenzeichnungen von Lascaux. Für die Steinzeitmenschen haben sie sicher viel mehr bedeutet als das, was wir heute sehen, weil sie die grafische Sprache begriffen und deren Symbolik folgen konnten. Wir sehen nur Strichmännchen. Hier ist es ähnlich: Ich hätte die grafische Sprache der amerikanischen Comics benutzen können. Habe ich aber nicht. Weil ich zu faul bin. Also habe ich es auf meine Art gemacht, statt mich zu zwingen, mich an andere Regeln zu halten. Das hätte mich einer weiteren Facette meiner Kreativität beraubt.

Es hätte immer noch nach Moebius ausgesehen, aber es wäre ein anderer Moebius gewesen. Wenn ich *Blueberry* zeichne, halte ich mich strikt an Symbol- und Formenregeln für einen Western, aber das Ergebnis ist immer noch meines. Niemand könnte sagen, es sieht aus wie die Arbeit eines anderen. Ebenso verhält es sich mit Superhelden-Comics. Ich hätte versuchen können, jenen Regeln innerhalb meines Stils zu folgen, aber es hätte mehr Zeit und Energie erfordert, als ich aufzuwenden bereit war.

Ich strebe eher nach Freiheit und Erfindungsreichtum als danach, mich in ein bestehendes System einzufügen – obwohl auch das seine Vorteile hat. Manche wollen in ein System gehören und fühlen sich pudelwohl dabei. Wenn ich an *Blueberry* oder an Filmen arbeite, gestatte ich mir selbst keine Ausreden. Ich nehme es ernst und versuche, innerhalb des jeweiligen Systems mein Bestes zu geben. Alles ist möglich für einen Künstler, solange er es mit Freude macht und er es als Entdeckungsreise betrachtet.

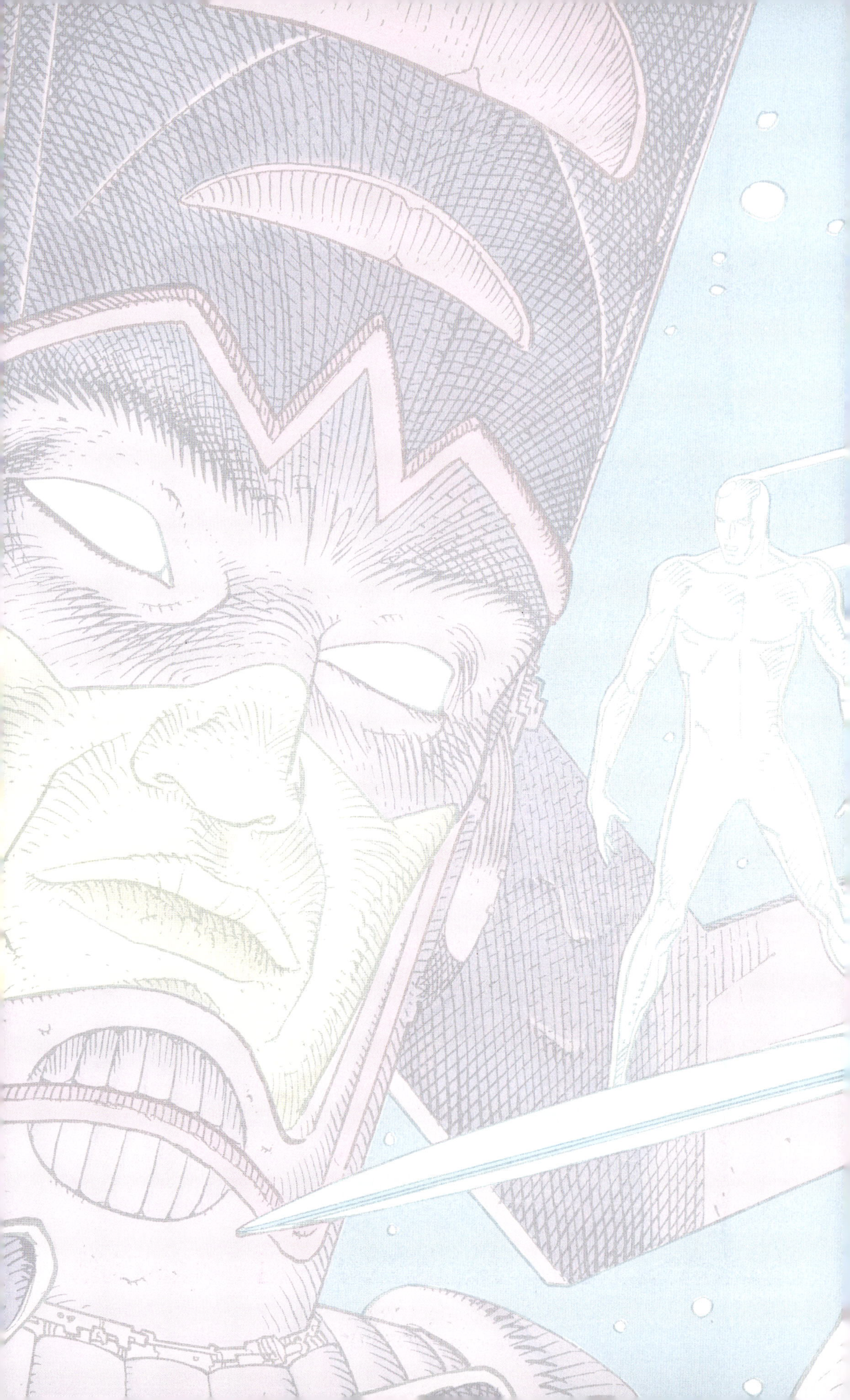

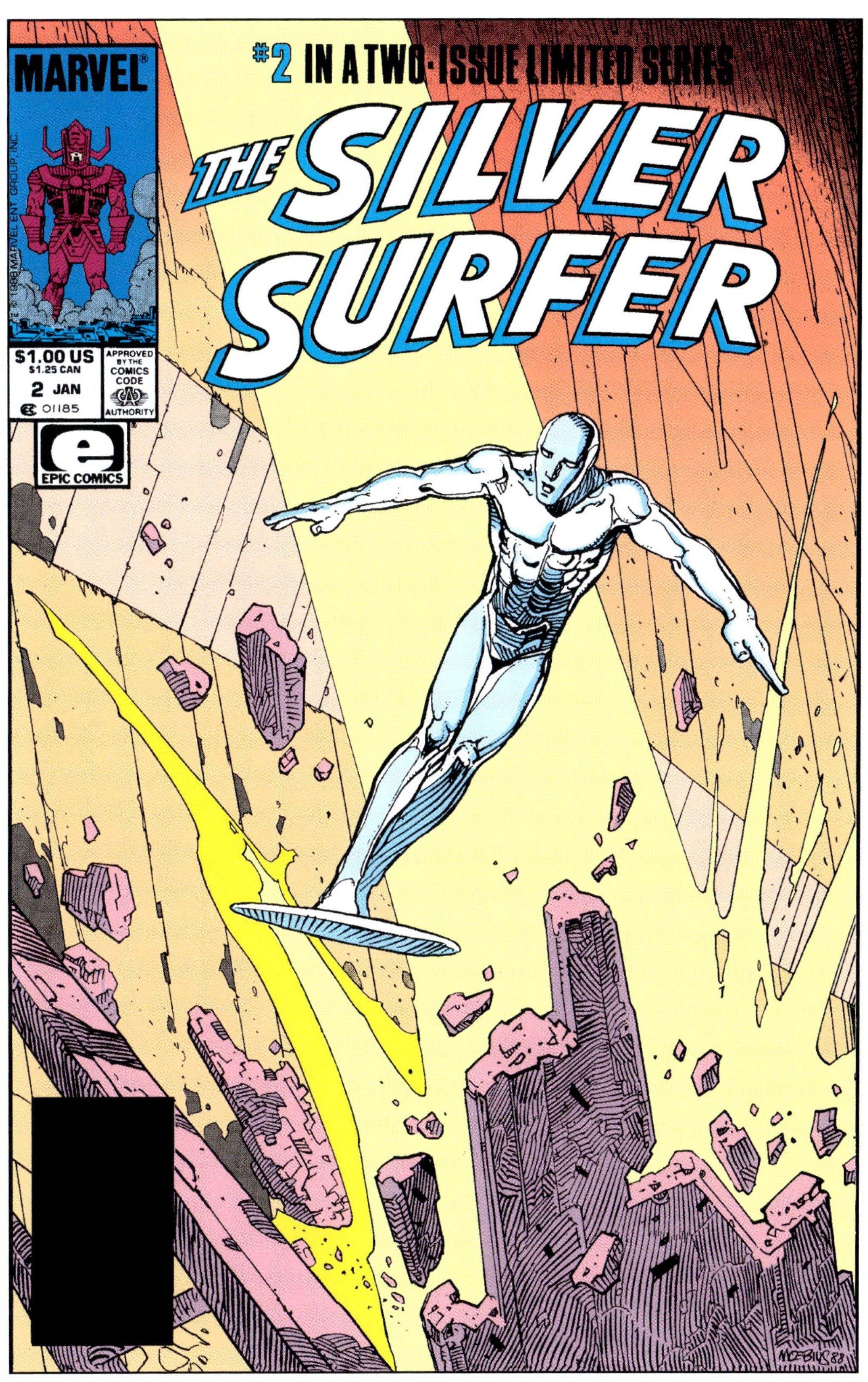

Silver Surfer (1988) 2
Cover von **MOEBIUS**

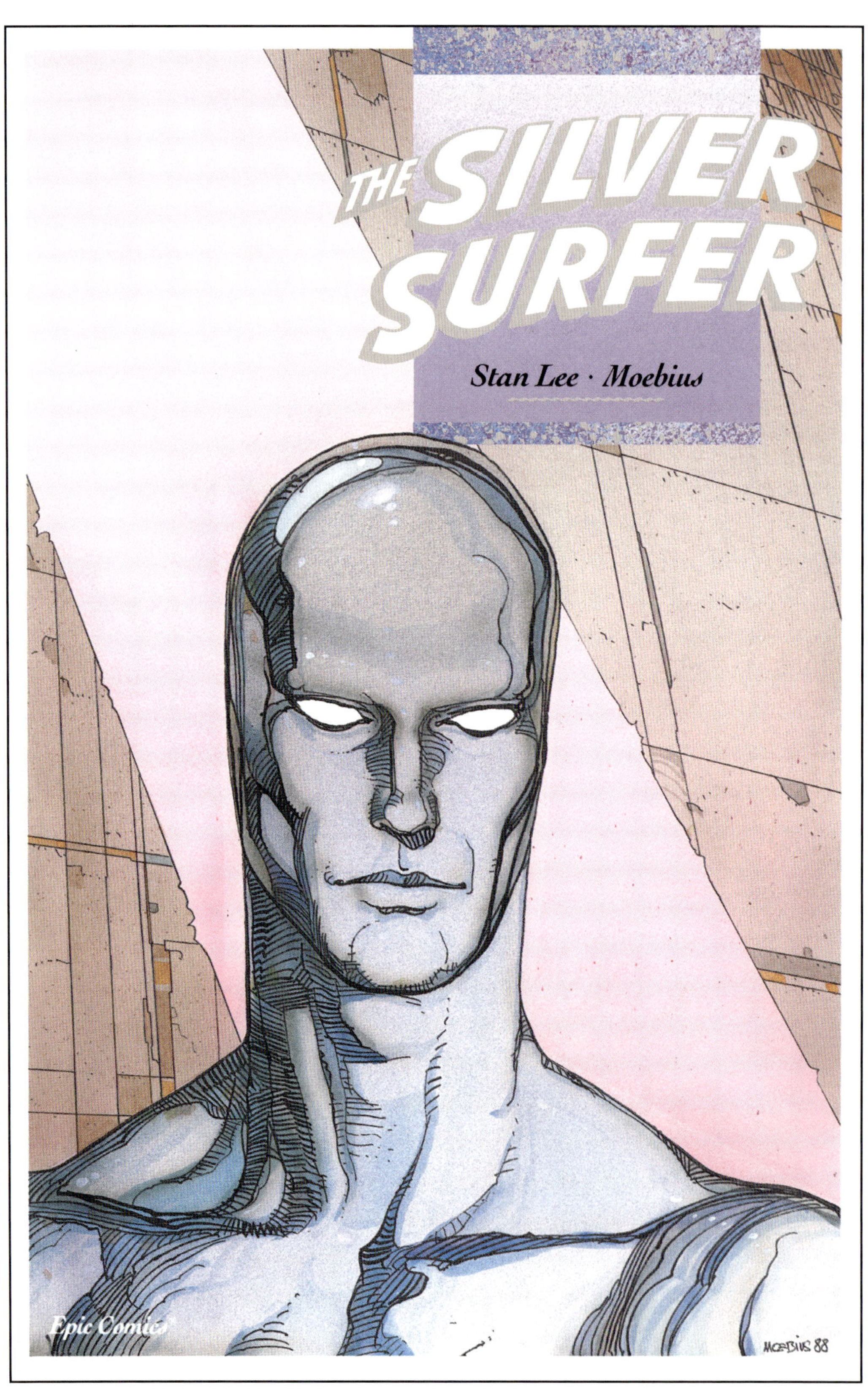

Silver Surfer: Parable HC (1988)
Cover von **MOEBIUS**

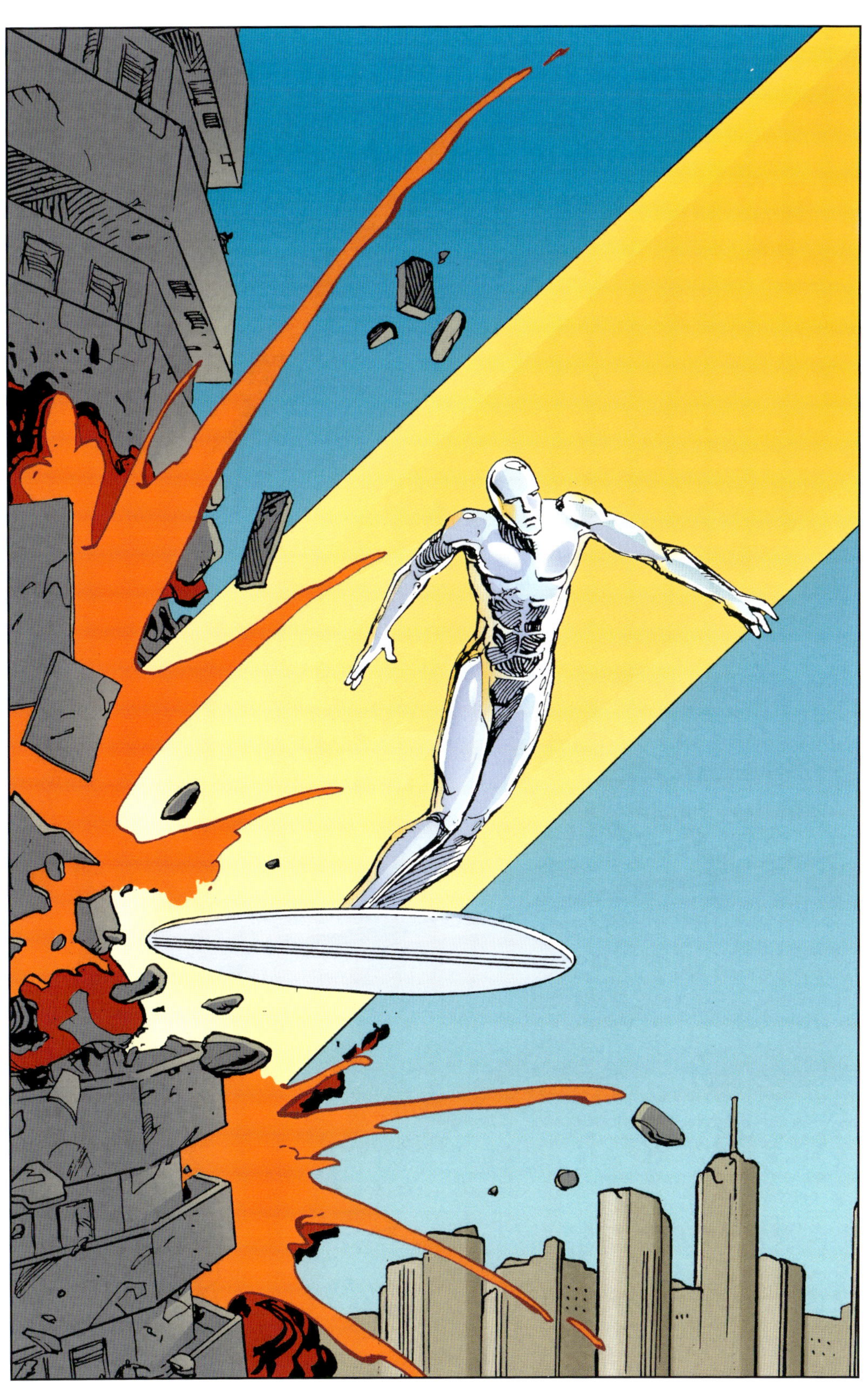

Silver Surfer: Parable TPB (1988)
Backcover von **MOEBIUS**

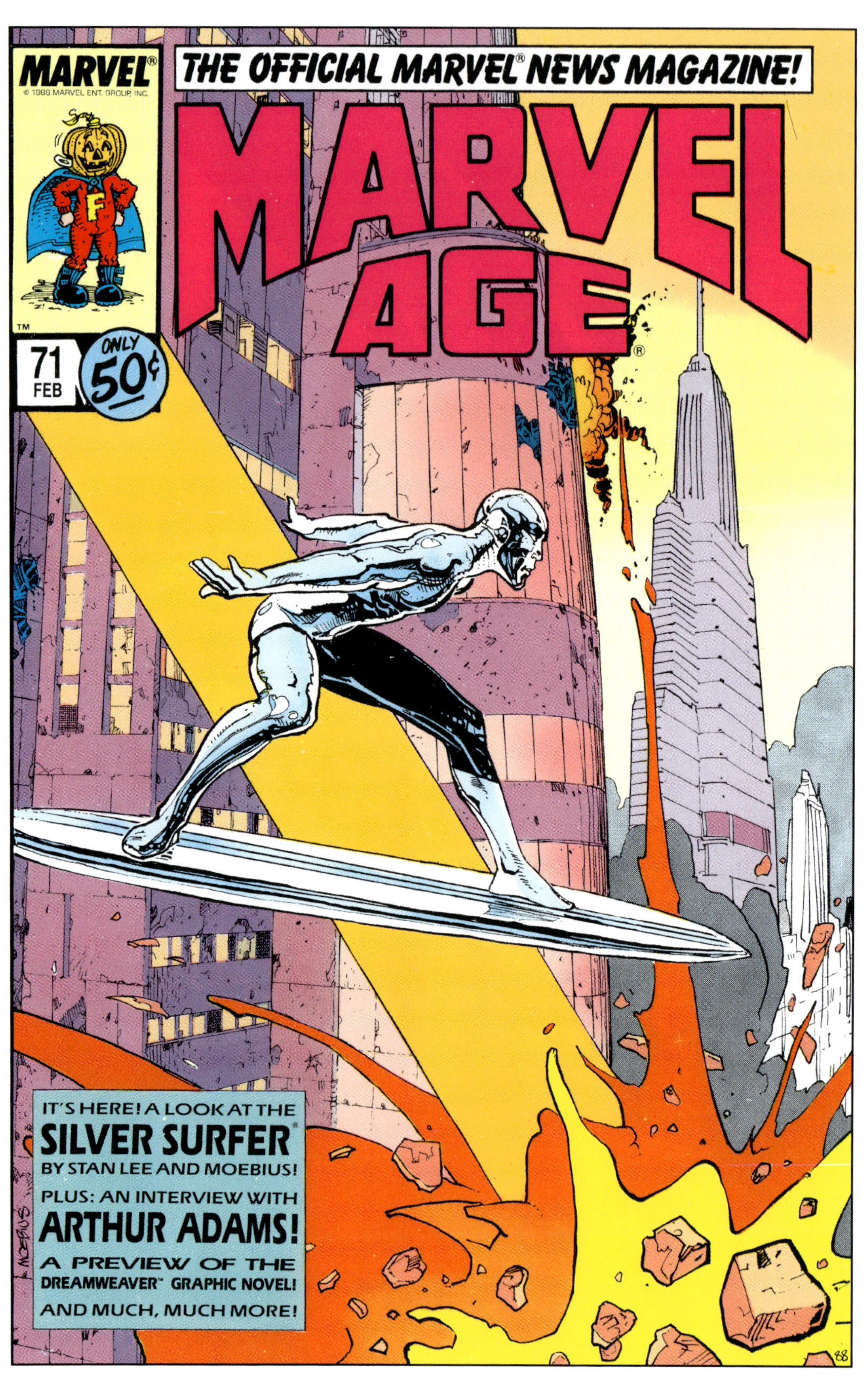

Marvel Age (1983) 71
Cover von **MOEBIUS**

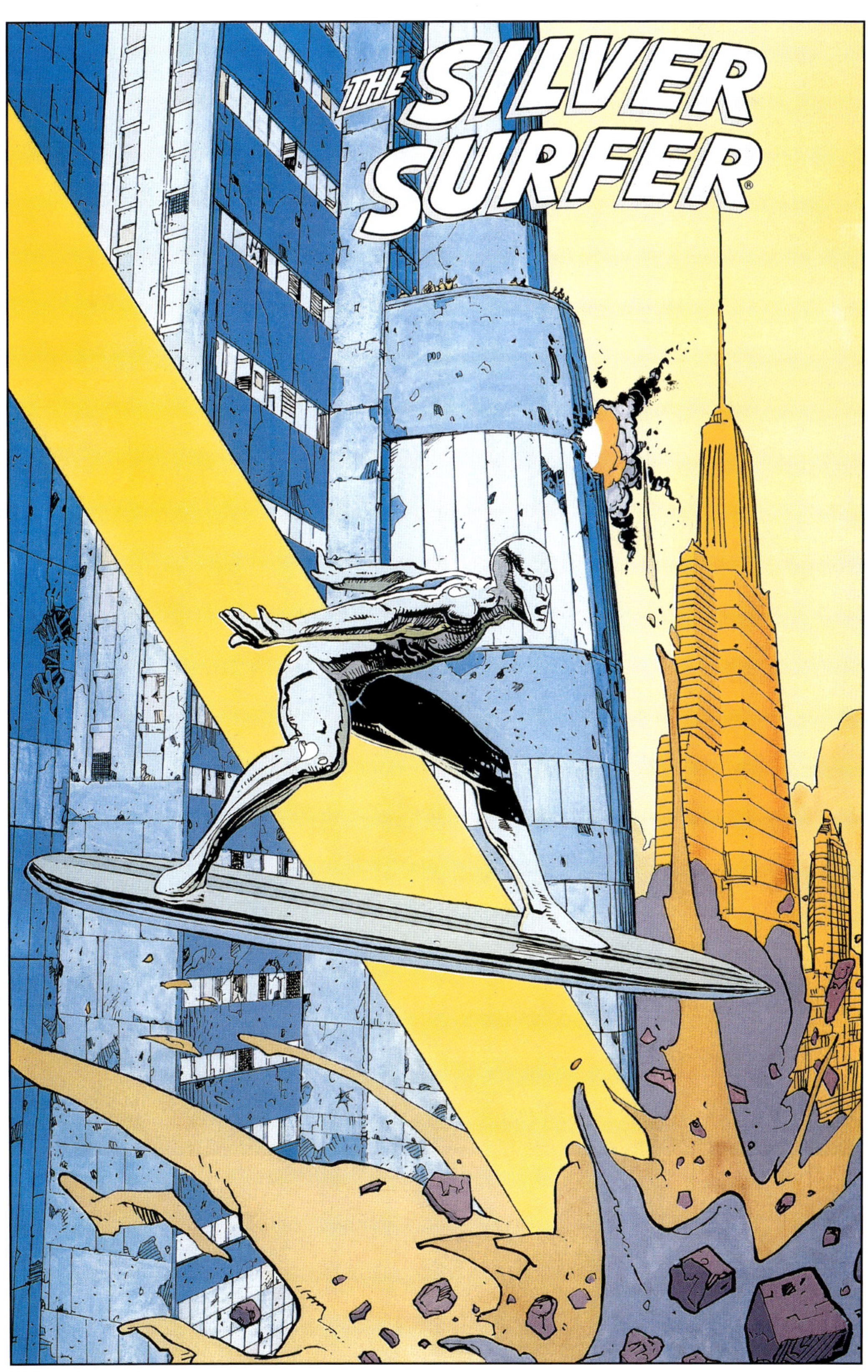

Ein Poster aus dem Jahr 1988, gezeichnet von Moebius, welches dasselbe Artwork des Covers von *Marvel Age* 71 hat. Zu beachten sind die Unterschiede von Silver Surfers Kopf von einer Version zur anderen.

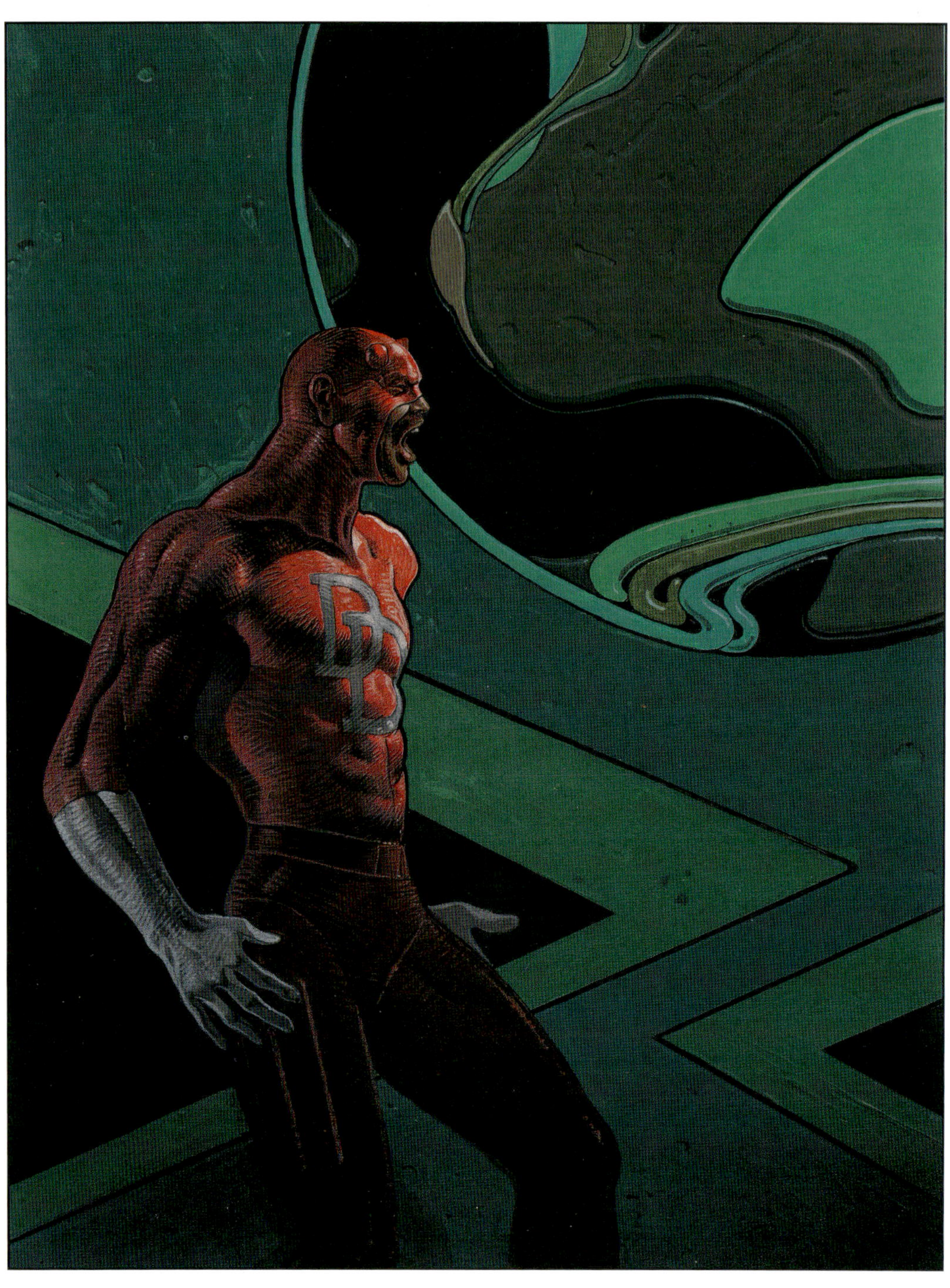

Poster von **MOEBIUS**

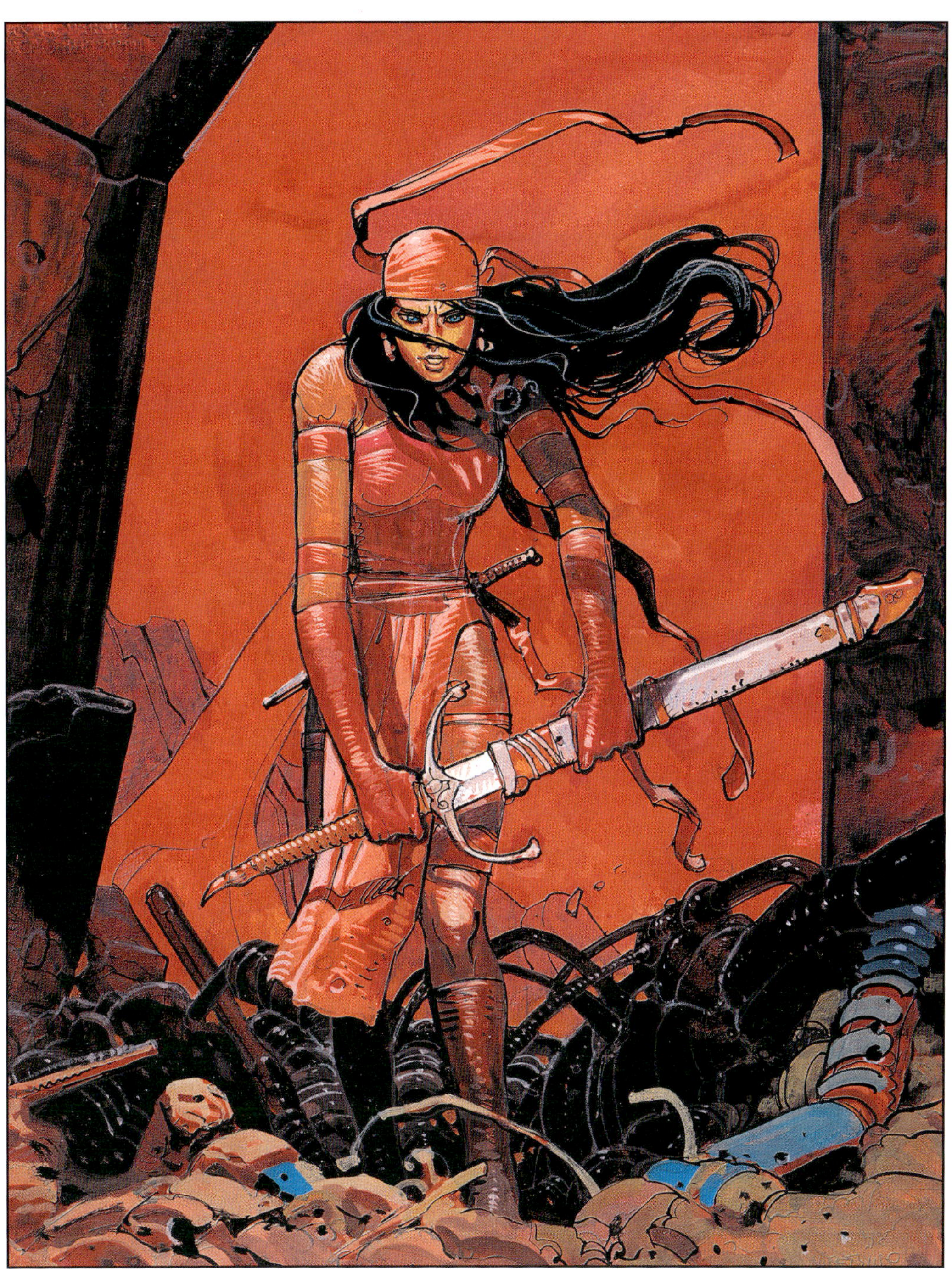

Poster von **MOEBIUS**

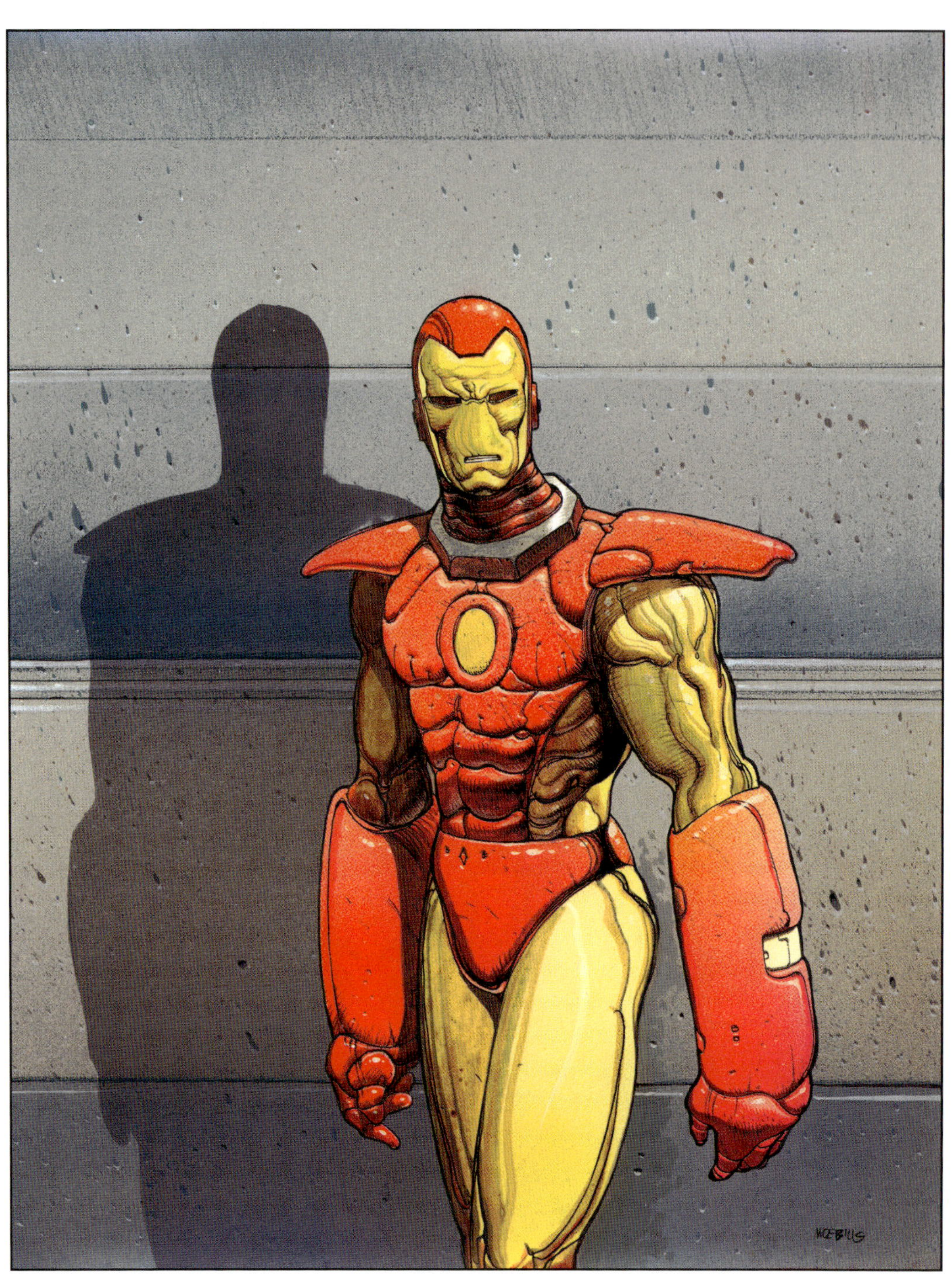

Poster von **MOEBIUS**

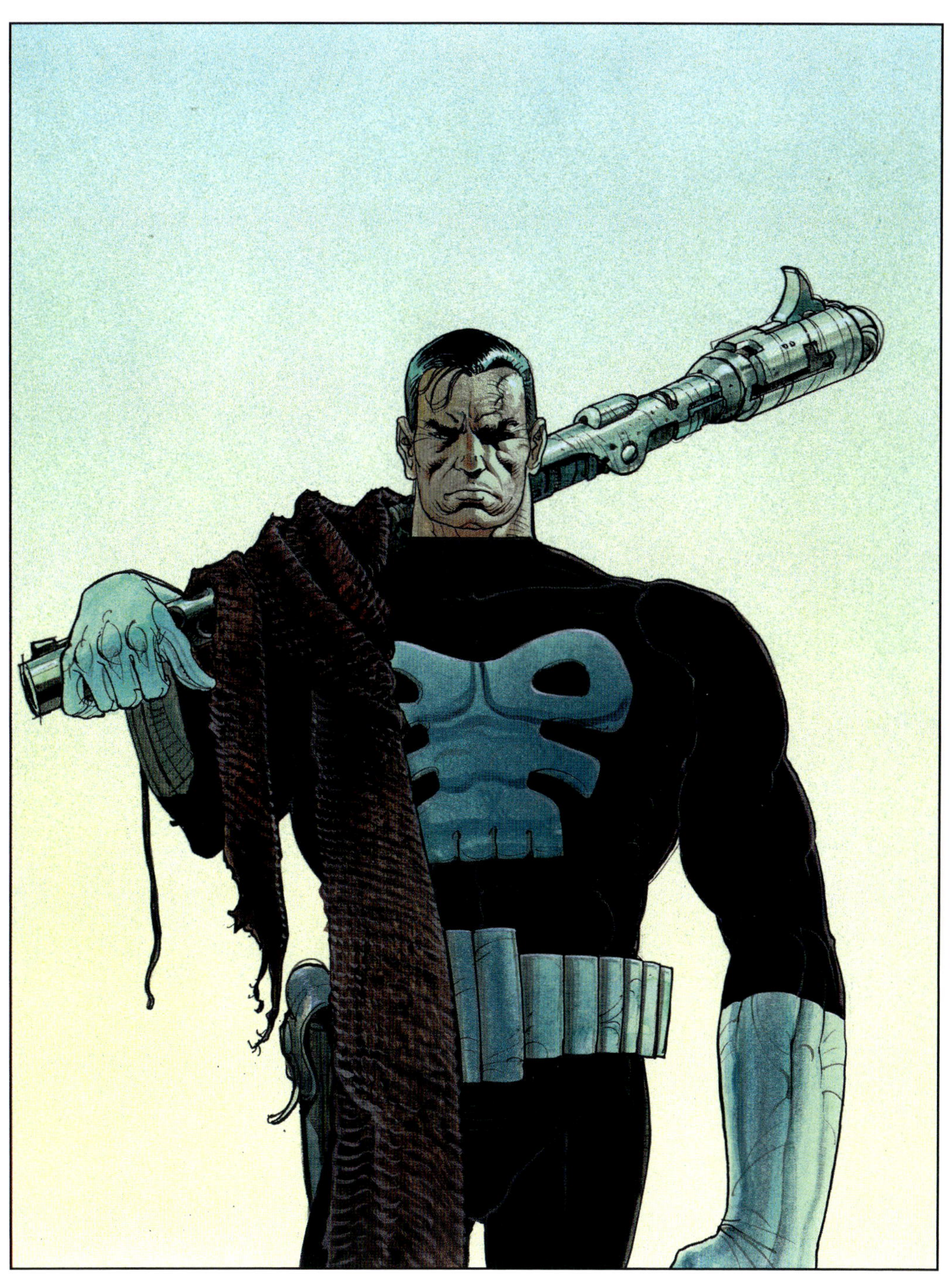

Poster von **MOEBIUS**

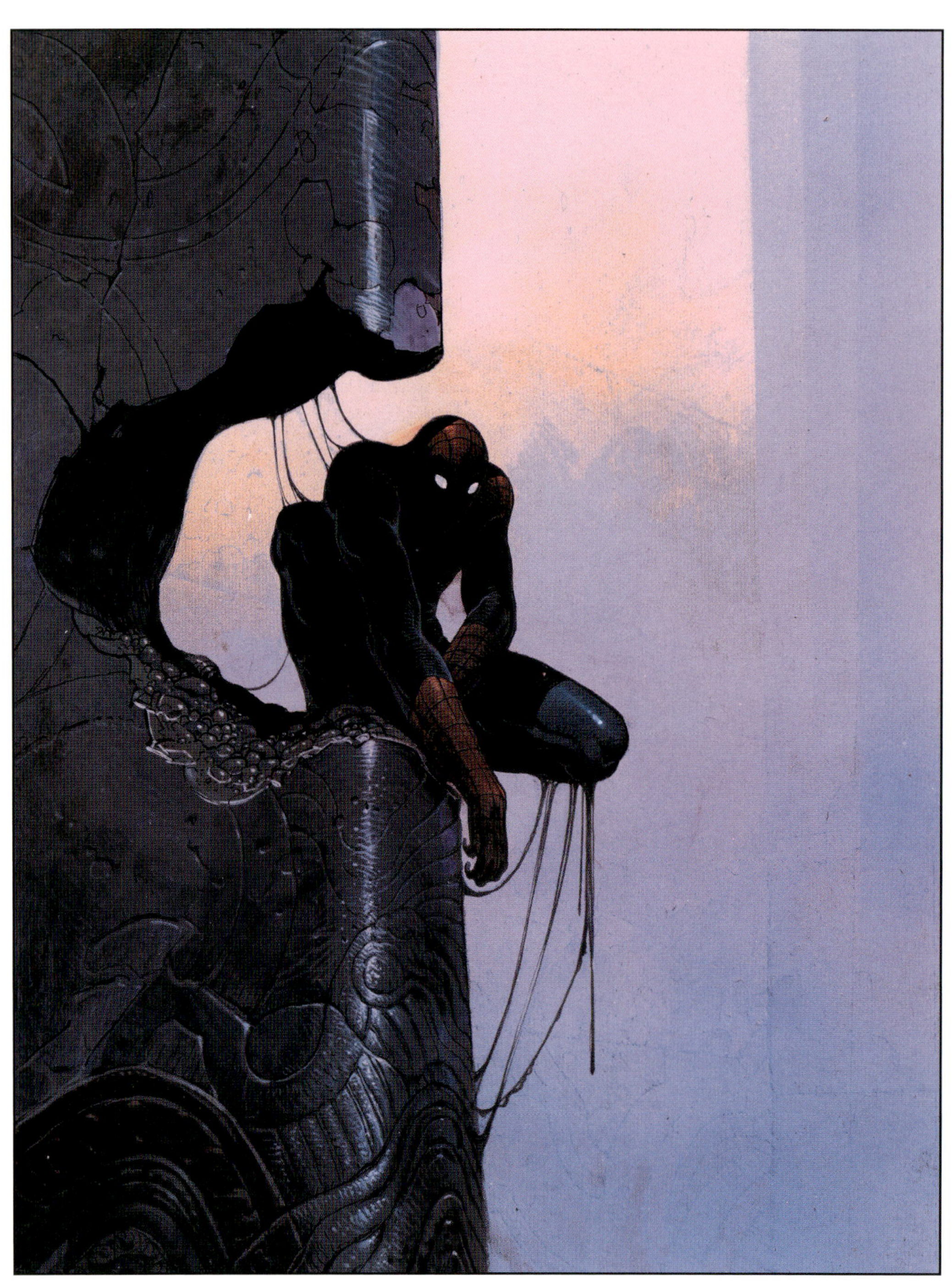

Poster von **MOEBIUS**

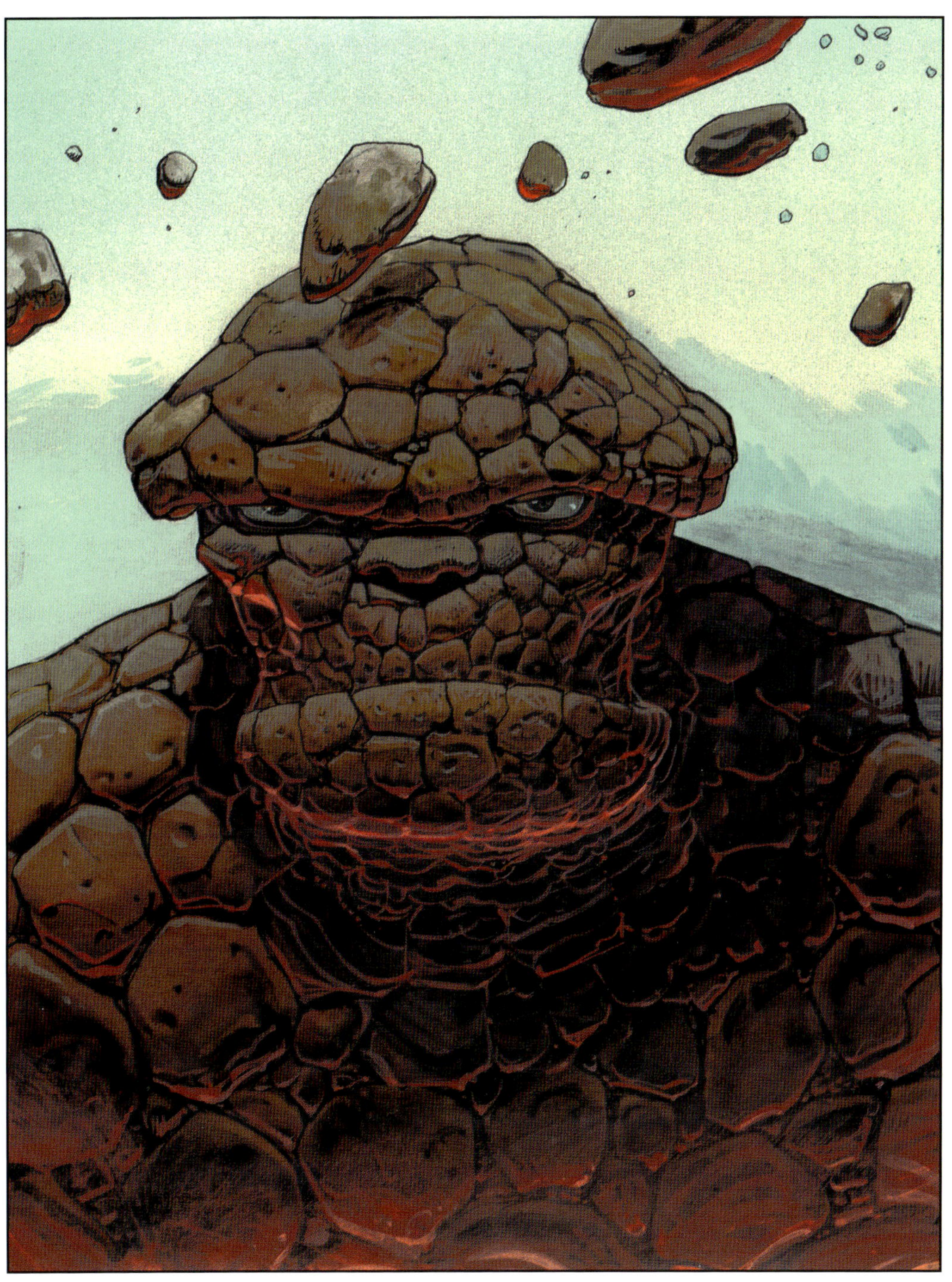

Poster von **MOEBIUS**

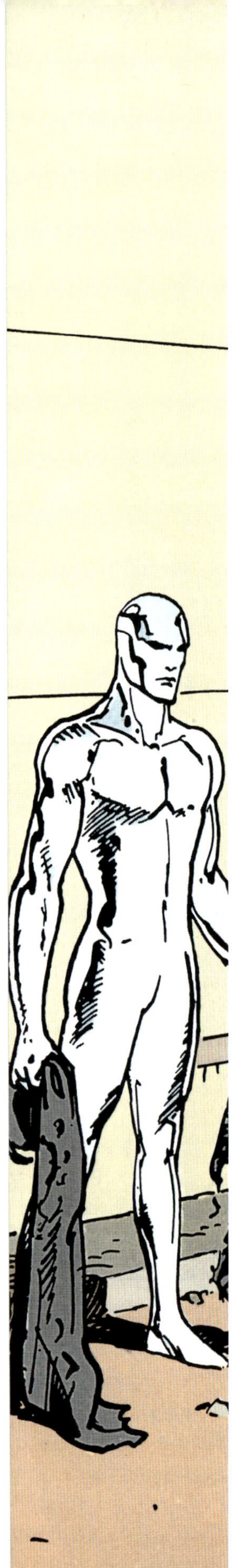

DIE MACHER

STAN LEE wurde 1922 als Stanley Martin Lieber in New York geboren und begann seine Karriere 1939 beim Verlag Timely Comics, wo er bereits mit 19 Jahren Chefredakteur der Comic-Abteilung wurde. Lee schrieb in jenen Jahren, was gerade populär war, ob Western, Krimi, Science-Fiction, Horror, Kriegs-, Humor- und Liebesgeschichten. So führte er den Verlag als Atlas Comics in die nächste Ära. Als Lee und Jack Kirby 1961 mit dem ersten Abenteuer der Fantastic Four den Grundstein für das multimediale Marvel-Universum legten, läuteten sie ein neues Comic-Zeitalter ein. Superhelden, die alltägliche Sorgen hatten oder Außenseiter waren, revolutionierten das Sujet. Mit seinen Mitstreitern entwickelte „Stan the Man" den Hulk, Spider-Man, Iron Man, Thor, Ant-Man, Dr. Strange, Daredevil, die X-Men und die Avengers. Er prägte dabei auch das Comic-Handwerk an sich sowie die Interaktion mit den Fans. Abseits des Marvel-Verlags, dessen Gesicht er lange war, entwickelte Lee bis ins hohe Alter Konzepte für verschiedene Medien und Märkte, etwa den japanischen Manga-Charakter Ultimo oder den indischen Superhelden Chakra. Kurz nach der Jahrtausendwende realisierte er sogar eine Neuinterpretation der wichtigsten DC-Helden. Des Weiteren legte er Gastauftritte in vielen Marvel-Filmen, TV-Serien wie *The Big Bang Theory*, Videogames und diversen Dokumentationen hin. Stan Lee, der unsere Popkultur mit unsterblichen Helden bereicherte, starb am 12. November 2018 im Alter von 95 Jahren.

JEAN „MOEBIUS" GIRAUD wurde 1938 in der Gemeinde Nogent-sur-Marne nahe Paris geboren. Im Alter von 15 Jahren verkaufte der begnadete Zeichner seine erste Comic-Geschichte. Nach seinem Kunststudium und seiner Zeit beim Militär wurde Giraud der Assistent von Altmeister Jijé. Mit Autor Jean-Michel Charlier schuf Giraud 1963 den bahnbrechenden Comic-Westernhelden Blueberry. Ab den 1970ern nutzte Giraud indes die zweite kreative Identität Moebius, um permanent die Grenzen des Mediums anzugehen, seine Träume und Visionen mit seinem brillant vereinfachten Strich abzubilden. Es entstanden legendäre Werke wie *Arzach*, *Die hermetische Garage*, *The Long Tomorrow*, *Die Ferien des Majors* und *Der Incal*, Letzteres geschrieben von Alejandro Jodorowsky. Doch auch als Herausgeber hinterließ er seine Spuren in der Comic-Landschaft, da er 1974 zu den Mitbegründern des wegweisenden französischen Comic-Magazins *Métal hurlant* gehörte, das in *Heavy Metal* und *Schwermetall* internationale Entsprechungen fand. Für den japanischen Markt schrieb Moebius indes *Ikarus*, das Manga-Star Jirō Taniguchi bebilderte. Abseits des Comics arbeitete er als Designer an Filmen wie *Alien*, *The Abyss*, *Tron*, *Herrscher der Zeit* und *Das fünfte Element* mit. Der Franzose wurde unter anderem mit dem Eisner Award, dem Grand Prix National des Arts Graphiques und dem Max-und-Moritz-Preis für sein Lebenswerk geehrt. 2012 starb mit Jean Giraud alias Moebius einer der größten und einflussreichsten Comic-Visionäre aller Zeiten im Alter von 73 Jahren.

SILVER SURFER

PARABEL

BONUSTEIL

- HINTER DEN KULISSEN
- TIMELINE
- WEITERE LEKTÜRE
- ANMERKUNGEN
- WEITERE MUST-HAVE-TITEL

Der **Silver Surfer** ist eine der berühmtesten Marvel-Figuren. Seit seinem ersten Auftritt in den 1960er-Jahren repräsentiert er die kosmische Erhabenheit des Marvel-Universums. Im Jahr 1988 führten **Stan Lee** und **Moebius** den Surfer auf eine Reise in die Zukunft der Erde, wo ihn eine einzigartige Begegnung mit seinem ehemaligen Herren, dem gefürchteten **Galactus**, erwartete ...

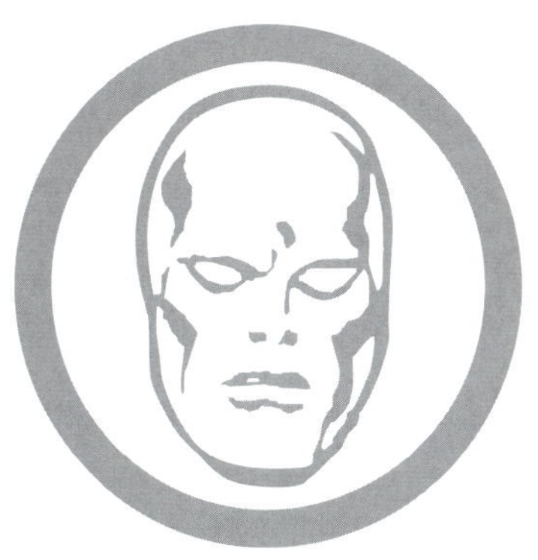

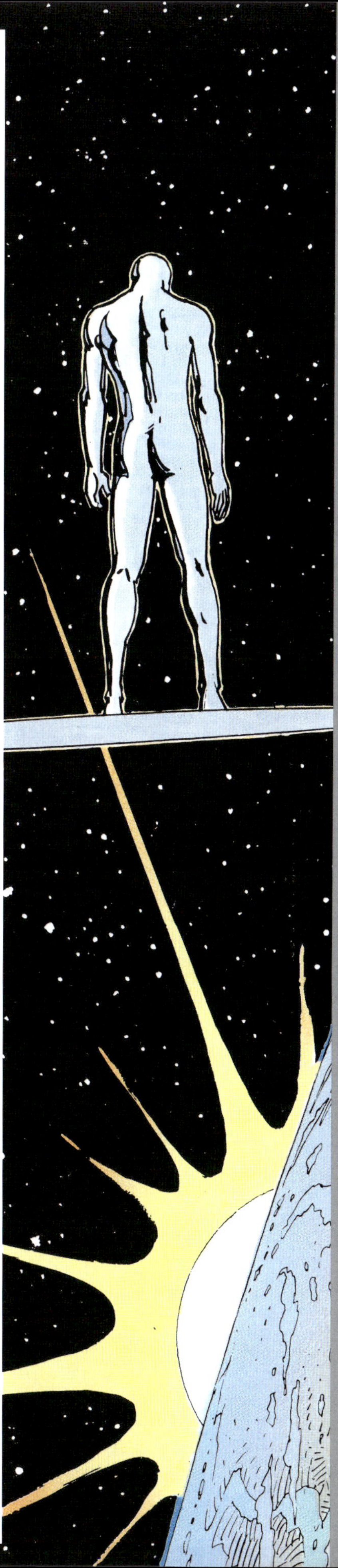

Flug in die Zukunft

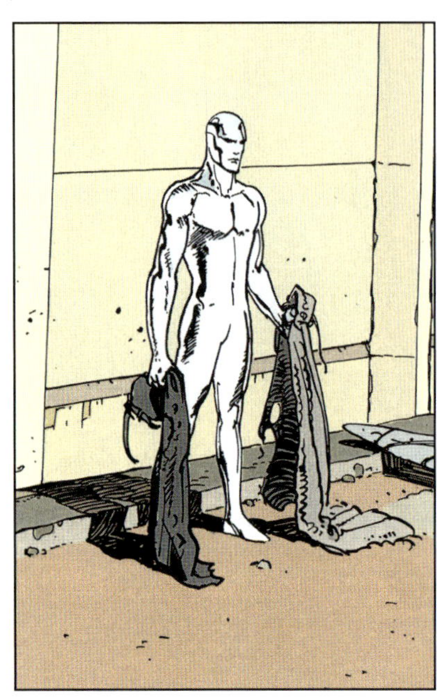

Silver Surfer: Parable zeigte uns einen Surfer, der die Menschheit viele Jahre lang gemieden hatte. Zeichnung von Moebius.

Silver Surfer: Parable ist das Ergebnis einer zufälligen Begegnung bei der San Diego Comics Convention 1987. Marvel-Verleger **Stan Lee** war anwesend, um für die Titel des Verlags zu werben. Und dort lernte er den französischen Comic-Zeichner **Jean Giraud** kennen, der vielleicht besser unter seinem Pseudonym **Moebius** bekannt ist. Die beiden beschlossen, zusammen zu Mittag zu essen, und wurden von Girauds Agent **Jean-Marc Lofficier** begleitet. „Beim Essen erzählte ich Jean, wie sehr ich seine Arbeit bewunderte", erinnerte sich Lee, „und er war so freundlich, ein paar wohlwollende Worte über einige meiner Geschichten fallen zu lassen, die er gelesen hatte."

Lofficier schlug vor, dass Lee und Giraud gemeinsam an einem Projekt arbeiten könnten, und beide waren sofort angetan von der Idee. „Während unseres Gesprächs erwähnte Jean, dass er den **Silver Surfer** sehr faszinierend fand", sagte Lee später. „Ich musste lächeln. Ich hatte gehofft, dass er das sagen würde. Die Vorstellung, dass er den Himmelsstürmer zeichnen würde, wie er majestätisch durch die Lüfte gleitet, ließ mich nicht mehr los. Besonders weil ich immer der Ansicht war, dass der Charakter des Surfers zu poetischen und philosophischen Grübeleien neigte ... und Moebius hat die Seele eines Poeten und Philosophen."

Lee dachte einige Zeit über eine Geschichte nach, die für Moebius geeignet wäre: „Nach einigen Tagen angestrengten Nachdenkens rief ich mir die vielen Briefe über den Silver Surfer in Erinnerung, die mich über die Jahre erreicht hatten. Viele erwähnten den quasireligiösen Ton der frühen Geschichten, der die älteren Fans sichtlich beeindruckt hatte. Das war die Initialzündung! Ich ging zurück zum Anfang und führte **Galactus** wieder ein, die gottähnliche Gestalt, die den Surfer geschaffen hatte. Doch ich zeigte den Riesen in einem neuen, anderen Licht. "

Moebius fand die Vorstellung, eine der beliebtesten Marvel-Figuren für ein amerikanisches Publikum zu zeichnen, zunächst sehr beängstigend. Aber bald fand er Gefallen an der Zusammenarbeit mit Lee. „Stan gab mir die einigermaßen detaillierte Handlung für etwa sechs Seiten, aber ohne Skizzen oder Dialoge",

▶ Jean Giraud alias Moebius war ein bahnbrechender und äußerst einflussreicher Künstler. Zusammen mit dem Autor **Jean-Michel Charlier** schuf er die berühmte Western-Serie *Blueberry* und schrieb und illustrierte eine ganze Reihe von Science-Fiction-Comics, darunter die gefeierten *Arzach*-Storys. Außerdem arbeitete er mit dem Filmemacher Alejandro Jodorowsky an der *Incal*-Serie. Er starb 2012 und hinterließ ein riesiges Erbe an klassischen Comics und wegweisender Designarbeit.

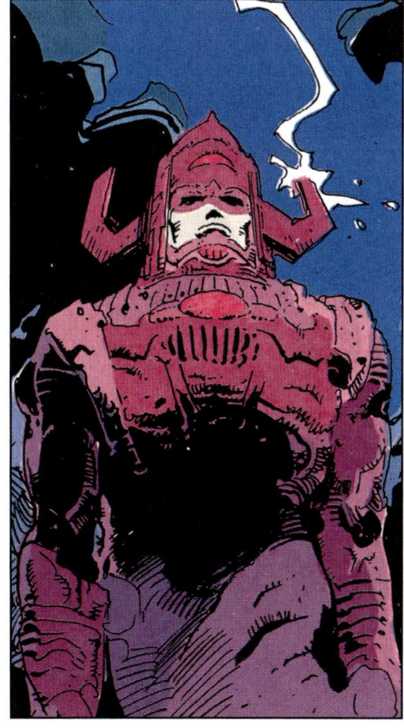

Galactus wurde als monumentale, furchterregende Gestalt dargestellt. Zeichnung von Moebius.

sagte er. „Ich liebte diese Arbeitsmethode auf Anhieb. Eigentlich ist es genauso, wenn ich meine eigenen Storys schreibe, nur dass ich hier die Story nicht im Kopf hatte, sondern Stans Plot vor mir auf dem Schreibtisch lag."

Moebius hatte jedoch Probleme, seine Versionen der beiden Hauptfiguren zu definieren: „Mein Stil ist nicht sehr einheitlich innerhalb dieser Geschichte. Aber das ist nichts Besonderes für mich. Man kann es auch in *Der Incal* und in den *Blueberry*-Alben sehen. In diesem Fall kam noch ein weiteres Problem verschärfend hinzu: Ich hatte lange Angst, weil ich nicht recht wusste, wie ich den Surfer und bis zu einem gewissen Maß auch Galactus zeichnen sollte. Erst in der zweiten Hälfte des Comics fühlte ich mich sicherer und empfand so etwas wie Kontrolle über die Figuren."

Moebius verbrachte viel Zeit mit Galactus: „Schon vorhandene Erscheinungsformen einer Hauptfigur zu verarbeiten, ist einerseits sehr interessant, andererseits aber auch eine echte Herausforderung. Der Leser musste die Gestalt, mit der er ja schon vertraut war, auf Anhieb erkennen können, aber ich wollte auch etwas Eigenes zur Entwicklung der Figur beitragen. So legte ich besonderen Wert darauf, das Monumentale an Galactus zu betonen, das ich bei dieser Figur für wesentlich halte. Und wenn ich monumental sage, meine ich nicht nur seine schiere Größe. Galactus könnte klein gezeichnet werden und würde doch wie ein wahrer Gigant aussehen. Ich habe Galactus' Proportionen während der Geschichte modifiziert, um diesem dramatischen Ansatz gerecht zu werden. Auf Seite 9 hat er die Stadt zu seinen Füßen, und der Silver Surfer wäre vielleicht gerade mal so groß wie sein Fingernagel. Doch später, als er den Surfer mit beiden Händen ergreift, hat dieser eher die Größe einer Maus. Die Veränderungen seiner Proportionen stören mich nicht weiter. Für mich sind sie Teil der mythischen Natur dieser Figur."

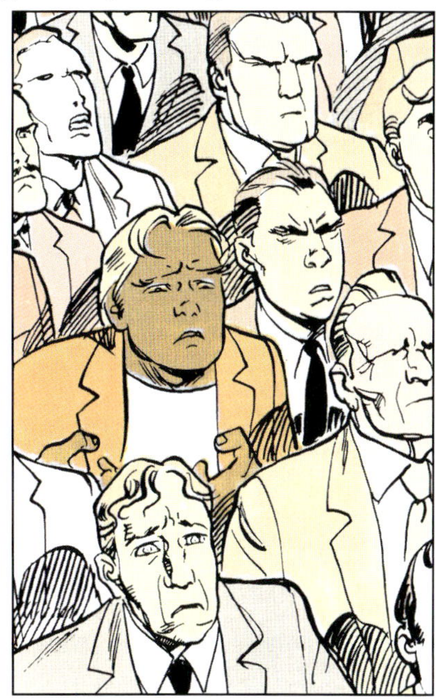

Candells Hoffnung, dass der Surfer die Menschheit leitet, wird am Ende der Geschichte zunichte gemacht. Zeichnung von Moebius und **John Wellington**.

Silver Surfer: Parable war ein großer Erfolg. Es wurde natürlich in einem Deluxe-Format veröffentlicht, aber Moebius bat darum, dass auch eine Ausgabe auf dem gröberen Zeitungspapier gedruckt würde, das für die meisten Marvel-Comics jener Zeit verwendet wurde. Denn er hatte einige seiner Zeichnungen im Promo-Magazin *Marvel Age* gesehen und mochte die Art und Weise, wie sie auf diesem Papier wirkten. Es schien das passende Format zu sein für diese ganz besondere Begegnung von amerikanischen und europäischen Comic-Stilen.

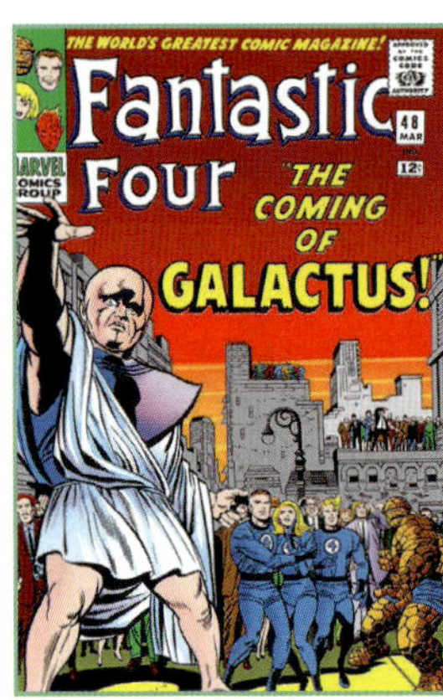

***Fantastic Four* 48**
(1966)
STAN LEE
JACK KIRBY
*Der **Silver Surfer** und Galactus erscheinen das erste Mal in einem klassischen Dreiteiler. Der Surfer richtet sich gegen seinen Herrn und wird zur Strafe auf die Erde verbannt.*

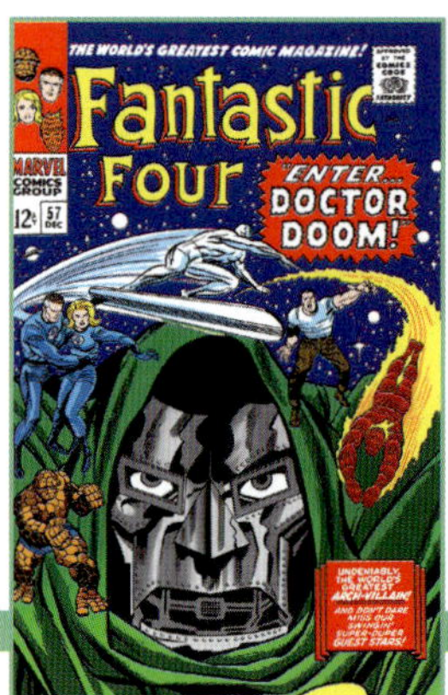

***Fantastic Four* 57**
(1966)
STAN LEE
JACK KIRBY
*Der Surfer begegnet zum ersten Mal **Dr. Doom**. Doom lockt ihn nach Latveria und stiehlt seine kosmische Macht.*

SILVER SURFER
PARABEL

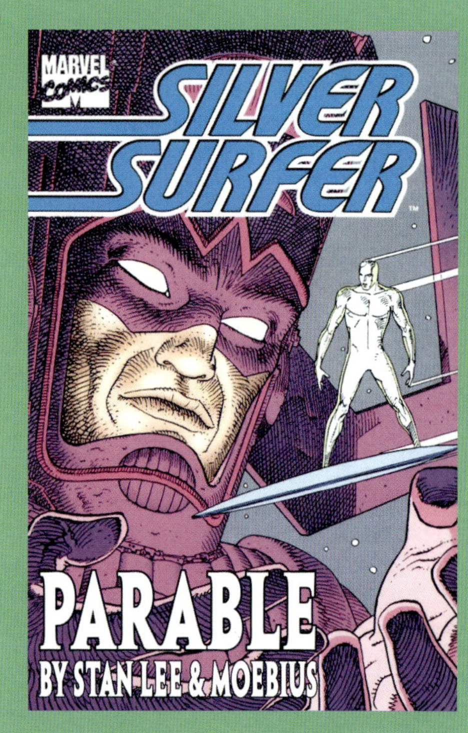

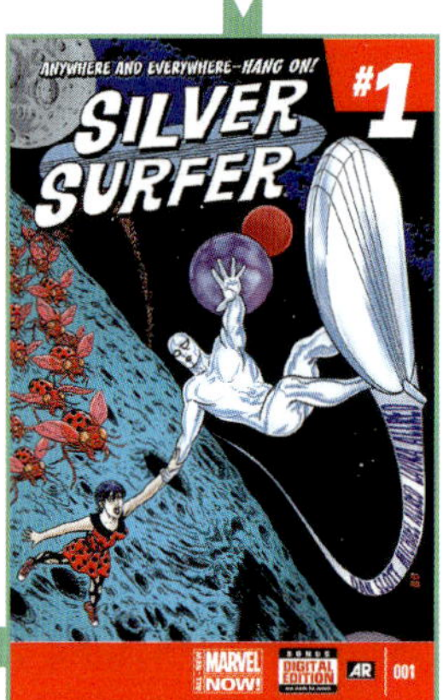

***Silver Surfer* 1**
(2014)
DAN SLOTT
MICHAEL ALLRED
*Eine junge Frau namens **Dawn Greenwood** begleitet den Surfer bei seinen Reisen durch Raum und Zeit. Ob eine Romanze daraus wird?*

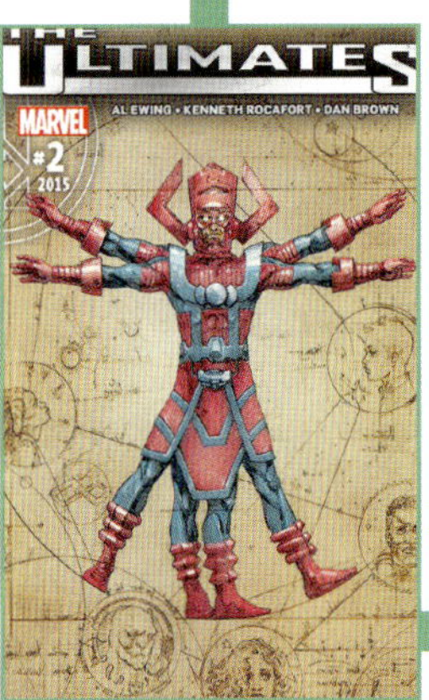

***The Ultimates* 2**
(2016)
AL EWING
KENNETH ROCAFORT
*Das neue **Ultimates**-Team findet einen Weg, um den Weltenverschlinger in den Lebensbringer zu verwandeln.*

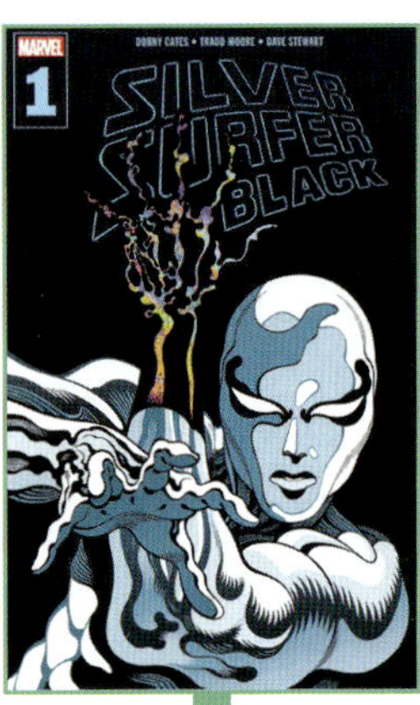

***Silver Surfer: Black* 1**
(2019)
DONNY CATES
TRADD MOORE
Eine fünfteilige Miniserie. Der Surfer wird in ein Schwarzes Loch geworfen und muss ums Überleben kämpfen.

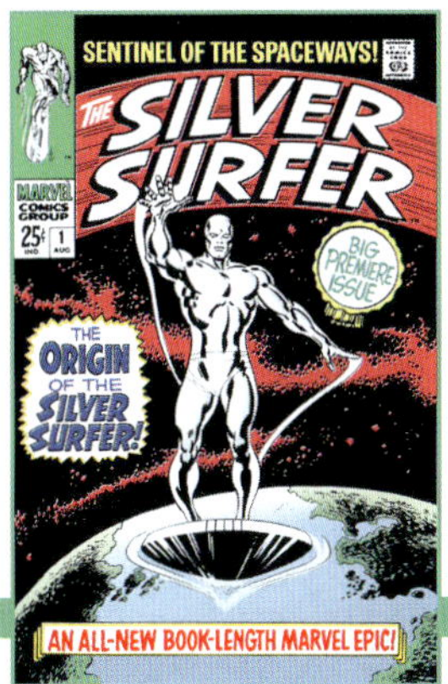

***Silver Surfer* 1**
(1968)
STAN LEE
JOHN BUSCEMA
Der Surfer bekommt seine eigene Serie. Der Dämon ***Mephisto*** *wird als sein gefährlichster Feind eingeführt.*

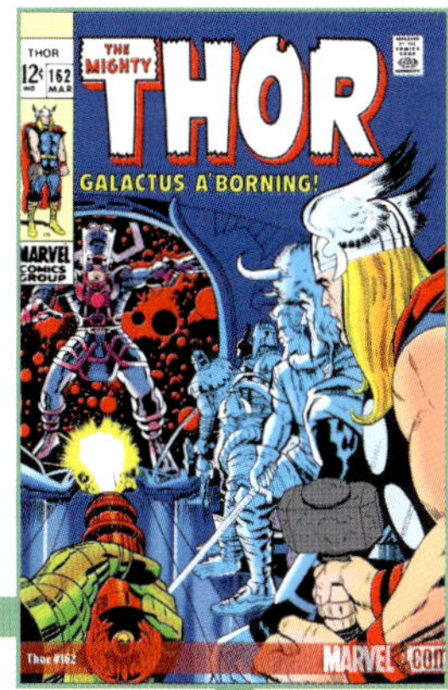

***Thor* 162**
(1969)
STAN LEE
JACK KIRBY
Nach einer Schlacht zwischen Galactus und ***Ego****, dem lebenden Planeten, verrät* ***Odin Thor*** *die Geschichte von Galactus.*

Galactus ist ein Wesen, das im ganzen Universum gefürchtet und gehasst wird. Er ist als „Weltenverschlinger" bekannt, ein Geschöpf, das als zerstörerische Kraft wahrgenommen wird, ähnlich wie eine Flutwelle oder ein Erdbeben. *Silver Surfer: Parable* rückt ihn in ein neues Licht, denn er wird als verschlagen gezeigt, bereit, sich wie ein Gott verehren zu lassen. Ironischerweise wirkt er bei seinem Versuch, die Menschheit zu täuschen, so menschlich wie nie.

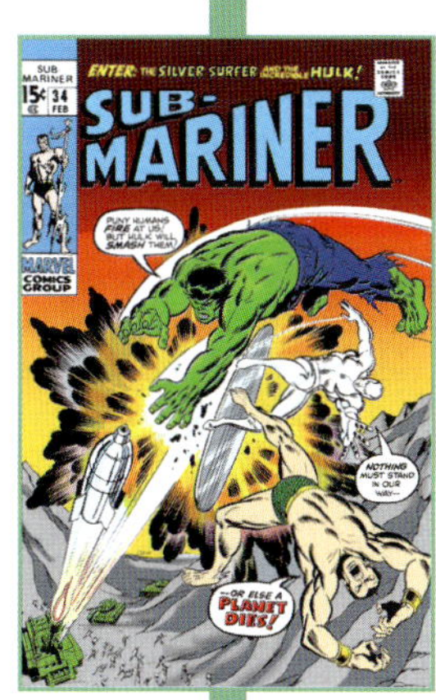

***Sub-Mariner* 34**
(1971)
ROY THOMAS
SAL BUSCEMA
Der Surfer verbündet sich mit dem ***Sub-Mariner*** *und dem* ***Hulk****. Es ist ein schicksalhaftes Ereignis, denn es führt dazu, dass er einer der* ***Defenders*** *wird.*

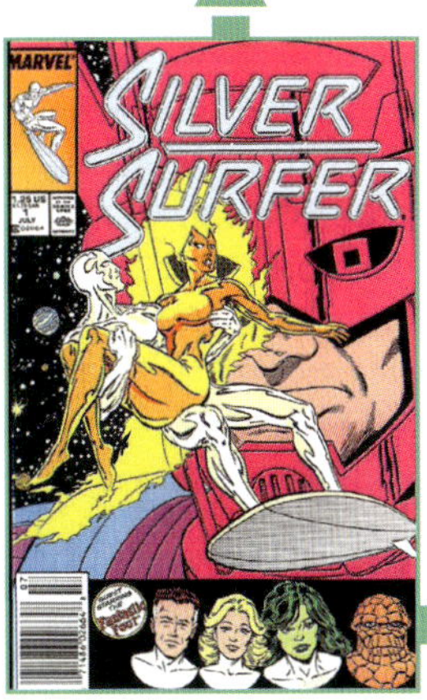

***Silver Surfer* 1**
(1987)
STEVE ENGLEHART
MARSHALL ROGERS
Die erste monatlich erscheinende Surfer-Serie seit den 1960ern beginnt damit, dass er seinem Exil auf der Erde entkommt.

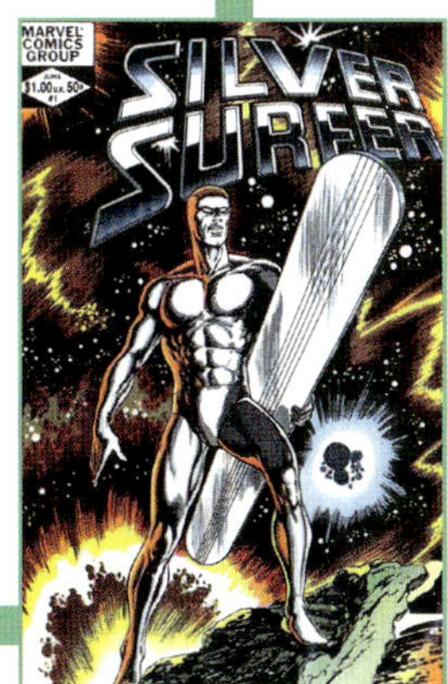

***Silver Surfer* 1**
(1982)
STAN LEE
JOHN BYRNE
Ein abgeschlossenes Einzelabenteuer, in dem der Surfer wieder in Konflikt mit Mephisto gerät. Und für kurze Zeit ist er wieder mit ***Shalla-Bal*** *vereint.*

Vorbote der Zerstörung

Eine Erkundung der Geschichte des **Surfers** wäre unvollständig ohne sein Debüt in *Fantastic Four* 48-50 (1966) von **Stan Lee** und **Jack Kirby**. Der Surfer taucht zum ersten Mal als mysteriöse Gestalt auf, die über die Weltraumstraßen gleitet. Seine Anwesenheit reicht aus, um das gesamte Skrull-Imperium in einen Ausnahmezustand zu versetzen, und wir erfahren bald, warum: Er ist der Herold von **Galactus**, einem kosmischen Wesen, das sich von der Lebensenergie ganzer Welten ernährt. Der Surfer ist in dieser ersten Geschichte ein völlig fremdes Wesen, das keine Erinnerungen an ein früheres Leben hat. Dennoch wird sein Herz durch die flehentlichen Bitten von **Alicia Masters** berührt, und er wendet sich gegen Galactus. Sein Herr bestraft ihn, indem er ihn auf der Erde festsetzt. In *Fantastic Four* 57-60 stiehlt **Dr. Doom** die kosmische Macht des Surfers und wütet auf der ganzen Welt, bis **Reed Richards** die Barriere von Galactus gegen ihn einsetzt.

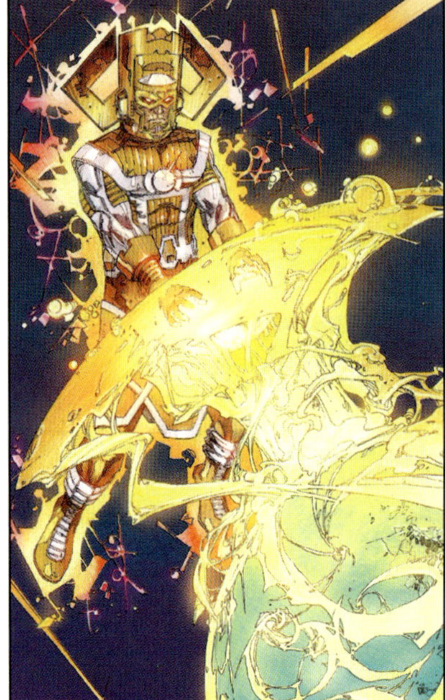

Galactus wird kurzzeitig zum Lebensbringer. Zeichnung von Kenneth Rocafort und **Dan Brown**.

In *The Ultimates* 1-2 (2016) von **Al Ewing** und **Kenneth Rocafort** vollzieht sich für Galactus eine dramatische Wende. Das Superheldenteam unter der Führung von **Blue Marvel** will die Gefahr, die von Galactus ausgeht, endgültig beseitigen. Aber man will ihn nicht zerstören, sondern heilen. Sie haben herausgefunden, dass Galactus nach der Geburt des Universums nicht genug Zeit in seinem Inkubator verbracht hat, weshalb er die Lebensenergie der Welten verzehrt hat. Sie finden den Inkubator und drängen Galactus hinein. Als er wieder auftaucht, ist seine Metamorphose endgültig abgeschlossen – seine Rüstung ist golden geworden und sein ganzer Seinszustand hat sich gewandelt. Anstatt Planeten zu verschlingen, schenkt er ihnen neues Leben. Doch leider ist dieser Zustand nicht von Dauer. Später wird Galactus gebeten, eine Welt, die unter der Kontrolle des Ultron-Virus steht, zu verschlingen, um die Galaxis zu retten. Er tut dies, obwohl er weiß, dass diese Tat seinen neuen Zustand für immer rückgängig machen wird. Der Weltenverschlinger ist wieder da.

▶ Der Surfer blieb viele Jahre lang auf der Erde gefangen, bis zu den Ereignissen in *Silver Surfer* 1 (1987) von **Steve Englehart** und **Marshall Rogers**. Reed Richards und der Surfer sprechen über die vielen vergeblichen Versuche des Surfers, die von Galactus um die Erde errichtete Barriere zu durchbrechen. Es ist **Ben Grimm**, der eine offensichtliche Taktik vorschlägt, die keiner der beiden in Betracht gezogen hat: Er könnte die Erde ja vielleicht verlassen, wenn er sein kosmisches Brett nicht benutzt. Es funktioniert, und der Surfer ist frei. Anschließend verwandelt er sein Brett kurzzeitig in Energie, damit es die Barriere ebenfalls passieren kann.

Galactus

Ursprünglich war **Galactus** ein Mann namens **Galan**. Er stammte von **Taa**, einer hoch entwickelten Welt, die ein technologisches Paradies war. Galan war ein Wissenschaftler und Entdecker. Die Taaner und er entdeckten, dass das Universum aufgrund tödlicher Strahlung im Sterben lag und nicht zu retten war. Galan schlug vor, dass die letzten überlebenden Taaner einen glorreichen Tod sterben sollten, indem sie ein Raumschiff in das Herz des Universums steuerten. Als sich das Raumschiff dem Zentrum näherte, tötete die Strahlung alle Taaner außer Galan, der plötzlich vor neuer Energie strotzte. Das Bewusstsein des Universums nahm Kontakt mit ihm auf und teilte ihm mit, dass nur er den Tod des Universums überleben würde und bei der Entstehung des nächsten Universums mit einer wichtigen Bestimmung wiedergeboren werden würde. Das sterbende Universum nannte ihn „Galactus".

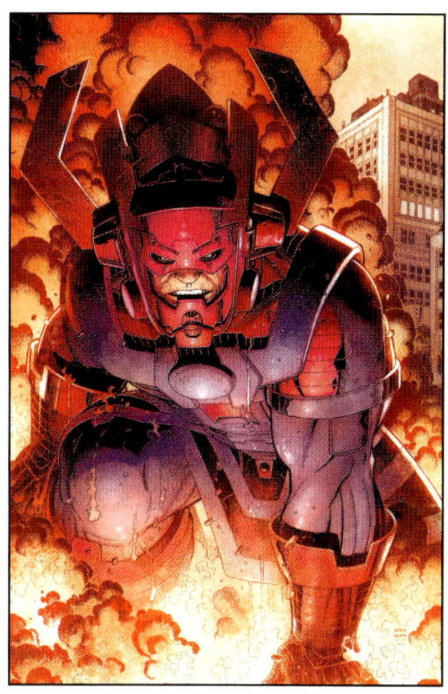

Galactus hat die Zerstörung unzähliger Welten verursacht. Zeichnung von **Arthur Adams** und **Jason Keith**.

Über unzählige Jahrtausende hinweg wurde ein neues Universum geboren, während Galan in seinem Raumschiff trieb. Ein **Beobachter** bemerkte das Raumschiff und erkannte die Bedrohung, die von ihm ausging. Er unternahm jedoch nichts, da er an seinen Kodex der Nichteinmischung gebunden war. Galan schuf eine Rüstung, die ihm half, seine Energien zu regulieren, und verwandelte sein Schiff in einen kosmischen Inkubator. Darin schlief er Tausende von Jahren, bis er schließlich als Galactus erschien.

Galactus baute ein riesiges Raumschiff, das er „Taa II" nannte, und begann, Welten zu verschlingen, um sich zu ernähren. Als er zum Planeten Zenn-La kam, wurde er von **Norrin Radd** gestellt. Norrin versprach, der Herold von Galactus zu werden, wenn er Zenn-La verschont. Galactus verwandelte ihn in den **Silver Surfer**.

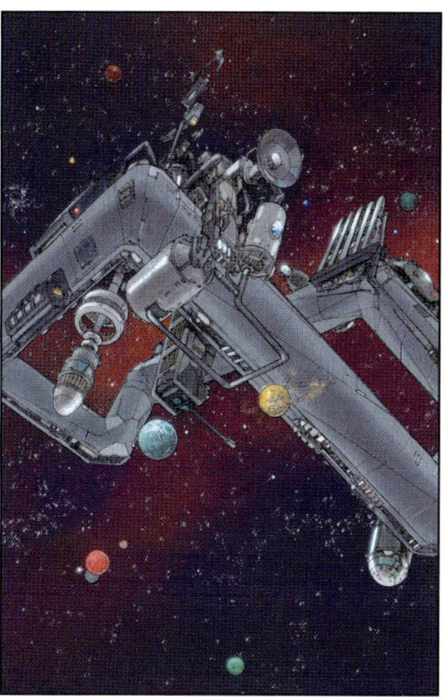

Galactus' Zuhause, Taa II, ist vielleicht das größte je gebaute Raumschiff. Zeichnung von **Kenneth Rocafort** und **Dan Brown**.

Galactus ist eins der mächtigsten Wesen im Universum. Er konnte sogar schon die gottgleichen **Celestials** im Kampf besiegen. Er kann kosmische Energie auf fast jede gewünschte Weise manipulieren. Wenn er sich jedoch nicht regelmäßig von Planeten ernährt, um neue Energie zu tanken, wird er schwächer und stirbt.

WEITERE MUST-HAVE-TITEL

BEREITS ERHÄLTLICH

CIVIL WAR
AVENGERS: HELDENFALL
SPIDER-MAN: SPIDER-VERSE
WOLVERINE: OLD MAN LOGAN
DEADPOOL KILLT DAS MARVEL-UNIVERSUM
THANOS: DIE GEBURT EINES MONSTERS
DAREDEVIL: DER MANN OHNE FURCHT
MILES MORALES: ULTIMATE SPIDER-MAN
MS. MARVEL: META-MORPHOSE
DER TOD VON WOLVERINE
INFINITY GAUNTLET: DIE EWIGE FEHDE
PLANET HULK
X-MEN: DIE DARK PHOENIX SAGA
VENOM: DARK ORIGIN
IRON MAN: EXTREMIS
FANTASTIC FOUR - 4
PUNISHER: FRANK IST ZURÜCK!
MARVEL KNIGHTS SPIDER-MAN
BLACK PANTHER: WER IST BLACK PANTHER?
X-MEN: EIN NEUER ANFANG
FANTASTIC FOUR: ALLES GELÖST?!
SPIDER-MAN: HEIMKEHR

CAPTAIN AMERICA: WINTER SOLDIER
ASTONISHING X-MEN: BEGABT
SPIDER-MAN: KRAVENS LETZTE JAGD
HOUSE OF M
DEADPOOL: WEIBER, WUMMEN UND WADE WILSON
AVENGERS: AUSBRUCH
ULTIMATE SPIDER-MAN: LEKTIONEN FÜRS LEBEN
DER TOD VON CAPTAIN AMERICA
ANNIHILATION
MARVELS
DAREDEVIL: AUFERSTEHUNG
GUARDIANS OF THE GALAXY: SPACE-AVENGERS
AVENGERS PRIME
WOLVERINE: STAATSFEIND
THE SIEGE - DIE BELAGERUNG
SPIDER-MAN/BLACK CAT
DAREDEVIL: IN DEN ARMEN DES TEUFELS
THOR: DIE RÜCKKEHR DES DONNERS
SECRET INVASION
UNCANNY AVENGERS: DER ROTE SCHATTEN
WOLVERINE: WAFFE X

MARVEL ZOMBIES
DOCTOR STRANGE: DER EID
SILVER SURFER: REQUIEM
X-MEN: BEDROHTE SPEZIES
FEAR ITSELF - NACKTE ANGST
THOR: AUF DER SUCHE NACH GÖTTERN
WORLD WAR HULK
SPIDER-MAN: QUALEN
WOLVERINE
NEW AVENGERS: ILLUMINATI
SECRET WAR
THANOS KEHRT ZURÜCK
GHOST RIDER: STRASSE ZUR VERDAMMNIS
AVENGERS: ULTRONS RACHE
DEADPOOL: DREI GLORREICHE HALUNKEN
SPIDER-MAN: ERSTAUNLICHER NEUSTART
AVENGERS FOREVER
X-MEN: SCHISMA - GETRENNTE WEGE
SUB-MARINER: DIE TIEFE
AGE OF ULTRON
SECRET WARS
HULK: GRAU
NEW MUTANTS: HÖLLENBIEST

JETZT ERHÄLTLICH

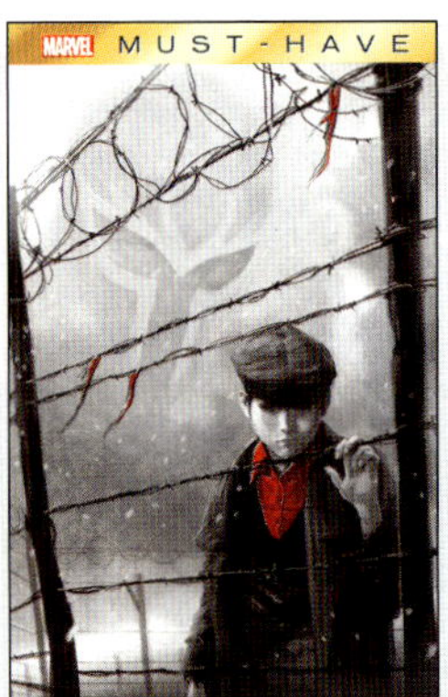

X-MEN: MAGNETO - TESTAMENT

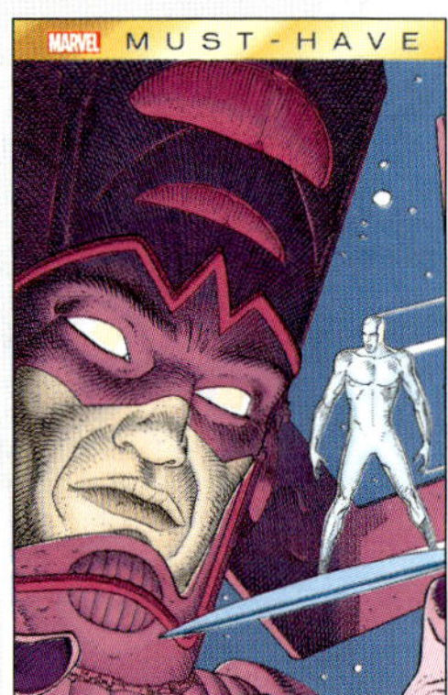

SILVER SURFER: PARABEL

DEMNÄCHST

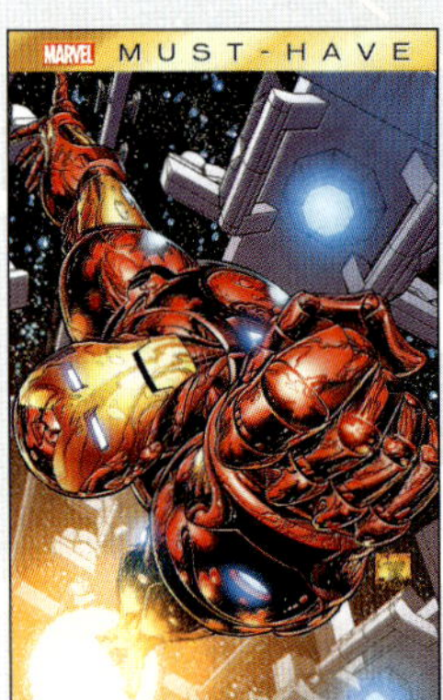

IRON MAN: DIE FÜNF ALBTRÄUME

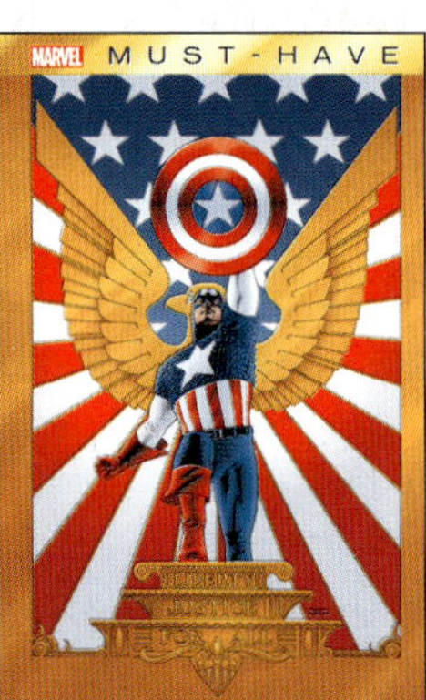

CAPTAIN AMERICA: NEUE GEGNER